D1256309

Lo que otros han dicho sobre esta obra y su autor

Si hay un tema sobre el que siempre anhelé que el pastor Sugel escribiera es el de la predicación. Durante casi 35 años lo he escuchado predicar, así que soy testigo presencial de la obra que el Señor hizo y sigue haciendo en él y a través de él. Puedo asegurar que Sugel ha proclamado el evangelio "de parte de Dios y delante de Dios" como un obrero diligente (2 Tim. 2:15). Creo que este libro será un referente obligado durante mucho tiempo. Aquí lo tienes: ahora sumérgete en él.

–**Salvador Gómez-Dickson,** pastor de la Iglesia Bíblica
del Señor Jesucristo en Santo Domingo

¿Complacemos a Dios con los sermones que predicamos o nos damos por satisfechos con la simple meta de agradar solo a los hombres? Si queremos que nuestros sermones complazcan a Dios, lo primero que debemos hacer es reflejar en ellos fielmente lo que Dios dice. ¿Cómo vamos a agradar a Dios con lo que predicamos si distorsionamos Su Palabra, si le agregamos o la malinterpretamos, si dejamos fuera lo que no nos gusta y llamamos la atención hacia nosotros mismos en vez de poner el énfasis sobre Su Hijo? El simple pero acertado concepto de que "la predicación que agrada a Dios es la que refleja con fidelidad lo que Dios mismo dice" es el corazón de esta excelente introducción a la predicación expositiva. La enseñanza que Sugel nos brinda proviene de sus muchos años de servicio fiel y fructífero en el ministerio.

–**D. A. Carson,** escritor y profesor del N.T.
en la Trinity Evangelical Divinity School

De parte de Dios y delante de Dios, el nuevo libro de Sugel Michelén, expone los fundamentos que necesitamos hoy para una verdadera predicación bíblica, empoderada por una comprensión del evangelio que permea toda la Escritura. Estoy seguro de que esta obra ha de guiar a toda una generación a ser fiel al evangelio.

–**Bryan Chapell,** pastor y escritor de
Christ-Centered Preaching [Predicación Cristo-céntrica]

Es una gran condescendencia que Dios muestre su misericordia al darle a su Iglesia pastores y maestros que nos enseñen con ciencia y con inteligencia. El pastor Sugel Michelen es uno de esos dones de Cristo a su Iglesia, de cuyo ministerio muchos nos hemos visto asistidos, edificados y bendecidos; y que ahora nos hace partícipes del fruto de su labor plasmando en este libro mas de tres décadas de experiencia pastoral. Tomando en ocasiones el ejemplo del Príncipe de los pastores, nuestro Señor Jesucristo, esta obra nos exhorta a mantener una estricta fidelidad a la Palabra de Dios, lo cual es un principio que debe regir en el ministerio de la Palabra a los pastores que han sido llamados por Él, a fin de que puedan ejercer con honestidad e integridad su deber. Le damos gracias a Dios por darnos en nuestra época al pastor Sugel Michelén para beneficio de nuestra generación y para las que vendrán después de nosotros.

–**Boni Lozano,** pastor de la Iglesia del Pacto
de Gracia en Madrid, España

Si ya predicas o quieres aprender a predicar, necesitas leer este libro. Exponer un pasaje es trillar sobre terreno santo. Sugel nos comparte esa verdad en esta obra y nos recuerda que nuestra función como predicadores es servir el pan que Dios ha preparado para alimentar almas hambrientas. El pastor Michelén te lleva de la mano no solo para que alcances a entender la importancia de la predicación, sino también para que puedas llevarla a la práctica. Él escribe porque conoce la Palabra en profundidad y porque ha visto los resultados de su poder en acción.

–**Miguel Núñez,** pastor de la Iglesia
Bautista Internacional en Santo Domingo

La primera vez que escuché predicar a Sugel Michelén no fue ante una gran audiencia, sino ante un pequeño grupo de pastores. Fue un sermón claro, poderoso y lleno del Espíritu Santo. Ahora, uno de los predicadores más claros, poderosos y llenos del Espíritu Santo de Latinoamérica ha escrito un libro sobre la predicación. En *De parte de Dios y delante de Dios*, Sugel establece la teología de la predicación, define la predicación expositiva y nos enseña sobre cómo preparar un sermón de principio a fin. Lo que tienes en tus manos es un curso completo de seminario sobre la predicación entre dos cubiertas. Léelo y practica lo que él dice. Que el Señor te bendiga al predicar la Palabra de parte de Dios y delante de Dios.

–**Juan Sánchez,** pastor principal de la
High Pointe Baptist Church, Austin, TX

El lector interesado en la predicación expositiva encontrará diferentes opciones que podrían orientarle de manera teórica y práctica en este sagrado llamado de comunicar la palabra de Dios. Sin embargo, creo que este valioso trabajo de Sugel Michelén es único por varias razones: en primer lugar, está escrito desde una perspectiva latinoamericana; segundo, él es un ejemplo, de lo que es un pastor que predica expositivamente; y tercero, es un libro ameno donde su autor combina la sencillez con la erudición. Esta obra es una joya para mi y sé que lo será para todos sus lectores.

–**Otto Sanchez,** pastor de la Iglesia
Bautista Ozama en Santo Domingo

DE PARTE
DE DIOS

 Y

DELANTE
DE DIOS

PRÓLOGO DE PAUL DAVID WASHER

DE PARTE
DE DIOS

Y

DELANTE
DE DIOS

UNA GUÍA DE
PREDICACIÓN EXPOSITIVA

SUGEL MICHELÉN

ESPAÑOL

NASHVILLE, TENNESSEE

De parte de Dios y delante de Dios: Una guía de predicación expositiva

Copyright © 2016 por Sugel Michelén
Todos los derechos reservados.
Derechos internacionales registrados.

B&H Publishing Group
Nashville, TN 37234

Clasificación Decimal Dewey: 251
Clasifíquese: PREDICACIÓN / SERMONES / TEOLOGÍA PASTORAL
Tipografía: 2K/DENMARK

A menos que se indique otra cosa, las citas bíblicas se han tomado de la
versión Reina-Valera Revisada 1960, © 1960 por Sociedades Bíblicas en
América Latina; © renovado 1988 Sociedades Bíblicas Unidas. Usadas con
permiso. Las citas bíblicas marcadas LBLA se tomaron de LA BIBLIA DE
LAS AMÉRICAS, © 1986, 1995, 1997 por The Lockman Foundation.
Usadas con permiso.

ISBN: 978-1-4336-9198-0

Impreso en EE.UU.
2 3 4 5 6 7 * 21 20 19 18 17

A Gloria, por darme 34 años de su vida
para deleitar y bendecir la mía en abundancia.

Contenido

Agradecimientos

Escribir es una empresa solitaria, pero al mismo tiempo, en muchos aspectos, depende de varias personas. Nadie es completamente original y difícilmente se pueda escribir un libro que valga la pena sin la ayuda de otros. Por eso no sería justo de mi parte dejar de agradecer a todos aquellos que, de una forma u otra, contribuyeron en la escritura y publicación de este libro.

A Cristopher Garrido, director editorial de B&H Publishing Group, por haberme propuesto escribirlo y por su paciencia para conmigo todas las veces que tuve que cambiar la fecha de entrega.

A Boni Lozano, José (Pepe) Mendoza, Giancarlo Montemayor y María Silvia Chozas por sus correcciones y recomendaciones. Es un privilegio contar con lectores tan acuciosos y atinados. Estoy convencido de que este libro será un mejor recurso debido a la ayuda que ellos me brindaron; de las debilidades y limitaciones que tiene, asumo la total responsabilidad.

A mis pastores: Eduardo Saladín, Lester Flaquer, Salvador Gómez, Marcos Peña, Miguel Linares, Leopoldo Espaillat, Rafael Alcántara y Eric Sigfrido Guillén, por apoyarme en este proyecto, a pesar del impacto que tuvo sobre el manejo de mi agenda en estos últimos meses, así como por su fidelidad al evaluar cada semana la predicación que se lleva a cabo en el púlpito de nuestra iglesia. Ese tiempo de evaluación ha sido una verdadera escuela para todos los que tenemos la responsabilidad de "administrar los misterios de Dios" en nuestra congregación.

A los miembros de la Iglesia Bíblica del Señor Jesucristo por la atención que prestan a la exposición de las Escrituras cada domingo, por sus constantes notas de aliento y por orar regularmente por sus pastores. Es un verdadero gozo pastorear una congregación que tiene en tan alta estima la predicación de la Palabra.

A Eduardo y Cisnely Álvarez, y a José Ramón y Marisol Díaz por la generosa disposición con que me abrieron sus respectivas casas para apartarme a escribir. Esas dos oportunidades de estar a solas con mi esposa en la montaña fueron los momentos más productivos en todo el proceso de escritura de este libro. ¡Gracias de todo corazón!

A Paul Washer por separar un tiempo de su apretada agenda para leer el manuscrito y por aceptar escribir el prólogo.

De manera muy especial, a mi esposa Gloria por brindarme su completo apoyo durante todo el tiempo que estuve dedicado a esta tarea y por leer y evaluar cada capítulo antes que nadie; pero, más que nada, por ser un instrumento en las manos de Dios para ayudarme a ser un mejor creyente, un mejor pastor y un mejor predicador. Eres el regalo más hermoso y valioso que el Señor me ha concedido, aparte de conocerlo a Él.

Y por encima de todo, al único y sabio Dios, quien desde antes de la fundación del mundo me escogió de pura gracia para ser salvo y para proclamar: "El evangelio de la gloria de Cristo". ¡Que a Él, y solo a Él, sea toda la gloria, la alabanza y el honor por los siglos de los siglos!

Prólogo

Durante las últimas décadas, la Iglesia se ha ido alejando más y más de la clara enseñanza de las Escrituras y se dejó llevar sin dirección, sacudida "por las olas" y llevada "de aquí para allá por todo viento de doctrina" (Ef. 4:14, LBLA). Dios y Su gloria fueron removidos del centro del escenario y la búsqueda del hombre por la realización personal y la autosatisfacción se apoderó de la escena. El evangelio y su llamado al arrepentimiento y la fe fueron reemplazados por una débil declaración de fe y un llamado para que el hombre repita una oración. La exposición clara de las Escrituras ha sido silenciada por astutas homilías, historias pintorescas y una fervorosa súplica que lleva poca substancia y provee incluso menos nutrientes verdaderos. La genuina obra del Espíritu ha sido falsificada por la emotividad y el entusiasmo, fuego sin calor, espiritualidad sin piedad y supuestas revelaciones que contradicen la infalible revelación de las Escrituras que el Espíritu ha inspirado (2 Tim. 3:16, LBLA). Como consecuencia, la misión de la Iglesia en el mundo se ha visto frustrada en gran manera. Su testimonio quedó manchado por lo mundano y la carnalidad, y su mensaje ha llegado a perder la unidad e incluso se volvió contradictorio. De esta manera, el mundo se llenó de un sinnúmero de opiniones contrapuestas acerca de la persona y la obra de Cristo, y de lo que significa seguirlo.

La Iglesia, cuyo propósito es ser "la sal de la tierra", "la luz del mundo" (Mat. 5:13-16, LBLA) y "columna y sostén de la verdad" (1 Tim. 3:15, LBLA), se transformó en una colección blanda, impotente y oscura de opiniones y conductas en conflicto. Sin embargo, en medio de la oscuridad y la confusión, la luz está brillando. La Iglesia en muchas partes del mundo parece estar retornando a las doctrinas fundamentales sobre las cuales fue establecida. Muchos están empezando a descubrir que no podemos sanar a la Iglesia o al mundo por medio de las estrategias y las nuevas invenciones de los hombres, sino que debemos volver a Dios y someternos completamente a Su voluntad como está revelado en las Escrituras. Así, muchos cristianos vuelven a prestar atención a la exhortación que el Señor habló a Israel por medio del profeta Jeremías:

Así dice el Señor: Paraos en los caminos y mirad, y preguntad por los senderos antiguos cuál es el buen camino, y andad por él; y hallaréis descanso para vuestras almas (6:16, LBLA).

El año 2017 marcará el 500.° aniversario de la Reforma Protestante, que arrebató a la Iglesia de las tinieblas mediante el redescubrimiento de *sola scriptura,* la doctrina que afirma la inerrante e infalible Palabra de Dios como la única norma para toda la fe y práctica. Gracias a esta doctrina fundamental, y a los hombres que la sostuvieron, toda Europa y con el tiempo el mundo fueron afectados para bien. No fueron el Renacimiento ni la Ilustración los que cambiaron la conducta de los hombres y transformaron el mundo, sino la precisa y clara exposición de las Santas Escrituras de Dios. Y si la Iglesia de nuestros días ha de ocupar el lugar que le corresponde como la sal de la tierra, la luz del mundo y la columna y el sostén de la verdad, sus ministros deben una vez más dejar a un lado lo trivial y dedicarse a la más excelente tarea de estudiar, practicar y enseñar las Escrituras a las iglesias que tienen bajo su cuidado. Debemos venir a ser como Esdras, quien "había preparado su corazón para inquirir la ley de Jehová y para cumplirla, y para enseñar en Israel sus estatutos y decretos" (Esd. 7:10). Debemos obedecer las continuas exhortaciones de Pablo a su joven discípulo Timoteo:

"Procura con diligencia presentarte a Dios aprobado, como obrero que no tiene de qué avergonzarse, que usa bien la palabra de verdad" (2 Tim. 2:15), y "Predica la palabra; insiste a tiempo *y* fuera de tiempo; redarguye, reprende, exhorta con mucha paciencia e instrucción" (2 Tim. 4:2, LBLA). Solo entonces seremos como el fiel Leví en el libro de Malaquías, de quien Dios dice: "La ley de verdad estuvo en su boca, e iniquidad no fue hallada en sus labios; en paz y en justicia anduvo conmigo, y a muchos hizo apartar de la iniquidad" (Mal. 2:6).

Es por las razones arriba mencionadas que con todo el corazón yo recomiendo este libro a los ministros y las iglesias de Cristo. Todo aquel que se esfuerza en comunicar la verdad de Dios a otros será muy bendecido por la sencilla pero profunda instrucción que se encuentra en estas páginas.

Ya sea que hayas estado predicando durante décadas o estés enseñando tu primera clase de niños en la escuela dominical, este libro te guiará a través de los elementos esenciales de la preparación y predicación de la Palabra de Dios.

Para concluir, pienso que es apropiado que, mientras que nos acercamos al 500.º aniversario de la Reforma, se publique un libro que establece y promueve la misma disciplina que hizo de la Reforma una realidad: la fiel exposición de las Escrituras.

Es mi deseo y sincera oración a Dios que Él use esta obra para traer en nuestros días una reforma verdadera.

Soli Deo Gloria,
Paul David Washer

Ese púlpito, ¡con qué sentimiento de amargura será recordado por los millones de perdidos! Muchos pecadores empedernidos exclamarán en la prisión de la desesperación: "Ese santuario y ese hombre de Dios me advirtieron de esta espantosa eternidad, pero yo no presté atención a su represión. Ese púlpito sagrado me habló de la redención a través de la sangre de Cristo, pero yo desprecié el mensaje y pisoteé la sangre del Pacto bajo mis pies... ¡Y ahora estoy perdido —perdido— perdido! ¡Oh, qué terrible es este infierno eterno! ¡Oh, ese púlpito! ¡Cuánto agrava mi desgracia! ¡No me habla en lo más mínimo, excepto para añadir combustible a estas llamas!".

Por otro lado estarán aquellos, "una gran multitud, la cual nadie podía contar", que recordará la influencia de ese púlpito con una alabanza de gratitud y adoración hacia Aquel que se agradó en "salvar a los creyentes por la locura de la predicación". Esa casa de Dios, ¡cuántos la recordarán en el cielo! "Ese púlpito, que me buscó cuando yo era un niño, que me enseñó cuando yo era ignorante y me encontró cuando yo estaba perdido; que me recordó mi maldad y me dijo todo lo que yo había hecho; que me habló de mi inmortalidad y me hizo temblar y llorar, nunca puede ser borrado de la memoria. Ese púlpito, que me habló del amor del Salvador y de cómo sangró, y murió, y esperó hasta el sufrimiento para que yo pudiera aceptar Su misericordia salvadora; que me confortó cuando yo estaba desanimado y me animó en mi fatiga; que disipó mis errores y me ayudó a escapar de la trampa del cazador; que me ofreció el pan de vida cuando yo estaba hambriento y me dio las aguas de salvación cuando yo estaba sediento; que me trajo Su mensaje de paz cuando languidecía en mi lecho, aliviando mi cabeza adolorida; y cuando estaba muriendo, me dijo que no afligiera mi corazón": ese púlpito, ¡millones ahora en gloria dicen: "me advirtió de aquella fiera prisión y me dirigió a estas mansiones en la casa de mi Padre!" (Gardiner Spring, 1785-1873; traducido por el autor).[1]

Introducción

Imagina la escena. Estás en un auditorio; alguien está disertando sobre un tema que conoces muy bien. El expositor no sabe que estás allí sentado en la última fila y de repente menciona tu nombre. ¡Está citando algo que dijiste en una conferencia hace apenas unos días! Si antes estabas un poco distraído, ahora tiene toda tu atención. Aunque te cueste reconocerlo, te sientes importante. Pero tu reacción inicial comienza a desvanecerse al darte cuenta de que esa persona está sacando de contexto alguna que otra frase por aquí y distorsionando otras por allá; de manera que el resultado final es que él dice que dijiste algo que en realidad no dijiste. No sabes si el orador lo está haciendo con mala intención o por ignorancia; pero, francamente, estás molesto. Tienes que hacer un verdadero ejercicio de paciencia para aguardar hasta el final de su charla para acercarte a él, pedirle una explicación y, de ser posible, una restitución del agravio.

Ahora imagina esta otra escena. Tú eres el que está delante del auditorio predicando sobre un pasaje de las Escrituras ¡y el Señor está sentado en primera fila escuchándote con atención! ¿Cómo impactaría esa realidad en tu ministerio de predicación? Lo cierto es que, exceptuando lo de estar sentado en primera fila, esta no es una mera ilustración: el Señor está presente cada domingo en Sus iglesias escuchando la predicación. Pablo dice, en 2 Corintios 2:17, que los ministros del evangelio hablamos "de parte de Dios y *delante de Dios*" (énfasis agregado). ¡Qué gran privilegio y qué gran responsabilidad!

Aunque predicamos para la edificación de los creyentes y la salvación de los perdidos, hay una sola Persona en el auditorio que debe estar de acuerdo con nuestra predicación, una sola Persona a quien debemos procurar agradar y cuya opinión vale más que la del mundo entero. En su Primera carta a los tesalonicenses, Pablo argumenta que su "exhortación no procedió de error ni de impureza, ni fue por engaño, sino que según fuimos aprobados por Dios para que se nos confiase el evangelio, así hablamos; *no como para agradar a los hombres, sino a Dios*, que prueba nuestros corazones" (1 Tes. 2:3-4, énfasis agregado). Fue Dios quien le confió a Pablo el ministerio de proclamar el evangelio; Él es quien prueba o pesa los corazones; por tanto, era solo a Él a quien el apóstol quería agradar. Esa convicción fue para Pablo una muralla de protección que lo guardó del error y de las malas motivaciones.

Escribí este libro con el propósito de promover esta misma convicción que dominaba la conciencia de Pablo: predicamos de parte de Dios y delante de Dios. Aunque procuro demostrar que la predicación expositiva es la mejor dieta a largo plazo para edificar la iglesia de Cristo y el medio por excelencia para la salvación de las almas, también estaremos insistiendo en que la predicación no es un fin en sí misma. Debemos esforzarnos por exponer fielmente las Escrituras porque Dios se glorifica llevando a cabo Su obra a través de Su Palabra.

Esta perspectiva de la predicación, a la vez que pone un gran peso de responsabilidad sobre los predicadores, también es muy liberadora porque nos recuerda que somos meros portavoces de Dios, quien se ha placido en usar instrumentos humanos para obrar en el corazón de los hombres por medio de Su Palabra. Por lo tanto, la obra de Dios no depende de nuestra oratoria, y mucho menos de nuestra astucia ministerial; depende enteramente del poder de Su Palabra. Por otra parte, esta perspectiva de la predicación nos alienta en el desempeño de nuestra labor, al mostrarnos que los predicadores no hablamos en nuestro propio nombre, sino en el Nombre de Aquel que nos ha dado la encomienda de ser Sus embajadores. ¡Es un solemne y gozoso privilegio predicar de parte de Dios y delante de Dios!

Este libro está organizado en tres partes. En la primera, estableceremos el fundamento teológico que sustenta la predicación expositiva: Dios ha hablado y lleva a cabo Su obra hablando (capítulo 1); Dios habla hoy a través de Su Palabra escrita (capítulo 2); y Dios nos ordena predicar Su Palabra para hacer oír públicamente Su voz (capítulo 3).

En la segunda parte, definiremos qué es un sermón expositivo (capítulo 4) y en qué consiste el acto de predicar (capítulo 5); luego veremos la importancia de predicar en dependencia del Espíritu Santo (capítulo 6) y que el gran tema de la predicación es Cristo, y Este crucificado (capítulo 7). Los siete capítulos que componen estas dos partes del libro intentan establecer la doctrina de la predicación expositiva. Como sé que a muchos no les gusta teorizar, espero que no cedas a la tentación de saltarlos para llegar directamente a la parte práctica; toma en cuenta que la práctica se deriva de la doctrina y que la doctrina será un enorme incentivo para dedicarnos a la tarea de predicar fielmente las Escrituras, a pesar del reto que eso implica en la práctica.

En la tercera parte, los capítulos 8 al 14, veremos cómo preparar un sermón expositivo paso a paso: la elección del pasaje (capítulo 8), el estudio del pasaje (capítulo 9), la estructuración del sermón (capítulo 10), la preparación del sermón (capítulo 11), la aplicación del sermón (capítulo 12), la preparación de la introducción y la conclusión (capítulo 13), y algunos consejos relativos al acto de predicar (capítulo 14). Al final de los capítulos 8 al 13, he añadido una sección en la que trabajaremos juntos en la elaboración de un sermón expositivo basado en Éxodo 17:1-7, el cual se encuentra íntegro en la parte final del libro, el capítulo 15. De ese modo espero que puedas ver un ejemplo concreto de los principios prácticos enunciados aquí.

Algunos aspectos importantes relacionados con la predicación no serán tratados en profundidad en esta obra, sino solo de manera incidental, tales como el llamamiento de Dios al ministerio de la predicación, el carácter y los dones del predicador, su vida devocional, su hábito de lectura, y otros temas similares. Por eso he incluido al final una lista de libros recomendados que complementan lo que no pudimos tratar aquí debido al enfoque particular de este libro.

Aunque escribí pensando principalmente en los predicadores, ellos no son los únicos que pueden beneficiarse con la lectura. Espero que esta guía sea útil para maestros de escuela dominical, líderes de grupos pequeños o para todos aquellos que tengan la responsabilidad de enseñar las Escrituras, sin importar en qué contexto lo hagan. Por otra parte, me anima pensar que algunos miembros habituales de las iglesias locales puedan leer este libro y crecer en su aprecio por la predicación expositiva; después de todo, la predicación deficiente abunda, entre otras razones, porque hay muchas personas que están dispuestas a escucharla de buena gana.

Ha sido mi oración que el Señor use esta obra para animar y ayudar a muchos predicadores en la ardua pero extraordinaria labor de exponer las Escrituras con el propósito de llevar a los hombres a Cristo, quien es "poder de Dios y sabiduría de Dios", de modo que puedan conocerlo, amarlo, obedecerle, adorarlo y deleitarse en Él. Si nuestro Dios en Su bondad se complace en responder este clamor, a pesar de las imperfecciones y limitaciones del libro, estaré profundamente agradecido a mi Señor y Salvador por haber contribuido de alguna manera a continuar diseminando la predicación expositiva en el mundo de habla hispana.

Primera parte

El ancla teológica

1

Dios ha hablado y actúa hablando

"El Dios que habla es el Dios que actúa a través de Su Palabra" (Peter Adam)

"La verdadera predicación comienza con esta confesión: predicamos porque Dios ha hablado" (Albert Mohler)

Hace unos meses una pareja de nuestra iglesia me relató algo que sucedió en la escuela con uno de sus hijos. La maestra preguntó en clase qué querían ser cuando fueran adultos, y el niño respondió de inmediato que quería ser pastor. "¿Por qué?", le preguntó la maestra emocionada. "Para tener más tiempo libre", le respondió. Si algún día este niño llegara a ser pastor, espero que lo motive otra cosa porque lo cierto es que los pastores no suelen tener mucho tiempo libre. Y uno de los aspectos que más carga pone sobre nosotros es la preparación para predicar la Palabra de Dios.

Predicar es una tarea que demanda mucho esfuerzo y que puede llegar a ser abrumadora. Dedicas horas y horas al estudio de las Escrituras para entender el significado del texto bíblico, y pasas unas cuantas horas más orando y pensando en la mejor manera de comunicarlo de una forma eficaz. Después de predicar en el día del Señor estás exhausto física y emocionalmente, tal vez un poco frustrado porque el sermón no salió como esperabas. Pero el lunes debes comenzar desde cero otra vez para el próximo domingo. La misma rutina semana tras semana, mes tras mes, año tras año.

Una definición popular de locura es que consiste en "hacer lo mismo una y otra vez esperando resultados diferentes".[1] Predicar la Palabra fielmente durante años requiere tener un llamado del cielo o estar mal de la cabeza. Y con el paso del tiempo el trabajo no se hace más fácil porque tienes más conciencia de lo que significa esta labor a la que Dios te llamó. Pienso que John Chapman, el famoso expositor australiano, tenía mucha razón al afirmar que la etapa más difícil del ministerio de predicación ¡son los primeros 50 años!

Si a eso le agregas la hostilidad o indiferencia que muchos sienten hoy hacia la predicación, y la presión que tienen muchos pastores y líderes para que se adapten al espíritu de la época y busquen formas más novedosas de atraer a las personas a la iglesia, te darás cuenta de que mantenerte en tu posición haciendo lo que Dios quiere que hagas exige poseer fuertes convicciones enraizadas en una correcta teología sobre la predicación.

Como bien señala John Stott: "En un mundo que aparentemente no está dispuesto a escuchar o no es capaz de hacerlo, ¿cómo podemos estar persuadidos de continuar predicando, y aprender a hacerlo de forma efectiva? El secreto esencial no es dominar ciertas técnicas sino estar dominado por ciertas convicciones. En otras palabras, la teología es más importante que la metodología. […] Las técnicas solo pueden convertirnos en oradores; si queremos ser predicadores, necesitamos teología".[2]

Todo el tiempo surgen nuevas ideas sobre cómo atraer a las personas a la iglesia y mantenerlas allí. Tales ideas no se evalúan sobre la base de la verdad de Dios revelada en Su Palabra, sino en cuanto a si producen el resultado deseado. Eso es pragmatismo. El conocido expositor bíblico y pastor de Grace Community Church en California, John MacArthur, señala el pragmatismo como una de las razones por las que la predicación "está siendo desechada o minimizada en favor de los medios novedosos, tales como el teatro, la danza, el humor, la variedad, la atracción histriónica, la psicología popular, y otras formas de entretenimiento. Los nuevos métodos supuestamente son más 'efectivos', es decir, atraen a un mayor público".[3] Cuando el principal criterio para medir el éxito de una iglesia son las cifras de asistencia, cualquier cosa que atraiga más gente es aceptada con los brazos abiertos. Si la herejía ha matado a sus miles, el pragmatismo ha matado a sus diez miles.

En los próximos tres capítulos examinaremos una especie de ancla teológica de tres ganchos que podrá mantener la embarcación de nuestro ministerio en su lugar cuando los vientos del pragmatismo, o cualquier otro vendaval, arremetan contra ella para movernos hacia otras playas que parecen más populares.

"La fuerza más poderosa del Universo"

¿Por qué insistir en seguir predicando la Palabra y esforzarnos por hacerlo cada vez mejor si el mundo no parece estar interesado en escuchar? Podríamos responder: "Porque Dios nos ordena hacerlo". Esa es la respuesta correcta. Pablo le ordena a Timoteo, inspirado por el Espíritu Santo, que predique la Palabra (2 Tim. 4:2, LBLA). En el capítulo 3 trataremos ese tema más ampliamente. Pero todavía podemos insistir en preguntar: ¿por qué Dios nos ordena que prediquemos Su Palabra? Una de las mejores respuestas que he leído es la frase que encabeza esta sección: Porque la Palabra de Dios "es la fuerza más poderosa del Universo" (traducido por el autor), como bien afirma Jonathan Leeman, el editor del ministerio 9Marks.[4]

Mira a tu alrededor todo aquello que no haya sido creado por manos humanas y verás una demostración de lo que Dios es capaz de hacer por medio de Su Palabra. Dios hizo todas las cosas que existen con el poder de Su Palabra. Él actúa hablando. "Y *dijo* Dios: Sea la luz; y fue la luz" (Gén. 1:3, énfasis agregado). Así de simple. Él habló y una cantidad ilimitada de seres y cosas vinieron a la existencia, desde estrellas gigantescas hasta minúsculas partículas. Leí recientemente que en la selva tropical del Amazonas viven unos 20 millones de especies de insectos;[5] ¡no de insectos individuales, sino de especies! Y toda esa variedad fue creada originalmente por la voz de Dios. "Por la palabra de Jehová fueron hechos los cielos —dice el salmista en el Salmo 33:6— y todo el ejército de ellos por el aliento de su boca". Y en el gran capítulo de la fe del Nuevo Testamento, Hebreos 11, el escritor afirma que "por la fe entendemos haber sido constituido el universo por la palabra de Dios, de modo que lo que se ve fue hecho de lo que no se veía" (Heb. 11:3; comp. Juan 1:1-3). El apóstol Pedro añade que los cielos y la tierra, que fueron formados por la Palabra de Dios, son preservados por esa misma Palabra (2 Ped. 3:6-7).

De esta manera, la Creación es una prueba contundente del inmenso poder que desata la Palabra de Dios cuando es pronunciada. Y no dejes de tomar en cuenta que el universo, así de grandioso como es, no es más que una pequeña muestra de lo que Él es capaz de hacer cuando habla. Después de describir algunos aspectos de la majestuosidad incomprensible de la Creación, Job declara que todas "estas cosas son sólo los bordes de sus caminos; ¡y cuán leve es el susurro que hemos oído de él! Pero el trueno de su poder, ¿quién lo puede comprender?" (Job 26:14). Si la Creación es el producto del susurro de Dios, ¡no podemos imaginar siquiera lo que se habría producido si hubiera tronado!

Dios se comunica con el hombre por medio de palabras

Aunque Dios se revela a través de Su Creación (Sal. 19:1-6; Rom. 1:18-21), Él no dejó a Adán y a Eva librados a su propio razonamiento para que trataran de interpretar lo creado, sino que decidió hablarles (Gén. 2:15-17; 3:8). Adán y Eva escuchaban la voz de Dios en el huerto del Edén y debían responder con adoración y en obediencia. Lamentablemente, no pasó mucho tiempo sin que otro intérprete de la realidad entrara en escena y fue entonces cuando nuestros primeros padres tomaron la decisión de desobedecer la voz de Dios. En ese momento Él pudo haber tomado la decisión de guardar silencio y dejar al hombre rebelde perdido en su condenación, pero no lo hizo. Desde el mismo momento en que Adán y Eva comieron de la fruta prohibida, Dios hizo oír Su voz una vez más en el huerto trayendo juicio sobre el pecado y prometiendo la bendición de Su gracia (Gén. 3:9-19).

Dios prometió a Adán y Eva, en Génesis 3:15, que les enviaría un Redentor, nacido de mujer, un ser humano que habría de herir mortalmente la cabeza de aquel que los había tentado a revelarse contra Él. Más adelante, en cumplimiento de esa promesa, Dios creó un pueblo; y, de nuevo, vemos a Dios actuar a través de Su Palabra.

Dios crea a Su pueblo por medio de Su Palabra

Dios llamó a Abraham a dejar su tierra y su parentela para hacer de él una gran nación a través de la cual serían bendecidas todas las familias de la tierra (Gén. 12:1-3). Ese llamado marcó el inicio de la nación de Israel en la historia. Unos años más tarde Dios hizo un pacto con Abraham prometiéndole una descendencia más numerosa que las estrellas del cielo (Gén. 15:5). Abraham y Sara no podían tener hijos, pero Dios habló, y eso fue suficiente para hacer realidad el nacimiento del niño. Así el pueblo de Dios es creado por la Palabra de Dios. Él crea y recrea a través de Su Palabra. "Él, de su voluntad, nos hizo nacer —dice Santiago— por la palabra de verdad, para que seamos primicias de sus criaturas" (Sant. 1:18). Fue por medio de la semilla incorruptible de la Palabra de Dios que nacimos de nuevo (1 Ped. 1:22-23).

Pocos pasajes de las Escrituras muestran esta realidad de una forma tan memorable como el capítulo 37 del libro del profeta Ezequiel. Estando en el exilio babilónico, Dios le mostró en una visión la terrible condición espiritual en la que se encontraba la nación en ese momento de su historia.

> La mano de Jehová vino sobre mí, y me llevó en el Espíritu de Jehová, y me puso en medio de un valle que estaba lleno de huesos. Y me hizo pasar cerca de ellos por todo en derredor; y he aquí que eran muchísimos sobre la faz del campo, y por cierto secos en gran manera (Ezeq. 37:1-2).

Esta es una escena de total desolación. Es como un gran campo de batalla lleno de cadáveres, sin un solo sobreviviente que pudiera enterrar los cuerpos de sus camaradas.[6] Si alguna vez viste las imágenes de las fosas comunes que se descubrieron en los campos de concentración de la II Guerra Mundial podrás tener una idea aproximada de lo que vio Ezequiel aquel día. Pero entonces Dios puso a prueba la fe del profeta. "Hijo de hombre, ¿vivirán estos huesos?" (Ezeq. 37:3). Humanamente hablando, solo había una respuesta posible: "¡Por supuesto que no!". No había esperanza alguna de que esos huesos volvieran a la vida para convertirse otra vez en el ejército de los escuadrones del Dios viviente. Pero Ezequiel conocía a Dios y lo que era capaz de hacer; así que le respondió con toda humildad: "Señor Jehová, tú lo sabes" (Ezeq. 37:3). Era imposible que esos huesos volvieran a la vida, a menos que Dios interviniera con Su poder; y eso es precisamente lo que Dios decidió hacer.

"Me dijo entonces: Profetiza sobre estos huesos, y diles: Huesos secos, oíd palabra de Jehová" (Ezeq. 37:4). ¡Dios le ordena a Ezequiel que les predique a los huesos! Aunque estaban "secos en gran manera", estos huesos escucharían la voz de Dios si Él decidía hablarles a través del profeta.

> Así ha dicho Jehová el Señor a estos huesos: He aquí, yo hago entrar espíritu en vosotros, y viviréis. Y pondré tendones sobre vosotros, y haré subir sobre vosotros carne, y os cubriré de piel, y pondré en vosotros espíritu, y viviréis; y sabréis que yo soy Jehová (Ezeq. 37:5-6).

El mandato de Dios parece una locura. ¡Qué sentido tiene predicar en un valle lleno de huesos! Pero Ezequiel obedeció y de inmediato entró en acción el poder vivificante de la Palabra de Dios:

> Profeticé, pues, como me fue mandado; y hubo un ruido mientras yo profetizaba, y he aquí un temblor; y los huesos se juntaron cada hueso con su hueso. Y miré, y he aquí tendones sobre ellos, y la carne subió, y la piel cubrió por encima de ellos; pero no había en ellos espíritu. Y me dijo: Profetiza al espíritu, profetiza, hijo de hombre, y di al espíritu: Así ha dicho Jehová el Señor: Espíritu, ven de los cuatro vientos, y sopla sobre estos muertos, y vivirán. Y profeticé como me había mandado, y entró espíritu en ellos, y vivieron, y estuvieron sobre sus pies; un ejército grande en extremo (Ezeq. 37:7-10).

Ezequiel transmitió el mensaje de parte de Dios y los huesos comenzaron a moverse; se escuchó un ruido atronador en el valle mientras miles y miles de huesos se movilizaban en busca de su contraparte, hasta juntarse "cada hueso con su hueso". Después subieron los tendones sobre ellos, y luego la carne y la piel. Pero siguieron siendo cadáveres, pues no tenían vida, hasta que Ezequiel profetizó de nuevo y clamó al Espíritu que viniera desde los cuatros vientos, para que soplara sobre ellos el aliento de vida, tal como ocurrió con el primer hombre en el huerto del Edén; "y entró espíritu en ellos, y vivieron, y estuvieron sobre sus pies; un ejército grande en extremo" (Ezeq. 37:10).

Este es probablemente el cuadro más dramático que encontramos en todas las Escrituras sobre la condición espiritual del hombre y el poder de la Palabra de Dios para volverlo a la vida. Tal vez Ezequiel se sentía desalentado al ver el poco impacto visible de su ministerio: meses y meses llamando al pueblo al arrepentimiento, sin ningún resultado aparente. Pero entonces recibió esta visión para renovar su confianza en el poder de la Palabra de Dios. Cuando Él habla, los muertos vuelven a la vida, como sucedió con Lázaro cuando Cristo le ordenó salir de su tumba (Juan 11:42-43). Dios crea a Su pueblo hablando.

Nuestra relación con Dios se fundamenta en que respondamos a Su Palabra con fe y obediencia

Ya vimos que Dios hablaba con Adán y Eva en el huerto del Edén y que el hombre debía responder en adoración y obediencia a la voz de Dios. La relación de intimidad que ellos tenían con Dios en el Jardín no se fundamentaba en ninguna cosa que ellos hubieran visto de Él, sino en el hecho de escuchar lo que Él decía. Ese fue precisamente el foco de ataque de Satanás, es decir, llevar a nuestros primeros padres a desoír la voz de Dios y a desconfiar de Su Palabra: "¿Conque Dios os ha dicho...?". Satanás sabía que esa relación dependía de que ellos siguieran escuchando y obedeciendo Su voz. Cuando nuestros primeros padres decidieron escuchar otra interpretación de la realidad, la que les ofreció la serpiente, quebrantaron la relación con Dios y se convirtieron en rebeldes y traidores.

En el resto de la historia bíblica veremos ese patrón una y otra vez. Dios habla y el hombre debe escuchar y obedecer. Eso fue lo que sucedió con Abraham en Génesis 12, como ya vimos, y lo mismo ocurrió con el pueblo de Israel cuando fue rescatado de la esclavitud en Egipto; ellos llegaron a ser pueblo de Dios cuando recibieron Su ley por manos de Moisés:

> Aplicad vuestro corazón a todas las palabras que yo os testifico hoy, para que las mandéis a vuestros hijos, a fin de que cuiden de cumplir todas las palabras de esta ley. Porque no os es cosa vana; es vuestra vida, y por medio de esta ley haréis prolongar vuestros días sobre la tierra adonde vais, pasando el Jordán, para tomar posesión de ella (Deut. 32:46-47).

En uno de los sermones de Moisés registrados en el libro de Deuteronomio, se enfatiza el enorme privilegio que Dios les había concedido como nación al enviarles Su Palabra:

> ¿Ha oído pueblo alguno la voz de Dios, hablando de en medio del fuego, como tú la has oído, sin perecer? ¿O ha intentado Dios venir a tomar para sí una nación de en medio de otra nación, con pruebas, con señales, con milagros y con guerra, y mano poderosa y brazo extendido, y hechos aterradores como todo lo que hizo con vosotros Jehová vuestro Dios en

Egipto ante tus ojos? A ti te fue mostrado, para que supieses
que Jehová es Dios, y no hay otro fuera de él. Desde los cielos
te hizo oír su voz, para enseñarte; y sobre la tierra te mostró
su gran fuego, y has oído sus palabras de en medio del fuego
(Deut. 4:33-36).

Moisés había guiado al pueblo a través del desierto durante 40 años
y ahora se encontraban al otro lado del Jordán a punto de entrar en
la tierra prometida. Como líder de la nación, cualquiera esperaría que
los adiestrara militarmente para la empresa de conquista que tenían
por delante. Pero lo que hizo Moisés, en cambio, fue recordarles que
ellos eran la única nación del planeta que había escuchado la voz de
Dios; eso era, sin duda, un gran privilegio, pero era también una gran
responsabilidad. Dios se encargaría de darles la tierra por herencia,
conforme a Su promesa; pero ellos debían responder con obediencia y
fe a esa Palabra que habían recibido.

Ese es uno de los temas centrales del libro de Deuteronomio: "Dios
ha hablado; deben escuchar y obedecer". Este era un asunto de vital
importancia porque la supervivencia de la nación dependía de escuchar
y obedecer la voz de Dios.[7] Y eso no ha cambiado en lo más mínimo.
Si el Dios del universo ha hablado, Sus criaturas deben escuchar y
obedecer; ese es el fundamento que sustenta nuestra relación con Él.

Esta realidad alcanza su punto álgido en la historia redentora en la
encarnación de la Palabra de Dios, nuestro Señor Jesucristo. Como bien
señala Graeme Goldsworthy: "La Palabra de Dios, por la cual todas
las cosas fueron creadas, es la misma Palabra que establece un pacto
con un pueblo redimido y que por último irrumpe en nuestro mundo
como el Dios Hombre: Emmanuel".[8] En el capítulo 1 del evangelio de
Juan, Jesús no solo es presentado como el Verbo de Dios que se hizo
carne (Juan 1:1,14), sino también como Aquel que nos provee la más

completa revelación e interpretación de Dios: "A Dios nadie le vio jamás; el unigénito Hijo, que está en el seno del Padre, él le ha dado a conocer" (Juan 1:18; el verbo griego que se traduce como "dar a conocer" es *exegéomai*, de donde deriva nuestra palabra *exégesis* en español).

Es solo por medio de esa Palabra encarnada que Dios puede llegar a ser conocido tal cual es, y es solo por medio de esa Palabra encarnada que podemos relacionarnos con Él (Juan 14:6; 1 Tim. 2:5). En estos postreros días Dios nos ha hablado por el Hijo, como dice el escritor de Hebreos (Heb. 1:1-2). Jesús provee, al mismo tiempo, revelación y mediación porque ambos conceptos se encuentran íntimamente relacionados entre sí; no puede haber una cosa sin la otra.

Porque Dios ha hablado, nosotros predicamos

La predicación existe porque Dios ha hablado y porque Él actúa a través de Su Palabra. Si fuéramos adoradores de un ídolo mudo, no tendríamos nada de qué hablar, o bien podríamos decir todo lo que nos viniera en ganas. Pero una vez que se adueña de nosotros la convicción de que Dios actúa hablando, no podemos hacer otra cosa que hablar nosotros también, pero solo para que Su voz pueda ser escuchada en la exposición de Su Palabra, como veremos más adelante. "Si el león ruge, ¿quién no temerá? Si habla Jehová el Señor, ¿quién no profetizará?" (Amós 3:8).

Como bien señalan Mark Dever, pastor de la Iglesia Bautista Capitol Hill en Washington, y Greg Gilbert, pastor de la Tercera Iglesia Bautista en Louisville: aunque muchos ven la predicación como una tiranía que despersonaliza y deshumaniza a los oyentes (un hombre habla mientras todos escuchan), el sermón es en realidad un símbolo tan preciso como poderoso "de nuestro estado espiritual y de la gracia de Dios. El hecho de que un hombre hable la Palabra de Dios mientras otros escuchan, es una representación de la bondadosa autorrevelación de Dios y de nuestra salvación como un regalo. Siempre que Dios habla con amor a los seres humanos es un acto de gracia. No lo merecemos ni contribuimos en nada a ello. El acto de predicar es un símbolo poderoso de esa realidad" (traducido por el autor).[9]

¿Deseas ver a Dios actuar salvando a los perdidos y edificando a los creyentes? Deja que Su voz sea escuchada a través de la predicación. Su Palabra es viva y eficaz; la nuestra no lo es. Es una locura tratar de hacer la obra de Dios a través de programas y actividades atractivos que sustituyan la predicación de la Palabra, y mucho más absurdo es tomar el tiempo de la predicación para compartir nuestras propias opiniones en vez de ser instrumentos para que el texto tenga voz y hable por sí mismo.

Es por medio de Su Palabra que los pecadores son regenerados, traídos a la fe y añadidos a la Iglesia (1 Cor. 1:21; Sant. 1:18; 1 Ped. 1:23); y es por medio de esa misma Palabra que los creyentes son santificados y llevados a la madurez (Juan 17:17; Hech. 20:32; Ef. 4:11 y ss.; 5:25-26; 1 Ped. 2:1-3). Recuerda que la Palabra de Dios es "la fuerza más poderosa del universo" (traducido por el autor).[10] Si de verdad lo creemos, entonces dejaremos que sea Él quien hable y no nosotros. Y Dios sigue hablando hoy a través de Su Palabra escrita. Ese es el segundo gancho de nuestra ancla teológica que veremos en el próximo capítulo.

2

Dios habla hoy a través de Su Palabra escrita

"Si quieres escuchar audiblemente la voz de Dios, lee la Biblia en voz alta" (John Piper)

"Si usted dice ser un predicador de la Palabra de Dios, y cree que todo lo que Dios habló pertenece al pasado, entonces renuncie y dedíquese a otra cosa" (Albert Mohler)

" La Biblia fue escrita por hombres". No sé cuántas veces escuché esta frase a lo largo de mi vida cristiana, como un argumento en contra de nuestra fe. La realidad es que es un argumento a favor. El cristianismo no se basa en la suposición de tener un libro que cayó del cielo, sino en que tenemos en nuestras manos una revelación de Dios escrita por hombres bajo la inspiración del Espíritu Santo. Más de 40 escritores humanos escribieron un libro de coherencia perfecta, sin error, tratando temas que suelen ser muy conflictivos, ¡en un lapso de tiempo de más de 1500 años! La próxima vez que alguien te desafíe a probarle que la Biblia es la Palabra de Dios, trata con este argumento: "Pruébame que no lo es".

Por lo tanto, la Biblia fue escrita por hombres, pero estos fueron guiados de tal modo por el Espíritu de Dios que los escritos que salieron de su pluma pueden ser llamados con toda propiedad la Palabra de Dios (2 Tim. 3:16-17; 2 Ped. 1:19-21). Aunque la inspiración no anula la paternidad literaria ni el estilo de los escritores humanos, la paternidad literaria no altera en nada la perfección de lo que escribieron. De esta manera, la Biblia es la Palabra de Dios escrita por hombres.

Imagina a un músico experto, capaz de tocar a la perfección todos los instrumentos de viento que existen, interpretando en cada uno de ellos la misma melodía. La ejecución es impecable, pero el sonido que produce cada instrumento es distinto de los demás. Eso es lo que ocurre cuando Dios "exhala" Sus propias palabras a través de instrumentos humanos.[1] Percibimos la diferencia en el sonido, pero la ejecución evidencia la maestría inigualable del Artista.

Inspiración, no fosilización

No todas las palabras de Dios quedaron registradas en las Escrituras, sino únicamente aquellas que Él quería preservar para las generaciones futuras. De esta manera, cuando Dios dijo lo que está registrado en la Biblia, "Él tenía dos auditorios en mente, la generación que estaba presente allí y las futuras generaciones" (traducido por el autor)[2] que vendrían después (comp. Rom. 15:4; 2 Tim. 3:16-17).

Tomemos como ejemplo el llamamiento de Dios a Abraham, en Génesis 12:1-3. ¿Quién fue el receptor original de ese llamamiento? Es evidente que Abraham. Fue este llamamiento divino el que sustentó y le dio contenido a su fe. Sin embargo, esas palabras iban a ser más relevantes a las generaciones por venir: "la descendencia física de Abraham en el Antiguo Testamento, el Señor Jesucristo, y todos los que llegarían a creer en Él viniendo a ser de ese modo descendientes espirituales de Abraham (Gál. 3:6-18)" (traducido por el autor).[3] La inspiración hace posible que las palabras vivas de Dios sigan hablando y obrando a través de todas las épocas, más allá del marco histórico en que fueron pronunciadas originalmente.

Por lo tanto, en las Escrituras no solo tenemos un registro de lo que Dios habló hace miles de años, sino de lo que Dios sigue hablando. El hecho de poner por escrito la Palabra del Dios vivo no fosiliza la Palabra. Es la Palabra de Dios escrita la que "es viva y eficaz, y más cortante que toda espada de dos filos" (Heb. 4:12). John Stott dice al respecto: "Las Escrituras son mucho más que una colección de documentos antiguos en que se preservan las palabras de Dios. No se trata de un museo en que la Palabra de Dios se exhibe tras un vidrio, como un fósil o una reliquia. Por el contrario, es una Palabra viva, dirigida a personas vivas, que proviene del Dios vivo".[4]

"Si oyereis hoy su voz…"

En los capítulos 3 y 4 de la Carta a los hebreos, encontramos un ejemplo impresionante de esta permanencia viva de las palabras de Dios. Aquellos creyentes de trasfondo judío corrían peligro de ceder ante la presión de sus hermanos de raza y volverse al judaísmo. De ahí la advertencia del autor a partir de 3:7:

> Por lo cual, como dice el Espíritu Santo: Si oyereis hoy su voz, no endurezcáis vuestros corazones, como en la provocación, en el día de la tentación en el desierto, donde me tentaron vuestros padres; me probaron, y vieron mis obras cuarenta años. A causa de lo cual me disgusté contra esa generación, y dije: Siempre andan vagando en su corazón, y no han conocido mis caminos. Por tanto, juré en mi ira: No entrarán

en mi reposo. Mirad, hermanos, que no haya en ninguno de vosotros corazón malo de incredulidad para apartarse del Dios vivo; antes exhortaos los unos a los otros cada día, entre tanto que se dice: Hoy; para que ninguno de vosotros se endurezca por el engaño del pecado (Heb. 3:7-13).

La escena histórica que se describe en este pasaje ocurrió en la época de Moisés, poco tiempo después de cruzar el mar Rojo (Ex. 17:1-7). El pueblo pecó gravemente contra Dios en Refidim, acusándolo de haberles sacado de Egipto con promesas falsas para matarlos de sed en el desierto. ¡Esta es una seria acusación en contra de Dios! ¡Los israelitas tildaron a Dios de mentiroso y genocida apenas unas semanas después de haberlos libertado de la esclavitud en Egipto! Pero Dios decide asumir el castigo de su pecado; se coloca encima de la peña en Horeb y ordena a Moisés golpearla con su vara. ¡Y con el golpe en la peña emana tanta agua que todo el pueblo puede saciar su sed! Dice en el Salmo 78:20 que el torrente de agua era tal que inundó la tierra; y en el Salmo 105:41 dice que las aguas "corrieron por los sequedales como un río". ¡Impresionante! El pueblo tiene toda la culpa; Dios recibe el castigo que ellos merecen y por medio de ese acto de amor les provee toda el agua que necesitan.

Muchos años después el salmista trae a colación este incidente para hacerle una advertencia al pueblo de Israel de su propia generación: "Si oyereis hoy su voz, no endurezcáis vuestro corazón, como en Meriba, como en el día de Masah en el desierto" (Sal. 95:7b-8). El peligro de apartarse de Dios continuaba siendo una amenaza para el pueblo en los días del salmista, y este incidente histórico debía hacerlos recapacitar. Pero ahora el autor de la Carta a los hebreos cita el Salmo 95 para advertirles a los israelitas de su propia generación que profesaban creer en Cristo, afirmando que el Espíritu Santo continuaba haciendo la misma advertencia que había hecho cientos de años antes, en los días del salmista: "Por lo cual, *como dice el Espíritu Santo*: Si oyereis hoy su voz, no endurezcáis vuestros corazones" (Heb. 3:7-8a, énfasis agregado). ¡El Espíritu Santo continuaba hablando a través de las palabras del salmista!

De esta manera, el "hoy" del Salmo 95 y el "hoy" del autor de la Carta a los hebreos están conectados con el "hoy" de la experiencia de Israel en el desierto: "Mirad, hermanos, que no haya en ninguno de vosotros corazón malo de incredulidad para apartarse del Dios vivo; antes exhortaos los unos a los otros cada día, *entre tanto que se dice: Hoy*; para que ninguno de vosotros se endurezca por el engaño del pecado" (Heb. 3:12-13, énfasis agregado). Han pasado casi 2000 años desde que la Carta a los hebreos fue escrita y más de 3500 años del incidente original en el desierto, pero Dios sigue advirtiéndonos a través de Su Palabra inspirada para que no nos apartemos de Él. Es por esto que John Stott afirma que "la Biblia es Dios predicando".[5]

"La Biblia es Dios predicando"

La inspiración no fosiliza la Palabra de Dios, como decía hace un momento, sino que la preserva para que Dios continúe hablando hoy a través de ella. Si no tenemos esa convicción, ¿qué sentido tendría que nosotros la prediquemos? Predicamos porque creemos que lo que Dios quiere decirnos hoy nos lo dice a través de Su Palabra escrita, que es infalible, inerrante y suficiente. Ese es el instrumento que Dios ha usado, sigue usando y usará para obrar en Su Iglesia y en el mundo hasta la segunda venida en gloria de nuestro Señor Jesucristo. Si lo crees, permite que el texto bíblico hable porque la Biblia es Dios predicando, y Él actúa por medio de Su Palabra.

Piensa en los símiles que la Biblia usa para referirse a sí misma. Ella es como un martillo que parte los corazones de piedra (Jer. 23:29), como un fuego que quema la basura de nuestro interior (Jer. 5:14), como una espada aguda que traspasa nuestras conciencias (Heb. 4:12), como una lámpara que ilumina nuestro camino (Sal. 119:105), como un espejo que nos muestra lo que realmente somos (Sant. 1:23), como una semilla que produce el nuevo nacimiento (Luc. 8:11; 1 Ped. 1:23), como la leche que sirve de alimento espiritual (1 Ped. 2:2), como la miel que nos endulza (Sal. 19:10; 119:103), como el oro que posee un valor incalculable y que enriquece nuestra vida espiritual (Sal. 19:10; 119:72,127).

La Biblia es todo eso y mucho más porque es la Palabra viva y eficaz del Dios vivo y todopoderoso. "Porque como desciende de los cielos la lluvia y la nieve, y no vuelve allá, sino que riega la tierra, y la hace germinar y producir, y da semilla al que siembra, y pan al que come, así será mi palabra que sale de mi boca; no volverá a mí vacía, sino que hará lo que yo quiero, y será prosperada en aquello para que la envié" (Isa. 55:10-11).

Dios ha hablado y Él continúa hablando a través de Su Palabra escrita. Estas dos convicciones deben atar nuestras conciencias para resistir a la presión "antisermónica" de nuestra generación. Pero esas convicciones todavía no son suficientes para que sigamos predicando. Ahora debemos dar un paso más y afirmar que Dios nos ordena predicar Su Palabra para hacer oír públicamente Su voz. Este es el tercer gancho de nuestra ancla teológica que veremos en el próximo capítulo.

3

Dios nos ordena predicar Su Palabra para hacer oír públicamente Su voz

"Exaltamos la Biblia porque queremos dar a Jesús Su lugar de preeminencia sobre todo, y exaltamos la predicación de la Biblia porque, en principio, esta es la manera de darlo a conocer a Él, y es Él quien nos ha mandado hacerlo" (Alec Motyer)

"El que tiene oído, oiga lo que el Espíritu dice a las iglesias" (Apoc. 2:7)

L a predicación no está de moda. Incluso tiene mala fama. Cuando algunos escuchan la palabra "sermón", la imagen que viene a sus mentes es la de una madre que habla sin parar amonestando a su hija, hasta provocar que le diga exasperada: "¡Por favor, mamá, deja de sermonearme!". En el diccionario imaginario de tales personas, la palabra *sermón* es igual a "charla interminable, de contenido altamente recriminatorio, que por lo general produce como resultado sacar de quicio al que escucha".

Aunque mucha gente sigue visitando las iglesias cada semana, sospecho que no son muchos los que van con la expectativa de escuchar un buen sermón. Algunos son atraídos por el hecho de sentirse parte de una comunidad; otros van porque disfrutan con la música de alabanza, o por los ministerios disponibles, sobre todo para jóvenes y niños; y aún es posible que muchos estén buscando respuesta para sus problemas personales a través de los mensajes terapéuticos que se predican hoy en muchos púlpitos. Pero venir escuchar un monólogo en el que se expone la Palabra de Dios no suena muy atractivo. De ahí la necesidad de un ancla teológica que mantenga firme la barca de nuestro ministerio de acuerdo con el llamado que hemos recibido de parte de Dios como ministros del evangelio.

En los dos capítulos anteriores examinamos dos de los ganchos que posee esta ancla teológica: Dios ha hablado y Él actúa hablando; y ese Dios que habló sigue hablando hoy a través de Su Palabra escrita. El tercer gancho, que veremos en este capítulo, es que Dios nos ordena predicar Su Palabra para hacer oír públicamente Su voz. Es por eso que la predicación fue una prioridad para el pueblo de Dios a través de toda la Historia de la Redención.

La prioridad de los profetas del Antiguo Testamento

En cierto modo la historia de la predicación es casi tan antigua como la historia humana. Sabemos por la Carta de Judas que Enoc, séptimo desde Adán, profetizó contra los impíos de su generación (Jud. 1:14-15); y el apóstol Pedro se refiere a Noé en su segunda carta como "pregonero de justicia" (2 Ped. 2:5). Pero es Moisés quien tiene el privilegio de ser el primer predicador cuyo ministerio se describe con detalle en las Escrituras. Cuando Dios llamó a Moisés en el monte Horeb, le encomendó la tarea de volver a Egipto para libertar al pueblo de la esclavitud hablando en Su Nombre.

Por supuesto, de más está decir que ese plan no estaba en la agenda de Moisés en esa etapa de su vida. Había pasado mucho tiempo desde que había salido huyendo del palacio de Faraón, obligado a vivir el estilo de vida cotidiano de cualquier pastor común y corriente en la tierra de Madián. Esos 40 años que vivió entre ovejas, y sin poder conversar con alguien que compartiera su nivel intelectual, habían minado por completo la confianza de Moisés en sus capacidades naturales. Aunque Esteban lo describe en Hechos 7:22 como "poderoso en sus palabras y obras", Moisés estaba convencido de que su oportunidad para hacerse el héroe había quedado enterrada en Egipto el día que salió huyendo de la ira de Faraón.

> Entonces dijo Moisés a Jehová: ¡Ay, Señor! nunca he sido hombre de fácil palabra, ni antes, ni desde que tú hablas a tu siervo; porque soy tardo en el habla y torpe de lengua. Y Jehová le respondió: ¿Quién dio la boca al hombre? ¿O quién hizo al mudo y al sordo, al que ve y al ciego? ¿No soy yo Jehová? Ahora pues, ve, y yo estaré con tu boca, y te enseñaré lo que hayas de hablar. Y él dijo: ¡Ay, Señor! envía, te ruego, por medio del que debes enviar (Ex. 4:10-13).

Moisés entró en pánico por la naturaleza de la tarea que se le estaba encomendando. Pero Dios le hizo ver que si Él hizo la boca también puede ponerla a funcionar correctamente. Sin embargo, Moisés siguió rehusando su responsabilidad, hasta que Dios lo reprendió con dureza por su falta de fe:

> Entonces Jehová se enojó contra Moisés, y dijo: ¿No conozco yo a tu hermano Aarón, levita, y que él habla bien? Y he aquí que él saldrá a recibirte, y al verte se alegrará en su corazón.

Tú hablarás a él, y pondrás en su boca las palabras, y yo estaré con tu boca y con la suya, y os enseñaré lo que hayáis de hacer. Y él hablará por ti al pueblo; él te será a ti en lugar de boca, y tú serás para él en lugar de Dios (Ex. 4:14-16).

De nuevo es necesario resaltar la estrategia de Dios para la tremenda empresa que estaba poniendo sobre los hombros de Moisés y de Aarón. Ellos no tenían encomendado formar células secretas de insurgencia para revelarse contra Faraón, y mucho menos intentar lograr un acuerdo bilateral que fuera satisfactorio para ambas partes. Ellos no fueron enviados a Egipto como revolucionarios ni como negociadores, sino como heraldos del Dios Altísimo.

Más adelante, en Éxodo 7:1, el Señor le dice a Moisés: "Mira, yo te he constituido dios para Faraón, y tu hermano Aarón será tu profeta". Moisés tenía autoridad sobre Faraón porque el Dios del cielo le había encomendado la tarea de hablar en Su Nombre. El papel de Aarón en esa estrategia era transmitir el mensaje divino tal como se le había revelado a Moisés directamente. Aunque Dios mismo reconoce que Aarón hablaba bien, su capacidad de oratoria no le daba derecho a transmitir al pueblo su propio mensaje ni a retocar las palabras de Dios recibidas por medio de Moisés. Aarón era simplemente un portavoz.

Este pasaje es importante porque nos revela la naturaleza de la labor del profeta en el Antiguo Testamento. Su función primordial no era predecir el futuro, sino transmitir fielmente el mensaje de Dios al pueblo. Más de 3800 veces aparece en el Antiguo Testamento la frase "vino Palabra de Jehová", o alguna similar, asociada con el ministerio profético. Ellos eran los predicadores de su generación que llamaban al pueblo a volverse de sus pecados a Dios para que no cosecharan las consecuencias de su rebeldía.

De esta manera, la predicación jugó un papel de suma importancia en el antiguo pacto. Los profetas comunicaban al pueblo las palabras de Dios en el Nombre de Dios. Y esa metodología no cambió en el nuevo pacto.

La prioridad de Juan el Bautista

El ministerio de Juan el Bautista sirve de transición entre el Antiguo y el Nuevo Testamento; él fue "la voz del que clama en el desierto" de la que habló el profeta Isaías y el precursor anunciado por el profeta Malaquías, cuya tarea primordial era preparar el camino para la llegada del Mesías (Isa. 40:3; Mal. 3:1; comp. Mar. 1:2-3). De este modo, el ministerio principal de Juan no era el bautismo, sino la predicación; el bautismo era un símbolo visible de que su predicación había sido recibida:

> Bautizaba Juan en el desierto, y *predicaba* el bautismo de arrepentimiento para perdón de pecados. Y salían a él toda la provincia de Judea, y todos los de Jerusalén; y eran bautizados por él en el río Jordán, confesando sus pecados. [...] *Y predicaba*, diciendo: Viene tras mí el que es más poderoso que yo, a quien no soy digno de desatar encorvado la correa de su calzado. Yo a la verdad os he bautizado con agua; pero él os bautizará con Espíritu Santo (Mar. 1:4-5,7-8, énfasis agregado).

Él debía proclamar como un heraldo la llegada del Mesías. El rito del bautismo estaba supeditado a la aceptación de su mensaje. No tenía ningún sentido que una persona tomara la decisión de bautizarse si no había aceptado primero lo que Juan testificó acerca de la pecaminosidad humana y acerca de Jesús.

Y predicaba, diciendo: Viene tras mí el que es más poderoso que yo, a quien no soy digno de desatar encorvado la correa de su calzado. Yo a la verdad os he bautizado con agua; pero él os bautizará con Espíritu Santo (Mar. 1:7-8).

Es por eso que la figura de Juan desaparece casi por completo de la narrativa de los Evangelios cuando el Señor Jesucristo inicia Su ministerio público después de Su bautismo. Pero al igual que Juan el Bautista, Jesús mantendría la predicación como el centro de Su labor ministerial.

La prioridad de Jesús

El Señor hizo muchas cosas extraordinarias durante Su ministerio: echó fuera demonios, sanó a los enfermos, resucitó a los muertos, caminó sobre las aguas, calmó el mar tempestuoso; en dos ocasiones alimentó a un gran número de personas con unos pocos panes y unos peces. Pero cuando Marcos quiere resumir el corazón de Su ministerio en Galilea, simplemente nos dice que predicaba el evangelio del reino (Mar. 1:14). Jesús no vino con la prioridad de ser un sanador o un hacedor de prodigios, sino un predicador; y no permitió que nada le impidiera llevar a cabo esta labor.

Esa fue una de las lecciones difíciles que los apóstoles tuvieron que aprender desde que comenzaron a seguir a Jesús. En el capítulo 1 del Evangelio de Marcos, el Señor se encuentra en medio de una actividad casi frenética, llevando a cabo un intenso ministerio de sanidad y echando fuera demonios, de tal manera que "toda la ciudad se agolpó a la puerta" esperando de Él algún tipo de beneficio (Mar. 1:32-34). Y debemos suponer que los apóstoles estaban viendo con entusiasmo el "éxito" evidente de su Maestro. Pero al día siguiente, "siendo aún muy oscuro", el Señor se levantó y fue a un lugar desierto para tener comunión con Su Padre en oración (Mar. 1:35). En algún momento durante la noche del día anterior, Jesús se retiró a descansar y muchos no pudieron ser sanados, lo que provocó otra avalancha de personas que se agolparon de nuevo en la puerta de la casa.

Y los apóstoles entraron en estado de pánico (de haber estado allí, con toda seguridad yo habría reaccionado igual que ellos). Una multitud de personas necesitadas invadió la casa pidiendo ayuda, ¡pero Jesús había desaparecido! "Y le buscó Simón, y los que con él estaban; y hallándole, le dijeron: Todos te buscan" (Mar. 1:36-37). Casi podemos escuchar el tono de reproche detrás de estas palabras: "La casa está asediada de personas llenas de problemas, que demandan atención, ¿y tú decides apartarte para tener un tiempo de devoción personal? ¿Qué se supone que debemos hacer nosotros con toda esa gente?". La respuesta de Jesús es tajante y clara: "Él les dijo: Vamos a los lugares vecinos, para que predique también allí; *porque para esto he venido*" (Mar. 1:38, énfasis agregado). Jesús no podía permitir que las necesidades de la gente le impidieran llevar a cabo el ministerio que el Padre le había encomendado: predicar el evangelio del reino. Esa era Su prioridad.

Un expositor inglés de principios del siglo xx, llamado Dick Lucas, predicó un mensaje basado en esta sección del Evangelio de Marcos, titulado: "Cómo arruinar tu ministerio". La fórmula es muy sencilla: primero, obtén el poder para sanar todas las enfermedades; después aglutina alrededor de ti a una multitud de personas enfermas; pero, en vez de sanarlos a todos, apártate de allí diciéndoles que vas a hacer un viaje para dedicarte a predicar la Palabra.[1] Estoy seguro de que para cualquier "pragmático sensato" de aquellos días era más que evidente que Jesús debía enfocar mejor sus prioridades. Pero el Señor sabía que todos los que eran sanados irían de todos modos al infierno "a menos que la Palabra predicada y la gracia salvadora de Dios interrumpieran su depravación" (traducido por el autor).[2]

Siendo un Hombre compasivo o, para ser más preciso, la compasión encarnada, Jesús nunca permitió que las necesidades temporales del ser humano ocultaran de Su vista su necesidad más apremiante. Como dice el famoso predicador inglés del siglo xx Martyn Lloyd-Jones: "Él no vino al mundo para sanar a los enfermos, a los cojos y a los ciegos, o para apaciguar tormentas en el mar. Él podía hacer tales cosas y las hizo con mucha frecuencia; pero todo eso era secundario, no lo principal".[3] Su prioridad era predicar la Palabra (Mar. 1:21-22; 2:2,13; 4:1-2; 6:2).

La prioridad de los apóstoles

Y aquello que fue una prioridad para los profetas del Antiguo Testamento, para Juan el Bautista y para el Señor Jesucristo también lo fue para los apóstoles. Desde el momento en que fueron apartados por el Señor, quedó claramente establecido que el propósito de su elección era "para que estuviesen con Él, *y para enviarlos a predicar*" (Mar. 3:14, énfasis agregado). Luego de Su resurrección, Jesús les encargó solemnemente predicar "en su nombre el arrepentimiento y el perdón de pecados en todas las naciones, comenzando desde Jerusalén" (Luc. 24:47).

Basta darle una ojeada al libro de los Hechos para ver la seriedad con la que los apóstoles llevaron a cabo esta Comisión. Como "para muestra un botón", voy a limitarme a un solo ejemplo: el incidente que dio lugar a la elección de los que muchos entienden que fueron los primeros diáconos. La historia es muy conocida. Los judíos de origen griego comenzaron a murmurar alegando que las viudas de los hebreos tenían un trato preferente sobre sus viudas en la distribución diaria de alimentos. Es el segundo incidente interno que sufre la iglesia después de la muerte de Ananías y Safira, y era muy serio por cierto; esta crisis debía ser atendida con urgencia y con mucha sensibilidad y tacto pastoral. ¿Qué hicieron los apóstoles?

> Convocaron a la multitud de los discípulos, y dijeron: No es justo que nosotros dejemos la palabra de Dios, para servir a las mesas. Buscad, pues, hermanos, de entre vosotros a siete varones de buen testimonio, llenos del Espíritu Santo y de sabiduría, a quienes encarguemos de este trabajo. Y nosotros persistiremos en la oración y en el ministerio de la palabra (Hech. 6:2-4).

Me pregunto cómo habrían reaccionado hoy muchos líderes cristianos ante una crisis como esa. Después de todo, ¿no debería la iglesia ser sensible a las necesidades de la gente, y en especial a las de sus miembros más vulnerables? ¿De qué sirve predicar la Palabra si el pueblo tiene hambre y se siente descuidado? Pero los apóstoles tuvieron el discernimiento necesario para ver el peligro detrás del peligro. Por eso, y bajo la guía del Espíritu Santo, buscaron una solución al problema de las viudas, preservando al mismo tiempo los dos aspectos más importantes de su ministerio: la oración y la predicación de la Palabra... en ese orden. Y ¿cuál fue el resultado? "Y crecía la palabra del Señor, y el número de los discípulos se multiplicaba grandemente en Jerusalén; también muchos de los sacerdotes obedecían a la fe" (Hech. 6:7). Dios bendijo la determinación de los apóstoles de mantener la oración y la predicación en el máximo nivel de sus prioridades.

La prioridad de la Iglesia a través de las edades

En el resto del Nuevo Testamento, vemos que la Iglesia debía mantener la prioridad de la predicación a través de los siglos. Entre los requisitos indispensables que debe cumplir todo candidato al ministerio pastoral es que sea "apto para enseñar" (1 Tim. 3:2; comp. Tito 1:9). Y en 2 Timoteo 2:15, Pablo le ordena procurar con diligencia presentarse ante "Dios aprobado, como obrero que no tiene de qué avergonzarse, que usa bien la palabra de verdad".

Más adelante, en el capítulo 4, después de establecer la inspiración y suficiencia de las Escrituras, Pablo le encarga solemnemente a Timoteo que predique la Palabra (2 Tim. 4:1-2). Eso no es lo que mucha gente querrá oír, pero es lo que él debía hacer de todos modos (2 Tim. 4:3-5). Esta labor debía consumir la mayor parte de su tiempo. "Ocúpate en estas cosas; permanece en ellas, para que tu aprovechamiento sea manifiesto a todos" (1 Tim. 4:15).

Pablo también ordena a Timoteo, y por medio de él a toda la Iglesia, reconocer y honrar con doble honor a los ancianos que gobiernan bien, "mayormente los que trabajan en predicar y enseñar" (1 Tim. 5:17), porque su labor es vital para la salvación de los perdidos y el fortalecimiento de los creyentes. A Dios "agradó salvar a los creyentes por la locura de la predicación" (1 Cor. 1:21).

> Porque los judíos piden señales, y los griegos buscan sabiduría; pero nosotros predicamos a Cristo crucificado, para los judíos ciertamente tropezadero, y para los gentiles locura; mas para los llamados, así judíos como griegos, Cristo poder de Dios, y sabiduría de Dios. Porque lo insensato de Dios es más sabio que los hombres, y lo débil de Dios es más fuerte que los hombres (1 Cor. 1:22-25).

Así que no predicamos para continuar con una tradición evangélica, sino porque Dios nos ordena hacerlo para hacer oír Su voz a través de nuestra voz. Ese es uno de los aspectos más misteriosos de la predicación, que a través de la exposición de la Palabra el pueblo de Dios puede escuchar la voz del Espíritu de Cristo hablando a sus corazones.

La voz de Cristo a través de nuestra voz

Dios se comunicó con los hombres de diversas maneras a través de la historia redentora (Heb. 1:1-2). Eso incluyó hacer oír Su voz de manera audible, como sucedió en el huerto del Edén y más adelante en el monte Sinaí (Ex. 19:9); pero en este último caso la experiencia resultó tan aterradora que los israelitas le pidieron a Moisés que sirviera de intermediario entre ellos y Dios (Ex. 20:18-19).[4] Dios condescendió a esa petición e hizo oír Su voz de manera indirecta a través de Su siervo Moisés. Y así ha sido desde entonces. "Dios usa a los predicadores en vez de tronar sobre nosotros y ahuyentarnos", dice el famoso reformador del siglo XVI Juan Calvino. De este modo, "es un privilegio singular que Él se digne bendecir para sí la boca y la lengua de los hombres a fin de que Su voz resuene a través de ellos".[5]

Por tanto, la predicación es, en más de un sentido, una provisión de gracia. Los predicadores hablamos a los hombres "delante de Dios y de parte de Dios" (2 Cor. 2:17). Eso fue evidente a través de todo el Antiguo Testamento, pero es más evidente aún en el ministerio del nuevo pacto.

En el Nuevo Testamento se describe a las ovejas de Cristo como aquellas que escuchan Su voz y lo siguen (Juan 10:1-5,16,27-28). Puede ser que por un tiempo caminen extraviadas escuchando otras voces, pero tarde o temprano las ovejas que el Padre le dio reconocerán la voz de Su Pastor y vendrán a Él con arrepentimiento y fe. Pero ¿cómo ocurre eso en el día de hoy? ¿Cuál es el medio a través del cual el buen Pastor de las ovejas habla al corazón de los que son Suyos? El apóstol

Pablo responde esta pregunta en Romanos 10:17, donde dice: "la fe es por el oír, y el oír, por la palabra de Dios". Este texto es tan conocido que fácilmente podemos pasar por alto la dificultad que plantea su interpretación.

Si Pablo hubiera escrito que la fe viene por el oír la Palabra de Dios, la lógica del texto sería muy evidente: escuchando la Palabra el incrédulo puede llegar a creer. Pero el texto dice más que eso. Lo que Pablo resalta en Romanos 10:17 es que la fe viene del oír, y el oír viene por medio de la Palabra de Dios o, para ser más precisos, por medio de la predicación de esa Palabra. Ahora bien, ¿qué es lo que tenemos que oír y que viene por medio de la predicación?

Para entender esta declaración debemos considerarla a la luz de su contexto. Pablo ha dicho ya, en los versículos 8 al 13, "que si confesares con tu boca que Jesús es el Señor, y creyeres en tu corazón que Dios le levantó de los muertos, serás salvo. Porque con el corazón se cree para justicia, pero con la boca se confiesa para salvación [...] porque todo aquel que invocare el nombre del Señor, será salvo". Después introduce una serie de preguntas que nos llevan de la mano a su declaración en los versículos 14 y 15: "¿Cómo, pues, invocarán a aquel en el cual no han creído? ¿Y cómo creerán en aquel de quien no han oído? ¿Y cómo oirán sin haber quien les predique? ¿Y cómo predicarán si no fueren enviados?".

La RVR1960 traduce la segunda pregunta: "¿Y cómo creerán en aquel *de* quien no han oído?", dando a entender que debemos oír *acerca* de Cristo para llegar a creer en Él. Pero el texto griego dice literalmente: "¿Cómo creerán en aquel *a quien* no han oído?".[6] Necesitamos oír *a* Cristo para poder creer. Así la fe viene por el oír *a* Cristo, y el oír *a* Cristo viene por medio de la predicación de la Palabra de Dios. Como dice John Stott, los incrédulos "no creerán en Cristo hasta que lo hayan oído hablar a través de sus mensajeros o embajadores".[7]

Cuando la Palabra de Dios es expuesta con fidelidad y con el poder del Espíritu Santo, es Cristo el que habla al corazón de Sus ovejas (Juan 10:29; 17:6). "El que a vosotros oye, a mí me oye —dice el Señor en Lucas 10:16—; y el que a vosotros desecha, a mí me desecha; y el que me desecha a mí, desecha al que me envió". Esta verdad movió a Pablo a decirles a los creyentes en Éfeso que Cristo "vino y anunció las buenas nuevas de paz a vosotros que estabais lejos, y a los que estaban cerca" (Ef. 2:17). El Señor Jesucristo apenas salió del entorno de Palestina; ¿cómo es posible que Pablo afirme en este texto que Él anunció el evangelio en la ciudad de Éfeso?

El puritano inglés del siglo XVII Paul Bayne comenta lo siguiente acerca de este texto: "Por lo tanto vemos que Cristo está presente y tiene una parte en la predicación cuando los hombres predican [...] porque este es el oficio de Cristo nuestro gran Profeta, no solo dándonos a conocer personalmente la voluntad del Padre [...], sino que también está presente y nos enseña internamente en el corazón con esa Palabra que resuena externamente en nuestros oídos por medio de los hombres. [...] Así vemos que Pablo predicó a los oídos de Lidia, pero Cristo predicó a su corazón" (traducido por el autor).[8]

John Stott dice algo similar: "El mismo Cristo que una vez hizo la paz mediante su cruz, ahora predica la paz mediante sus heraldos". Y lo mismo afirma el fallecido teólogo sueco Gustaf Wingren: "Es la predicación la que provee los pies sobre los que Cristo camina al acercarse a nosotros y alcanzarnos… la predicación tiene un único objetivo, y es que Cristo pueda venir a aquellos que se han reunido para escuchar". De esta manera, "la predicación no es una charla acerca de un Cristo del pasado, sino la voz por la que el Cristo del presente nos ofrece vida hoy".[9]

Como decía anteriormente, este es un aspecto misterioso de la predicación, pero en el Nuevo Testamento queda claro que, para ser salvo, el pecador debe oír la voz de Cristo y que esa voz es escuchada, en primer lugar, cuando el predicador expone a viva voz Su Palabra. Dios ha decretado obrar en las almas de los hombres al hacerlos oír la voz de Su Hijo a través de voces humanas. "La predicación brinda pies y voz al Cristo vivo", dice John Stott.[10] Cuando la Iglesia predica la Palabra, en realidad une su voz a la del Espíritu Santo llamando a los pecadores a reconciliarse con Dios. "Y el Espíritu y la Esposa dicen: Ven. Y el que oye, diga: Ven. Y el que tiene sed, venga; y el que quiera, tome del agua de la vida gratuitamente" (Apoc. 22:17).

Pocas veces se ha expresado esta gloriosa doctrina de las Escrituras en una forma más hermosa y memorable que en uno de mis himnos favoritos compuesto por Isaac Watts, el reconocido teólogo y compositor inglés de mitad del siglo XVIII:

¡Cuán solemne y dulce aquel lugar donde mora Cristo el Señor!
Allí de Sus manjares Él despliega lo mejor.

¡Banquete rico! El corazón, admirado, clama así:
"¿Por qué, Señor? ¿Por qué será que me invitaste a mí?"

"¿Por qué me hiciste oír tu voz, y entrar y ver tu bondad?"
Pues miles de hambre mueren ya rehusando tu verdad.

Pues el mismo amor que el manjar sirvió, dulcemente a entrar me llevó;
Si no, en mi pecado aún habría estado yo.[11]

Resumiendo lo que hemos visto hasta aquí, Dios actúa a través de Su Palabra; Dios habla hoy a través de Su Palabra escrita; y Dios nos ordena predicar Su Palabra para hacer oír públicamente Su voz. Estas tres convicciones teológicas deben atar nuestras conciencias para continuar predicando, aunque muchos a nuestro alrededor decidan hacer otra cosa e incluso estén obteniendo más resultados aparentes.

La predicación es mucho más que la exposición de un pasaje de las Escrituras; es uno de los instrumentos primordiales escogidos por Dios para llevar a cabo Su obra en el mundo, al hacer oír públicamente Su voz a través de aquellos que han sido llamados y calificados por Él como ministros del evangelio. "Porque conocemos, hermanos amados de Dios, vuestra elección —escribe Pablo a los tesalonicenses—; pues nuestro evangelio no llegó a vosotros en palabras solamente, sino también en poder, en el Espíritu Santo y en plena certidumbre, como bien sabéis cuáles fuimos entre vosotros por amor de vosotros" (1 Tes. 1:4-5). Pablo expuso el evangelio con palabras, pero con la convicción de que su predicación era más que palabras, porque el poder del Espíritu Santo estuvo presente allí llevando vida en medio de un valle de huesos secos. La predicación, como dice Pablo en 2 Corintios, es Dios rogando por medio de nosotros (2 Cor. 5:20). Los predicadores hablamos "de parte de Dios y delante de Dios" (2 Cor. 2:17).

¿Es así como te percibes a ti mismo cuando te colocas detrás del púlpito para predicar la Palabra? ¿Eres consciente de que por medio de tu predicación Dios hablará a los corazones de los hombres para que crean en Jesús y sean salvos? "A fin de cuentas, la predicación no es un asunto de traer unos pocos pensamientos aquí y allá *acerca de* Dios o de la Biblia. Es la proclamación de un mensaje que viene con autoridad desde la misma sala del Trono en los cielos" (traducido por el autor).[12] Quiera el Señor levantar más predicadores en esta generación que tengan esta convicción; que la voz de Dios siga resonando en los púlpitos a través de expositores fieles a Su Palabra para que continuemos viendo Su poder salvando a pecadores y edificando las iglesias.

Segunda parte

Naturaleza, forma
y contenido del sermón
expositivo

4

¿Qué es un sermón expositivo?

*"El problema actual no está en la escasez de predicación.
No, la cuestión reside en la decadencia total de mucho de
lo que hoy se considera predicación"* (Steven J. Lawson)

*"La predicación bombea la sangre de la Palabra de Dios
en las arterias, venas y vasos capilares de los órganos vitales
de la iglesia"* (Mike Abendroth)

E s domingo por la mañana y el servicio de adoración está a punto de comenzar. Los miembros de la congregación están muy expectantes porque el pastor les había anunciado en el culto de oración, a mitad de semana, que ese domingo iba a predicar sobre el conocidísimo enfrentamiento entre David y Goliat. Todos en la iglesia reconocen la habilidad inusual que tiene su pastor para tomar pasajes históricos del Antiguo Testamento y extraer de ellos sorprendentes aplicaciones prácticas para la vida del hombre contemporáneo. Y esa mañana no fue la excepción.

El pastor subió al púlpito, abrió su Biblia en el capítulo 17 del Primer libro de Samuel y de una forma impresionante los llevó en su imaginación al campo de batalla donde David tuvo que enfrentarse con aquel aterrador gigante filisteo. Los tres puntos de su bosquejo eran muy fáciles de recordar: 1) un gran reto, 2) una gran actitud, y 3) una gran victoria. David se enfrentó a un gran reto aquel día, pero lo hizo con una actitud valiente y confiada, y obtuvo como resultado una gran victoria sobre su enemigo.

Los hermanos de la iglesia se sentían muy animados mientras el pastor los exhortaba a seguir el ejemplo de David al enfrentar a los gigantes que nos asaltan cada día en este mundo caído: el gigante de la tentación, el gigante del temor y la ansiedad, el gigante de la depresión y la duda, y muchos otros enemigos que nos parecen invencibles. Pero al igual que David, solo necesitamos hacerles frente a nuestros problemas con una honda y cinco piedras: la piedra de la fe, la del coraje, la de la oración, la de la determinación y la de la constancia.

Al final del servicio todos salieron agradeciendo al pastor por haberles traído un mensaje tan pertinente. Y eso, por supuesto, alentaba al pastor a seguir predicando sermones similares a este, es decir, que espiritualizan la enseñanza del texto bíblico sin exponer realmente lo que el pasaje enseña. Esta historia ficticia nos ilustra el círculo vicioso que se repite en muchas iglesias una y otra vez por falta de un entendimiento claro de lo que es un sermón expositivo.

Y ese es precisamente el tema que vamos a abordar en este capítulo. Pero antes de pasar a definir esta clase de sermón, quisiera considerar tres de las figuras más iluminadoras del Nuevo Testamento para señalarles a los predicadores. Como espero mostrar en un momento, la naturaleza de nuestro mensaje deriva directamente de la naturaleza de nuestro llamado. En otras palabras, lo que somos por vocación determina tanto lo que hacemos como lo que decimos en el desempeño de nuestra labor.

Administradores de los misterios de Dios

Pablo usa esta figura en su primera carta a la iglesia en Corinto, una ciudad griega de gran importancia en los tiempos del Nuevo Testamento, y muy depravada por cierto (tanto es así que los griegos acuñaron el término *corintizar* para referirse al estilo de vida licencioso de sus habitantes). En el segundo viaje misionero de Pablo, y a pesar de la inmoralidad reinante en Corinto, Dios levantó una iglesia allí a la que se añadió mucha gente durante el año y medio de su ministerio.

Lamentablemente, muchos de sus miembros habían arrastrado consigo algunos de los aspectos más dominantes de su cultura. Los griegos eran muy aficionados a la filosofía y a la retórica, es decir, el arte de la elocuencia y de la argumentación eficaz; y las personas solían alinearse en torno a los maestros de su preferencia. Lo mismo estaba sucediendo en la iglesia (1 Cor. 1:10-12). Se habían formado partidos alrededor de la figura de ciertos predicadores a los que veían como celebridades, lo que provocó una división interna en la iglesia. Unos decían ser seguidores de Pablo, otros de Apolos y otros de Pedro. Y, por supuesto, no faltaban los superespirituales que se jactaban de no seguir a ningún hombre, sino únicamente a Cristo; la realidad es que este último grupo era tan problemático como todos los demás.

Esta penosa situación movió a Pablo a recordarles cuál es la verdadera identidad de los pastores de la grey: "Así, pues, ténganos los hombres por servidores de Cristo, y administradores de los misterios de Dios" (1 Cor. 4:1). Con estas pocas palabras Pablo dio un golpe certero, tanto a los que eran fanáticos de ciertos predicadores como también a los que pretendían seguir a Cristo pasando por alto a aquellos que el mismo Cristo había llamado para predicar Su Palabra. Los ministros del evangelio juegan un papel de suprema importancia para la salud de la iglesia no como celebridades, sino como administradores de los misterios de Dios.

En su libro "Imágenes del predicador en el Nuevo Testamento", John Stott dice lo siguiente acerca de esta figura:

> El administrador es el depositario y el dispensador de los bienes de otro. Del mismo modo, el predicador es un administrador de los misterios de Dios, es decir, de la autorevelación que Dios ha confiado a los hombres y que ahora está preservada en las Escrituras. Por tanto, el mensaje del predicador cristiano no se deriva directamente de la boca de Dios como si [...] fuera un profeta o un apóstol, ni tiene su origen en su propia mente, como en el caso de los falsos profetas, ni procede de la mente o la boca de otros, como en el caso del charlatán, sino de la Palabra de Dios revelada una vez y registrada ahora, de la cual el predicador es un privilegiado administrador.[1]

Lo que se requiere del administrador no es que sea original, sino que sea fiel administrando lo que se le encomendó, en este caso "los misterios de Dios" (1 Cor. 4:1-2). La palabra que se traduce como "misterios" no se usa en el Nuevo Testamento para referirse a cierta clase de secreto reservado para unos cuantos iniciados, sino más bien a un conjunto de verdades que solo pueden conocerse si Dios toma la iniciativa de revelarlas. En este caso, los misterios de Dios son "la suma total de la revelación que Él ha dado de sí mismo y que ahora está contenida en las Escrituras".[2] Estos son los "bienes" que el predicador está llamado a administrar, para edificar con ellos al pueblo de Dios.

Heraldos del Dios Altísimo

Actualmente, cuando un gobernante quiere transmitir un mensaje al pueblo organiza una rueda de prensa. En la antigüedad enviaban a un heraldo o pregonero que tenía la responsabilidad de comunicar fielmente los anuncios y decretos del rey en voz alta y con autoridad (Dan. 3:1-6). La voz del heraldo debía ser escuchada y obedecida como si fuera la voz del rey mismo porque el heraldo no hablaba por su propia cuenta ni transmitía sus propias palabras. Él tenía la responsabilidad de proclamar el mensaje del rey con toda claridad, sin quitarle nada ni añadirle nada.

Esta es una de las figuras más recurrentes del Nuevo Testamento para referirse a los predicadores y a la predicación. Escribiendo a los corintios, Pablo les recuerda que Dios determinó salvar a los creyentes "por la locura de la predicación" (literalmente "la proclamación como un heraldo"). He aquí la explicación de Pablo del proceder de Dios: "Porque los judíos piden señales, y los griegos buscan sabiduría; pero nosotros predicamos —o proclamamos como heraldos— a Cristo crucificado" (1 Cor. 1:22-23). Y en sus cartas a Timoteo Pablo le dice en dos ocasiones que él había sido constituido "predicador" (es decir, "heraldo") y "apóstol y maestro de los gentiles" (1 Tim. 2:7; 2 Tim. 1:11); al mismo tiempo le encarga solemnemente a su hijo en la fe que predique o proclame como un heraldo la Palabra (2 Tim. 4:1-2).

Aunque la función del administrador y del heraldo tienen puntos en común (ambos deben comunicar íntegramente el mensaje que se les ha confiado), el énfasis del heraldo está en la proclamación a viva voz de una noticia o decreto. Más aún, la proclamación del heraldo demanda una respuesta de sus oyentes al mensaje que está siendo proclamado de parte del rey. Por eso el teólogo norteamericano del Nuevo Testamento Robert Mounce enfatiza que la predicación apostólica consistía básicamente en dos acciones: proclamar y apelar, es decir, hacer un llamado a la acción que se deriva directamente de la verdad que ha sido proclamada.[3]

Esto pone de relieve una de las diferencias fundamentales entre la predicación y otras formas de comunicación, y es que predicamos "para llegar a un veredicto", como bien señala John Stott. "Proclamar no es lo mismo que dar una conferencia. Una conferencia es algo desapasionado, objetivo, académico. Va dirigida a la mente. No busca ningún resultado, sino simplemente impartir determinada información y quizás hacer que el estudiante investigue luego por su propia cuenta. Pero el heraldo de Dios viene con una proclamación urgente de paz mediante la sangre de la cruz y con un reto a los oyentes a arrepentirse, a deponer sus armas y a aceptar humildemente el perdón que se les ofrece".[4]

Esto nos lleva de la mano a la tercera figura que usa el Nuevo Testamento para referirse a los predicadores…

Embajadores en nombre de Cristo

En la conclusión de su Carta a los efesios, Pablo se refiere a sí mismo como un "embajador en cadenas" (Ef. 6:20); y en su Segunda carta a los corintios, señala a los ministros del evangelio como embajadores que ruegan en nombre de Dios llamando a los hombres a la reconciliación:

> Y todo esto proviene de Dios, quien nos reconcilió consigo mismo por Cristo, y nos dio el ministerio de la reconcilia-ción; que Dios estaba en Cristo reconciliando consigo al mundo, no tomándoles en cuenta a los hombres sus pecados, y nos encargó a nosotros la palabra de la reconciliación. Así que, somos embajadores en nombre de Cristo, como si Dios

rogase por medio de nosotros; os rogamos en nombre de Cristo: Reconciliaos con Dios. Al que no conoció pecado, por nosotros lo hizo pecado, para que nosotros fuésemos hechos justicia de Dios en él (2 Cor. 5:18-21).

¡Esto debería dejarnos sin aliento! El Dios del cielo, que ha sido seriamente ofendido por nuestros pecados, no solo provee salvación a través de la muerte de Su propio Hijo, sino que también toma la iniciativa de enviar embajadores que anuncien y ofrezcan los términos de la reconciliación. "Somos embajadores en nombre de Cristo, como si Dios rogase por medio de nosotros" (2 Cor. 5:20).

Merecemos la ira y la condenación, pero Cristo recibió en la cruz del Calvario el castigo que nosotros merecemos y, a cambio, nos ofrece Su justicia perfecta, la cual es puesta en nuestra cuenta por medio de la fe (Rom. 4:1-8; 2 Cor. 5:21). ¡Oh, misterio de los misterios! ¡El ofendido tomó la iniciativa de reconciliarse con el ofensor, al precio de la vida de Su Hijo! Sobre la base de esa obra redentora, que primero obró en nosotros mismos, ahora, como embajadores, invitamos a los hombres a reconciliarse con Dios viniendo a Cristo con arrepentimiento y fe.

Fidelidad y precisión

Somos administradores, heraldos y embajadores. Estas tres figuras no dejan lugar a dudas en cuanto a la naturaleza de nuestra labor. Debemos ser cuidadosos administrando los bienes del Dueño, fieles y precisos al proclamar el mensaje de nuestro Rey. De ahí la exhortación de Pablo a Timoteo en su segunda carta: "Procura con diligencia presentarte a Dios aprobado, como obrero que no tiene de qué avergonzarse, que usa bien la palabra de verdad" (2 Tim. 2:15). La palabra *procurar* es la traducción de una palabra griega que significa 'haz tu mejor esfuerzo', 'trabaja duro', 'sé diligente'. Pablo quiere que su hijo en la fe pueda comparecer delante de Dios como un obrero aprobado; la otra opción era ser avergonzado "por la fatal desaprobación de Dios" (traducido por el autor).[5] Timoteo debía trabajar duro, hasta el agotamiento si fuera necesario, con tal de manejar de manera apropiada la Palabra de verdad.

El predicador debe asegurarse, hasta donde le sea posible, de que está entregando fielmente el mensaje de Dios revelado en Su Palabra, no citando un texto aquí y otro allá que parecen apoyar sus ideas, sino a través de un estudio diligente para desentrañar el verdadero significado del pasaje (o los pasajes) de las Escrituras que está exponiendo.

Pedro dice en su primera carta que "Si alguno habla, hable conforme a las palabras de Dios" (1 Ped. 4:11). Cuando nos colocamos detrás del púlpito es para transmitir lo que Dios realmente dice en Su Palabra, y no lo que a nosotros o a la congregación nos gustaría que dijera. Nuestro mensaje debe ser el mensaje del texto porque lo que el texto dice tiene autoridad sobre nosotros.

Del Señor Jesucristo se dice en Juan 3:34: "Porque el que Dios envió, las palabras de Dios habla". Y en Juan 7:16-18 el Señor dice de Sí mismo: "Mi doctrina no es mía, sino de aquel que me envió. El que quiera hacer la voluntad de Dios, conocerá si la doctrina es de Dios, o si yo hablo por mi propia cuenta. El que habla por su propia cuenta, su propia gloria busca".

Aquel que usa la predicación para dar a conocer sus propias opiniones de las cosas está buscando su propia gloria, pero el que busca la gloria de Dios se ocupará en proclamar los decretos de Dios únicamente. "Porque yo no he hablado por mi propia cuenta —dice Jesús más adelante—; el Padre que me envió, él me dio mandamiento de lo que he de decir, y de lo que he de hablar. Y sé que su mandamiento es vida eterna.

Así pues, lo que yo hablo, lo hablo como el Padre me lo ha dicho" (Juan 12:49-50).

Esto debe poner una gran responsabilidad sobre los predicadores. Si nuestro Señor Jesucristo se cuidó de decir exactamente lo que había oído del Padre, ¡cuánto más nosotros! Al colocarnos detrás del púlpito o al asumir la postura de maestros de la Palabra en cualquier otro contexto, debemos poder decir con integridad: "Yo no hablo por mi propia cuenta; estoy enseñando lo que aprendí de Dios al escudriñar Su Palabra".

De más está decir que el estudio cuidadoso del pasaje no es un fin en sí mismo y mucho menos un medio para alardear de erudición en el púlpito. Podemos caer en el error de hacer de la predicación un mero ejercicio académico; podemos estar tan preocupados por la buena interpretación o la estructura del sermón que olvidamos que nuestra tarea es hacer uso de los instrumentos que tenemos a la mano para conocer la mente y el corazón de Dios revelados en las Escrituras y luego poder transmitirlo de una forma eficaz a la mente y el corazón de nuestros oyentes.

¿Qué es, entonces, un sermón expositivo?

Me adelanto a decir que un sermón expositivo no consiste en tomar un pasaje de la Biblia y explicar el significado de cada versículo y de cada una de las palabras más importantes que vamos encontrando en el camino; cuando esto sucede, el predicador deja de ser un expositor de la Palabra y se convierte en una especie de comentario bíblico ambulante. Tampoco es usar el púlpito para impartir una clase seca y árida de interpretación bíblica que deje a los oyentes confusos y exasperados tratando de discernir cuál es el mensaje de Dios para ellos. Predicar es proclamar un mensaje que extraemos de las Escrituras a través de un trabajo arduo y que transmitimos a través de la predicación, procurando la gloria de Dios en Cristo y el provecho espiritual de los que nos escuchan.

Volvemos, entonces, a nuestra pregunta: ¿qué es un sermón expositivo? Dicho de manera muy sencilla y concisa, es el tipo de sermón que ayuda a los oyentes a entender el significado del texto bíblico y lo que Dios quiere que hagamos a la luz de lo que ese texto enseña. Mark Dever lo define como ese tipo de predicación "en la que el punto principal del texto bíblico que está siendo considerado viene a ser el punto principal del sermón que se predica" (traducido por el autor).[6] El teólogo británico J. I. Packer la define con estas palabras: "La predicación cristiana es la actividad en la que Dios mismo, a través de un portavoz, trae a una audiencia un mensaje de instrucción y dirección acerca de Cristo, que impacta en las vidas y que está basado en las Escrituras" (traducido por el autor).[7] Esta es mi propia definición: *Un sermón expositivo es aquel que expone y aplica el verdadero significado del texto bíblico, tomando en cuenta su contexto inmediato así como el contexto más amplio de la historia redentora que gira en torno a la Persona y la Obra de Cristo, con el propósito de que el oyente escuche la voz de Dios a través de la exposición y sea transformado.*

Uno de los documentos de la Asamblea de Westminster (1645) declara que "el predicador debe llegar a ser un instrumento respecto a su texto, abriéndolo y aplicándolo como Palabra de Dios a sus oyentes… para que el texto pueda hablar… y ser oído, elaborando cada punto del texto de tal forma que su audiencia pueda discernir la voz de Dios".[8] En otras palabras, el predicador expone; no impone. Como dice el teólogo reformado escocés Sinclair Ferguson, "el predicador crea el sermón, pero no crea el mensaje. Más bien proclama y explica el mensaje que ha recibido" (traducido por el autor).[9] Pablo lo dice de esta manera en 2 Corintios 4:1-2:

Por lo cual, teniendo nosotros este ministerio según la misericordia que hemos recibido, no desmayamos. Antes bien renunciamos a lo oculto y vergonzoso, no andando con astucia, ni adulterando la palabra de Dios, sino por la manifestación de la verdad recomendándonos a toda conciencia humana delante de Dios.

Esta expresión que la RVR1960 traduce como "manifestación de la verdad" es mucho más impactante en el original. La idea que transmite es la de hacer que una cosa sea ampliamente conocida al revelarla con claridad y en detalle. Por eso el pastor y escritor australiano Gary Millar dice que "la clave de la predicación es hacer obvio el mensaje del texto. Ayudar a las personas a verlo… sentirlo… entenderlo". Y más adelante añade: "Estoy completamente convencido de que el tipo de predicación que cambia las vidas de las personas, la predicación que cambia los corazones de la gente, es la predicación que le permite al texto hablar por sí mismo" (traducido por el autor).[10]

En ese sentido, toda predicación debe ser expositiva o de lo contrario ya no es predicación. Ya sea que se trate de una serie sobre un libro de la Biblia versículo a versículo o de un pasaje largo o breve de las Escrituras, lo que distingue a la predicación expositiva es que expone y aplica lo que el texto realmente dice, y no lo que el predicador quiere que diga.

"Exponer las Escrituras —dice John Stott— es extraer lo que se encuentra en el texto y dejarlo a la vista. El expositor expone por fuerza lo que parece estar oculto, da claridad a lo que parece confuso, deshace los nudos y desarma lo que parece un asunto difícil. Lo opuesto a la exposición es la imposición, es decir, imponer sobre el texto algo que este no incluye. El 'texto' en cuestión puede ser un versículo, una oración gramatical o incluso una sola palabra. De igual forma puede tratarse de un párrafo, un capítulo o todo un libro. El tamaño del texto no tiene importancia, siempre que este sea tomado de la Biblia; lo que importa es lo que hagamos con él. Ya sea breve o extenso, nuestra responsabilidad como expositores es hacer que se exponga de tal modo que transmita su mensaje clara, simple, y exactamente, de forma pertinente, sin adiciones, sustracciones o falsificación".[11]

La mayoría de las personas aprecia un buen truco de magia. Nos preguntamos cómo es posible que el mago haya sacado un conejo del sombrero que aparentemente estaba vacío. Pero el predicador no es un mago, sino un expositor; él está llamado a sacar del sombrero (el texto bíblico) únicamente el conejo que en realidad ya está allí (el contenido del texto).

El texto dicta y controla lo dicho,[12] como bien señala John Stott. Eso es predicación expositiva; o para ser más precisos, ¡eso es predicación! Cuando es menos que eso, ya dejó de ser predicación para convertirse en otra cosa. No se trata tanto de un método como de una convicción. Si de verdad creemos que "toda la Escritura es inspirada por Dios, y útil para enseñar, para redargüir, para corregir, para instruir en justicia, a fin de que el hombre de Dios sea perfecto, enteramente preparado para toda buena obra" (2 Tim. 3:16-17), ¿por qué vamos a querer hacer otra cosa que no sea exponerla con fidelidad?

Tal vez nunca llegues a ser popular o famoso haciendo esto, pero recuerda que el "éxito" ministerial no se mide por la cantidad de sermones reproducidos en YouTube o por el número de conferencias a las que eres invitado como expositor, sino por tu fidelidad al transmitir lo que Dios quiere decirnos en las Escrituras. Espero que estas palabras del Señor Jesucristo, en Mateo 24:45-46, te impulsen a seguir adelante en tu labor, procurando únicamente Su aprobación y no la de los hombres: "¿Quién es, pues, el siervo fiel y prudente, al cual puso su señor sobre su casa para que les dé el alimento a tiempo? Bienaventurado aquel siervo al cual, cuando su señor venga, le halle haciendo así".

5

¿Qué es predicar?

"Te encarezco delante de Dios y del Señor Jesucristo, que juzgará a los vivos y a los muertos en su manifestación y en su reino, que prediques la palabra" (2 Tim. 4:1-2a)

"Fue por los oídos que perdimos el paraíso, cuando nuestros primeros padres escucharon a la serpiente; y es también por los oídos, por escuchar la Palabra predicada, que alcanzamos el cielo" (Thomas Watson)

E n el capítulo anterior tratamos de responder la pregunta: ¿qué es un sermón expositivo? En este capítulo nos enfocaremos más bien en el acto de predicar. ¿Existe alguna diferencia entre un ensayo y un sermón? ¿O entre un sermón leído desde el púlpito y un mensaje que se entrega en una comunicación directa entre el predicador y el auditorio? ¿Hay alguna diferencia entre dar una clase de Escuela Dominical, impartir una cátedra o predicar expositivamente las Escrituras?

A nivel personal, este tema está dando vueltas en mi corazón desde los últimos años. Soy predicador y quiero estar seguro de que lo que estoy haciendo en el púlpito es lo que Dios me ha llamado a hacer. Al mismo tiempo soy un creyente que necesita ser edificado a través de la predicación. En ese sentido, he sido muy bendecido escuchando a otros predicadores, pero también pude percibir en algunos casos que la línea que separa la predicación de otras formas de comunicación parece estar difuminándose en muchos púlpitos. A veces es difícil saber si el hombre detrás del púlpito estaba predicando o simplemente dando una charla de contenido bíblico. Por lo tanto, vale la pena el esfuerzo de tratar de definir el acto de la predicación, no sin antes recordar que la tarea de definirla es un verdadero desafío.

Creo que Haddon Robinson, profesor de predicación en el Seminario Gordon-Conwell, tiene razón cuando nos advierte que "muchas veces destruimos lo que definimos. El niño que hace la disección de una rana para averiguar qué la hace saltar, destruye la vida del animalito para aprender algo de él. Predicar es un proceso vivo que involucra a Dios, al predicador y a la congregación, y ninguna definición puede pretender maniatar esa dinámica. Pero igualmente debemos intentar una definición que resulte".[1] Tratemos, entonces, de entender cómo es que la rana salta, ¡pero sin destruirla en el intento!

El medio sí afecta el mensaje

En la década de los 60, el filósofo canadiense de la teoría de comunicación Marshall McLuhan acuñó la frase: "El medio es el mensaje". Con estas sencillas pero poderosas palabras, McLuhan nos recuerda que el medio escogido para comunicar un mensaje afecta su contenido. "El modo es el asunto", había dicho el pastor estadounidense del siglo XIX Henry C. Fish, adelantándose a McLuhan por unos 100 años.[2] Los que leyeron en los diarios acerca del desembarco de las fuerzas aliadas en las playas de Normandía, a finales de la II Guerra Mundial, no tuvieron la misma experiencia que aquellos que vieron la primera escena de la película de Steven Spielberg,

Rescatando al soldado Ryan. Lo primero es noticia; lo segundo es tanto noticia como espectáculo.[3]

Esta realidad debe llevarnos a pensar seriamente en el medio que usamos para comunicar la verdad de Dios revelada en Su Palabra. Escuchar a un predicador exponiendo la Palabra es una experiencia distinta a ver un videoclip, una obra de teatro o incluso leer un libro o un folleto evangelístico. Con esto no pretendo minimizar la importancia de la página impresa. Creo de todo corazón que los libros son un instrumento poderoso para propagar la verdad y combatir el error. La Reforma Protestante le debe muchísimo a la invención de la imprenta. Pero aun así, la proclamación oral sigue siendo el medio por excelencia que Dios usa para salvar las almas y fortalecer la fe de los creyentes.

De miles y miles de personas que pueden dar testimonio de que se convirtieron a través de la predicación de la Palabra de Dios, encontraremos unos pocos que afirman haberse convertido leyendo algún libro o tratado que explicaba el mensaje del evangelio. Y es probable que muchos de esos pocos se hayan expuesto antes a la predicación de la Palabra.

Decía el puritano inglés del siglo XVII Thomas Watson que "fue por los oídos que perdimos el paraíso, cuando nuestros primeros padres escucharon a la serpiente; y es también por los oídos, por escuchar la Palabra predicada, que alcanzamos el cielo" (traducido por el autor).[4] Si la Biblia enfatiza la necesidad de oír, es porque presupone que sus siervos cumplirán el mandato que se les ha dado de predicar la Palabra.

Hablamos "de parte de Dios y delante de Dios" (2 Cor. 2:17). Y no solo el mensaje que transmitimos, sino también la forma como lo hacemos deben enviar esa señal a la mente y el corazón de todos los que escuchan. Somos "embajadores en nombre de Cristo, como si Dios rogase por medio de nosotros", llamando a los hombres a reconciliarse con Él (2 Cor. 5:20).

La predicación humilla y persuade

De esta manera, la predicación de la Palabra no surge en los tiempos bíblicos por el atraso tecnológico de aquellos días, sino por ser el medio más apropiado para comunicar la naturaleza del mensaje. El Rey Soberano del universo, que tiene derecho pleno sobre todas Sus criaturas, nos encargó transmitir Sus decretos. Esa es la señal que los predicadores envían a los hombres cuando se colocan detrás del púlpito para proclamar a viva voz la Palabra de Dios. Somos mensajeros del Dios Altísimo, no sus negociadores. Él es Rey de reyes y Señor de señores; y ahora venimos en Su Nombre a proclamar que hay salvación en Cristo para todo aquel que cree. La predicación es el formato más idóneo para mostrar la realidad de que el hombre no está en la posición de sentarse con Dios en una mesa de negociaciones, sino que necesita más bien humillarse ante la voz de Dios. Por otra parte, la predicación es un vehículo ideal para persuadir correctamente a los hombres, informando de manera adecuada el entendimiento del pecador y moviéndolos a levantar la bandera blanca de rendición. De Pablo se dice en el libro de los Hechos que "persuadía [o trataba de convencer] a judíos y a griegos" (Hech. 18:4).

¿Es nuestra argumentación lo que va a vencer la obstinación de los perdidos y va a traerlos al arrepentimiento y a la fe? Por supuesto que no. Solo Dios puede hacerlo. Pero Él obra tomando en cuenta la manera como Él mismo nos creó. El entendimiento debe ser iluminado por la presentación clara y persuasiva de la verdad para que seamos movidos a abrazar a Cristo por la fe (Rom. 6:17). Como dice una vez más el puritano Thomas Watson: "Los ministros tocan a la puerta de los corazones de los hombres, y el Espíritu viene con una llave y abre la puerta" (traducido por el autor).[5] Es sorprendente pensar que el Espíritu obre en los corazones humanos a través de voces humanas, pero eso es precisamente lo que Él hace, como vimos en un capítulo anterior: "El Espíritu y la Esposa dicen: Ven. Y el que oye, diga: Ven. Y el que tiene sed, venga; y el que quiera, tome del agua de la vida gratuitamente" (Apoc. 22:17).

Debemos proclamar a viva voz la Palabra de Dios, pero debemos hacerlo de cierta manera para que sea de verdad predicación. Recuerda que el medio sí afecta el mensaje. No basta con que el contenido sea bíblico, la predicación bíblica posee su propio formato que deriva de nuestra vocación como heraldos y embajadores del Dios Altísimo.

Predica con autoridad

El más grande predicador de toda la historia fue, sin duda alguna, nuestro Señor Jesucristo. Aunque muchos le han adjudicado al predicador bautista inglés Charles Spurgeon el título de "El príncipe de los predicadores", estoy seguro de que aun él estaría completamente de acuerdo con el hecho de que es Jesús el que merece este título con toda justicia. Son muchos los aspectos que podríamos resaltar de la predicación de Jesús, pero el que Mateo señala en su Evangelio es que Él predicaba "como quien tiene autoridad, y no como los escribas" (Mat. 7:29).

Los escribas tenían una autoridad de segunda mano, basada en la enseñanza de otros rabinos o de otros escribas a los que citaban todo el tiempo. Pero Jesús era un Maestro diferente. Él hablaba con la plena convicción de que Sus palabras eran las palabras de Dios mismo: "Oísteis que fue dicho [...]. Pero Yo os digo" (Mat. 5:21,22). En otras palabras: "Esto es lo que los rabinos les han enseñado hasta ahora, pero Yo les traigo la interpretación correcta de las Escrituras, la única que tiene validez". Eso es hablar con autoridad. Y aunque el Señor posee una autoridad intrínseca que no comparte con nadie, al proclamar con fidelidad Su Palabra los ministros debemos hacerlo con la conciencia de que poseemos una autoridad delegada por Él mismo. Es una autoridad delegada, pero sigue siendo autoridad.

Escribiendo a Tito, Pablo le ordena exhortar y reprender "con toda autoridad" (Tito 2:15). Y debemos notar cuáles son las cosas que Tito estaba llamado a enseñar de ese modo: que las mujeres se sujeten a sus maridos, que sean cuidadosas de su casa y que críen a sus hijos, temas que, como bien señala Don Kistler, maestro y predicador fundador de la editorial Northampton, "muchos predicadores ni siquiera soñarían abordar... ¡y Tito debía predicarlos con autoridad!" (traducido por el autor).[6]

Ahora bien, no debemos confundir la autoridad con el autoritarismo. "Algunos predicadores se convierten en 'pequeños pontífices', dictadores espirituales que hacen del púlpito un trono, de la iglesia su reino y de la Biblia una herramienta de manipulación".[7] Eso es lo que ocurre inevitablemente cuando el predicador deja a un lado el verdadero significado del texto bíblico y lo usa más bien como una excusa para imponer sus propias opiniones. La Biblia tiene autoridad porque es la Palabra de Dios. Al exponerla fielmente nos colocamos bajo su autoridad y, por lo tanto, podemos proclamarla con autoridad. Al apartarnos de ella, nos estamos enseñoreando sobre la gente y cayendo en el autoritarismo.

Aunque somos pecadores salvados por gracia, cuando nos colocamos detrás del púlpito lo hacemos en calidad de embajadores y debemos honrar nuestra investidura. Comenzar a predicar pidiendo excusas porque no pudimos prepararnos de manera adecuada, o tratando de ganar la simpatía del auditorio diciéndoles que somos inexpertos y cosas por el estilo, es una de las peores formas de introducir un mensaje de la Palabra de Dios.

Si fuiste llamado a predicar "de parte de Dios y delante de Dios", sería totalmente contradictorio y contraproducente que lo hicieras sin autoridad. No estamos compartiendo un tema que sea sujeto a debate. Si a través de una exégesis cuidadosa y meticulosa estás seguro de que eso es lo que enseña la Palabra de Dios, entonces predícala con autoridad. Por supuesto, de más está decir que esa autoridad delegada se fortalece o debilita en proporción al compromiso que los demás puedan percibir en nuestras propias vidas de obediencia a la Palabra que predicamos. De ahí la exhortación de Pedro a los ancianos de la iglesia, a que apacienten "la grey de Dios que está entre vosotros, cuidado de ella, no por fuerza, sino voluntariamente; no por ganancias deshonestas, sino con ánimo pronto; no como teniendo señorío sobre los que están a vuestro cuidado, sino siendo ejemplos de la grey" (1 Ped. 5:2-3).[8]

Predica con denuedo

Si hay un elemento distintivo en la predicación apostólica es que predicaban con denuedo (comp. Hech. 2:22-23,36; 3:13-15; 4:13,29,31). La palabra griega que nuestra versión traduce como "denuedo" es *parresía*, que significa literalmente 'osadía', 'confianza', 'sin miedo', 'con valor'. En el griego clásico esta palabra se usaba para referirse al derecho que tenían los ciudadanos libres de hablar franca y abiertamente. Cuando se usa en el libro de los Hechos en relación con la predicación es para señalar el valor y la osadía de los discípulos al anunciar el evangelio, a pesar de la oposición.

Hay verdades de las Escrituras que la gente no quiere oír, así como hay personas que manifiestan una abierta hostilidad hacia todo lo que tiene que ver con el evangelio (2 Tim. 4:1-4). Por lo tanto, un predicador que no posea denuedo no podrá ser fiel en anunciar "todo el consejo de Dios" (Hech. 20:27). El predicador que fue atrapado por la verdad de Dios revelada en Su Palabra no cerrará su boca para hablar lo que debe hablar (comp. 1 Tes. 2:2,4). Ni siquiera nuestras propias debilidades y pecados, que muchas veces quedan al descubierto cuando estudiamos la Palabra, deben movernos a predicar con timidez.

El apóstol Pedro es un buen modelo a seguir en ese sentido. Un hombre cojo es sanado milagrosamente en el nombre de Jesús y se aglutina tanta gente en el pórtico del Templo de Salomón que Pedro aprovecha la oportunidad para predicar el evangelio con todo denuedo: "Mas vosotros negasteis al Santo y al Justo, y pedisteis que se os diese un homicida, y matasteis al Autor de la vida, a quien Dios ha resucitado de los muertos, de lo cual nosotros somos testigos" (Hech. 3:14-15). ¿Has escuchado la acusación de Pedro? Pero ¿acaso había olvidado que unos 40 días antes él también había negado al Señor Jesucristo? ¿Cómo puede atreverse ahora a poner el dedo acusador sobre estos judíos y decirles que ellos habían negado al Santo y al Justo? Pedro había negado a Cristo, pero también había llorado amargamente por su traición y había sido restaurado por el mismo Cristo al que había traicionado (Juan 21:15-17); de modo que ahora puede dirigir esta acusación a sus conciencias porque eso era lo que ellos necesitaban oír.

Comentando acerca de esto, el pastor y predicador irlandés Ted Donnelly dice lo siguiente: "¿Dudaremos en aplicar el evangelio por nuestra indignidad? ¿Predicaremos más suavemente por miedo a que nos consideren arrogantes o más santos que el resto? ¿No es esto orgullo con una máscara de humildad? Mientras predicamos, solo una cosa importa: que el mensaje de salvación sea transmitido a aquellos que nos escuchan. No podemos permitir que nada interfiera con el impacto de lo que estamos diciendo".

Y luego añade: "Debemos examinar nuestros propios corazones. Debemos sentir profundamente el dolor de nuestro pecado. Pero el lugar para esto es en lo secreto, no en el púlpito. El arrepentimiento profundo y la humillación del alma, si son genuinos, nos harán mansos y gentiles. Nuestra actitud mostrará evidentemente si nos estamos poniendo a nosotros mismos en un pedestal o no. Pero es un trágico error predicar tímidamente porque somos imperfectos. Cristo, nuestro tema, es perfecto. Proclamémosle sin restricción" (traducido por el autor).[9]

Un predicador dubitativo no es un predicador humilde: es un hombre sin convicción. El escritor, periodista y apologista de principios del siglo xx Gilbert K. Chesterton se refirió a este problema como una "dislocación de la humildad":

> Hoy estamos padeciendo de una humildad traspuesta. La modestia se ha trasladado de la esfera de la ambición para asentarse en la de la convicción, donde nunca debería estar. Un hombre debería dudar de sí mismo y no de la verdad; pero esto se ha invertido. Estamos en vía de producir una raza de hombres demasiado modestos mentalmente para creer en la tabla de multiplicar.[10]

"Siempre hemos de ser humildes —decía el pastor y predicador escocés James Stewart— pero jamás debemos mostrarnos inseguros o tratar de excusarnos cuando se trata de presentar el evangelio".[11]

Predica con pasión

Nuestra predicación debe dirigirse al intelecto de nuestros oyentes. Ellos deben entender la verdad que predicamos, y para eso tenemos que presentarles el mensaje de una forma lógica y ordenada, con ideas coherentes y comprensibles. Basta leer las cartas del Nuevo Testamento para encontrar buenos modelos de ese tipo de exposición. Pero ya hablaremos más de este tema en el capítulo en el que abordaremos el arreglo del sermón.

Un buen sermón debe ser coherente para que pueda ser entendido y asimilado, pero la predicación es mucho más que lógica. Es la entrega apasionada de un mensaje divino. Si entregamos el mensaje de una forma incoherente, difícilmente será entendido y, por lo tanto, será de poco beneficio; pero si lo entregamos sin pasión, sin fuego, nuestros oyentes tendrán razones para preguntarse si lo que estamos diciendo es verdad y si estamos siendo sinceros.

Por eso los puritanos solían decir que la predicación debe tener luz y calor. Ambos elementos son necesarios si vamos a hacerles bien a las almas. Debemos dar luz al entendimiento, y por medio del entendimiento calentar el corazón. "La luz sin el calor no afecta a nadie —decía Martyn Lloyd-Jones—, y el calor sin la luz no tiene valor permanente".[12] Por eso Lloyd-Jones define la predicación como "¡Lógica encendida!".[13]

No es un asunto de técnicas, por más importantes que sean algunos elementos de la mecánica de la predicación. Tampoco depende de la personalidad del predicador. La personalidad de cada uno influye en la manera como manifestamos y percibimos la pasión. John MacArthur y John Piper son hombres apasionados por la verdad; eso es evidente en la predicación de ambos, pero también es muy evidente la gran diferencia de personalidades que se trasluce en la forma de predicar de cada uno.

La pasión no radica en la personalidad, sino en la convicción de la mente y el fervor del corazón. Creo que el apóstol Juan toca este punto de manera incidental en su primera carta cuando escribe: "Lo que hemos visto y oído, eso os anunciamos" (1 Jn. 1:3). El contenido del mensaje apostólico no era mera información, sino una vivencia personal con una Persona extraordinaria. Ellos habían "visto y oído" al Señor Jesucristo durante más de tres años, se habían saturado de Él y de Sus Palabras, y eso transformó sus vidas y sus ministerios.

Byron Yawn, pastor de la Community Bible Church de Nashville, Tennessee, define la pasión en el púlpito como "la sinceridad evidente de la convicción, amplificada mediante los dones, la disposición y las características del predicador".[14] Y más adelante añade:

> La emoción y la animación no constituyen necesariamente la pasión. Esta es una idea que debemos comprender, sobre todo aquellos predicadores que pudieran considerarse menos dinámicos, o aquellos miembros de la congregación que tienen expectativas poco realistas de su predicador. [...] La pasión no adopta una sola forma. Sus manifestaciones son tan dispares como los hombres llamados a predicar. [...] La pasión llena al predicador. Es orgánica, no artificial. La pasión surge de un hombre alcanzado por el pasaje, quebrantado por la cruz, airado por su pecado, eufórico por la gracia, abandonado al evangelio, impulsado por su llamamiento y entregado con desespero por los suyos. Es un hombre que acepta al mismo tiempo una mano taladrada por un clavo y un púlpito.[15]

Si lo que estás predicando no te subyuga y no produce un efecto en tu propia vida cristiana, ¿cómo podrás predicarlo con pasión? Todos tenemos una lucha para obedecer a Dios, ¿pero estás luchando? ¿Estás tomando en serio Su Palabra? Porque si no es así, tu predicación carecerá de una pasión genuina; y si no hay pasión no hay predicación. El reconocido pastor y teólogo norteamericano R. C. Sproul llega a decir que una predicación que carece de pasión es una mentira.[16]

Cito de nuevo a Lloyd-Jones en este punto: "Otra vez digo que un hombre que puede hablar sobre estas cosas desapasionadamente no tiene derecho alguno a estar en el púlpito, y no se le debiera permitir nunca subir a ninguno".[17] Y en otro lugar dijo: "Yo diría que un 'predicador apagado' es una contradicción de términos; si es apagado no es predicador. Con el grandioso tema y mensaje de la Biblia es imposible ser apagado. Es el más interesante, el más emocionante, el más absorbente tema del universo; y la sola idea de que pueda ser presentado de una manera apagada y aburrida me hace dudar seriamente de que el hombre culpable de presentarlo de esa manera haya entendido la doctrina que pretende creer y que defiende".[18] Si bien es cierto que el más grande crimen que puede cometer un predicador es predicar herejías, el crimen que le sigue en la lista es hacer que la fe parezca aburrida.[19]

¿Cómo podemos comunicar con indiferencia el mensaje del amor de Dios a los hombres? ¿Cómo podemos contarles con indiferencia la historia de la encarnación o hablarles de la muerte del Salvador en la cruz del Calvario? ¿Cómo podemos advertirles con indiferencia que escapen del fuego del infierno? Y esto me lleva de la mano al próximo asunto, y es que debemos predicar con urgencia.

Predica con urgencia

Esto se desprende de lo que hemos dicho hasta ahora. Por la naturaleza de la comisión que se nos ha dado y del mensaje que debemos proclamar, no podemos predicarlo sin un sentido de urgencia. ¿En qué tono podemos pensar que Pedro pronunció las palabras que Lucas recoge en Hechos 2:40: "Sed salvos de esta perversa generación"? ¡Qué mensaje tan sobrio! "Esta generación es malvada, y por causa de su maldad será destruida. ¡Escapen cuando todavía tienen tiempo de hacerlo!".

Nuestros oyentes, al igual que nosotros, se encaminan con paso seguro al día del juicio, donde escucharán uno de estos dos veredictos: castigo eterno o vida eterna. Esta realidad debe movernos a predicar con urgencia, con el deseo de persuadir a los hombres a que escapen de la ira venidera. "Porque es necesario que todos nosotros comparezcamos ante el tribunal de Cristo —dice Pablo— para que cada uno reciba según lo que haya hecho mientras estaba en el cuerpo, sea bueno o sea malo. Conociendo, pues, el temor del Señor, persuadimos a los hombres" (2 Cor. 5:10-11).

La predicación no es un fin en sí misma. No tiene como meta que la gente opine que fue un hermoso discurso, o que fue una buena exposición bíblica. Tampoco es mero traspaso de información, por más correcta que sea en su exégesis o en su teología. Estamos tratando de persuadir a los hombres, y no sabemos por cuánto tiempo más tendremos la oportunidad de hacerlo. Como dice el famoso pastor y teólogo puritano inglés del siglo XVII Richard Baxter: "La gente no abandonará sus deleites por la petición adormilada de uno que no parece hablar en serio ni dar importancia a los resultados".[20] Pocos han sido tan elocuentes al hablar de este tema como Gardiner Spring, un ministro norteamericano del siglo XVIII:

> Ningún predicador puede mantener la atención de la gente a menos que sienta el tema; ni tampoco la puede mantener por mucho tiempo a menos que lo sienta profundamente. Si ha de hacer solemne a otros, él mismo debe ser solemne; debe tener comunión con las verdades que proclama. Debe predicar como si estuviera bajo la mirada de Dios, y como si su propia alma estuviera atada a las almas de aquellos que le escuchan. Debe predicar como si estuviera a la vista de la cruz, escuchando los quejidos del poderoso Sufriente Salvador del Calvario; como si el juicio estuviera determinado, y los libros fueran abiertos; como si la sentencia que decide los destinos de los hombres estuviera a punto de dictarse; como

si hubiera estado mirando dentro del pozo de desesperación, así como descorriendo el velo y echando una mirada a la gloria inefable.[21]

¿Crees que existe alguna diferencia entre el hombre que da una charla sobre el suicidio, muestra sus estadísticas y explica las diferentes formas en que la gente se quita la vida, y la de aquel otro que está tratando de disuadir a una persona que ya tiene el cañón de la pistola metido en la boca y está a punto de disparar? Tenemos un mensaje urgente que comunicar, el más urgente de todos, y no sabemos por cuánto tiempo más tendremos la oportunidad de comunicarlo, y nuestros oyentes de escucharlo. Prediquemos como hombres moribundos a hombres moribundos.

Predica con compasión

Hace poco escuché la historia de un pastor que fue despedido por su congregación. Cuando alguien le preguntó a uno de los miembros de esta iglesia por qué lo hicieron, el hombre le respondió: "Porque constantemente enviaba a sus oyentes al infierno". Al escuchar la respuesta, volvió a preguntarle: "Y ¿qué tal les va con el nuevo pastor? ¿Él no los manda al infierno?". "¡Oh, sí, él también lo hace!", le contestó. Sorprendido por la respuesta, se atrevió a preguntar: "¿Cuál es, entonces, la diferencia?". Sin dudarlo, el miembro respondió: "Que el otro parecía disfrutarlo". No creo que esta historia necesite ningún comentario adicional. Los predicadores del evangelio deben predicar con compasión.

De nuestro Señor Jesucristo se dice en el Evangelio de Mateo que "al ver las multitudes, tuvo compasión de ellas; porque estaban desamparadas y dispersas como ovejas que no tienen pastor" (Mat. 9:36). Jesús era mucho más que un mero predicador de profesión, Él es el buen Pastor que vino a dar Su vida por las ovejas; y la misma compasión que lo llevó a la cruz se evidenciaba en Su predicación. ¿Cómo podemos predicar de ese Cristo con un corazón frío y carente de sentimiento hacia aquellos que ministramos? Un predicador anglicano de finales del siglo xviii pronunció unas palabras que son como un golpe en mi conciencia: "Una cosa es el amor a la predicación y otra muy diferente el amor a aquellos a quienes predicamos".[22]

"Me culpan por llorar", decía el gran predicador inglés del siglo xviii George Whitefield, "pero qué puedo hacer, cuando ustedes no lloran por sí mismos, aunque sus propias almas inmortales están al punto de la destrucción, y a lo mejor están escuchando su último sermón; tal vez nunca más tengan la oportunidad de que Cristo les sea ofrecido".[23] Me pregunto qué estaría sintiendo el apóstol Pablo cuando rogaba a los corintios "por la mansedumbre y ternura de Cristo" (2 Cor. 10:1); o cuando escribía a los gálatas: "Hijitos míos, por quienes vuelvo a sufrir dolores de parto, hasta que Cristo sea formado en vosotros" (Gál. 4:19). ¡Cuánto quisiera experimentar más de ese sentimiento en mi propia predicación!

Predica con tu propia voz

Este encabezado puede sonar demasiado obvio. "¡Claro que debo predicar con mi propia voz! ¡Con cuál otra podría hacerlo!". Sin embargo, a lo que me refiero es que cada predicador debe ser él mismo mientras predica, en vez de tratar de imitar a alguien más. De lo contrario terminaremos frustrados y nunca podremos alcanzar en el púlpito el nivel de libertad que se requiere para predicar eficazmente. Una cosa es admirar a un predicador y otra muy diferente ir en contra de nuestra personalidad para tratar de ser como él.

En lo personal, soy un gran admirador de Martyn Lloyd-Jones. Es mi predicador favorito fallecido. Creo que su impacto sobre mí, y aun sobre mi predicación, es más profundo de lo que yo mismo soy capaz de percibir conscientemente. Pero no soy galés, ni médico de profesión, ni ministro en Londres, ¡ni soy Lloyd-Jones! Si tratara de predicar como él, en vez de tener el impacto que él tuvo, terminaría siendo la caricatura patética de un gran predicador. Por supuesto, ¡puede que sea patético aún sin tratar de imitarlo! Pero sin duda las posibilidades serán mayores si trato de ser en el púlpito alguien que no soy. Voddie Bauchan, reconocido predicador y pastor de Grace Family Baptist Church en Texas, dice lo siguiente al respecto:

> El aspecto más importante del estilo de un predicador es la autenticidad. Cuando empecé a predicar, pensaba que mi "estilo" debía encajar en una categoría determinada. Como resultado de ello, imitaba a mis predicadores favoritos. No paraba de reinventarme. En última instancia, tenía que encontrar mi propio "estilo" y mantenerlo. Eso suponía que había una cosa menos que tuviera que fabricar. Tenía que darme cuenta de que Dios me había dado una personalidad única, y que pretendía usarla de maneras únicas.[24]

Por si acaso leíste esa última frase en esos momentos cuando nuestras mentes divagan en medio de la lectura, voy a repetirla: "Tenía que darme cuenta de que Dios me había dado una personalidad única, y que pretendía usarla de maneras únicas". Todo predicador debe tratar de progresar en su predicación. Pablo le dice a Timoteo que él debía ocuparse de tal manera en el ejercicio de su don como predicador que su aprovechamiento debía ser manifiesto a todos (1 Tim. 4:15). ¡Pero Timoteo nunca debía tratar de desdoblar su personalidad para llegar a ser otra versión de Pablo! Eso no quiere decir que debemos hacer el esfuerzo consciente de tener un estilo que no se parezca al de ningún predicador que conocemos; hacer eso puede terminar convirtiéndonos en predicadores estrambóticos. Lo que estamos diciendo es que debes aceptar la personalidad que Dios te dio y usarla para Su gloria en vez de tratar de ser "la imitación servil de otra persona".[25] Sinclair Ferguson nos hace una advertencia que todo predicador debe tomar muy en serio:

> No debemos convertirnos en clones. Algunos hombres no llegan nunca a crecer como predicadores porque el "traje de predicador" que han tomado prestado no les sienta bien a ellos o a sus dones… La combinación de nuestra personalidad con la forma de predicar de otro puede conseguir que seamos aburridos y que nuestro mensaje carezca de vida. Por tanto, vale la pena invertir tiempo constantemente para evaluar quiénes somos y qué somos realmente como predicadores, en lo tocante a nuestros puntos fuertes y débiles.[26]

Es muy conocida la definición del predicador norteamericano del siglo XIX Philips Brooks, de que la predicación es "la verdad mediada por la personalidad".[27] Hay mucho de cierto en eso. Si tratas de predicar con el estilo de otros, inevitablemente sonarás fraudulento. ¿Sabes por qué? Porque es una actuación fraudulenta. Un predicador que carece de integridad nunca llegará a ser un predicador eficaz porque no podrá predicar con la bendición del Espíritu Santo. Matt Chandler, pastor de Village Church, no duda en calificar como "pecado" el hecho de que un predicador intente ser alguien que no es: "Hay que tener un corazón malvado e ingrato para decir 'Quiero que ese sea mi papel' […] o 'Quiero que mis seguidores sean esos'. El corazón malvado no corre la carrera que le ha sido señalada, ni está cómodo con lo que Dios le ha llamado a hacer. Tampoco está cómodo con el modo en que Dios le ha hecho".[28]

Por supuesto, hay elementos comunes en toda buena predicación: la interpretación del pasaje es correcta, la entrega es clara y sencilla, las aplicaciones son adecuadas. "La combinación de estos elementos produce un tono parecido en cada sermón genuinamente expositivo. Pero esto no quiere decir que cada sermón o predicador expositivo suene igual. Si lo hacen, hay algo que anda mal".[29] Si Dios te llamó a predicar, Él usará toda tu personalidad redimida para dar a conocer Su Palabra a través de ti.

¿Qué es, entonces, predicar?

Después de luchar durante un largo tiempo tratando de elaborar una definición de lo que es predicar, y a la luz de lo que hemos visto hasta aquí en este capítulo, esta es mi propuesta: *es la comunicación en forma de discurso oral de un mensaje extraído de las Sagradas Escrituras por medio de una exégesis cuidadosa; transmitido con autoridad, convicción, denuedo, pasión, urgencia y compasión; a través de toda la personalidad de un hombre redimido, llamado y cualificado por Dios; bajo la influencia y el poder del Espíritu Santo, para la gloria de Dios en Cristo, la salvación de los pecadores y la edificación de los creyentes.*

La predicación es proclamación; no puede ser menos que eso, pero es mucho más que eso. Se trata de un monólogo, pero no es un mero discurso. Contiene enseñanza, pero es más que una cátedra, una clase de Escuela Dominical o una charla bíblica. Intenta ser persuasiva, pero nunca manipuladora. Es una forma muy particular de comunicación que involucra todo nuestro ser mientras hablamos a los hombres "delante de Dios y de parte de Dios".

El relato de la conversión de Charles Spurgeon nos ilustra esta clase de predicación. Cuando Spurgeon tenía quince años de edad había caído en una condición espiritual muy angustiosa, porque él sabía que no era creyente, pero al mismo tiempo estaba muy confundido sobre lo que debía hacer para ser salvo.

El domingo, 6 de enero de 1850 Spurgeon se dispuso a asistir a una iglesia a la que su padre iba a predicar la Palabra, pero cayó una nevada tan fuerte que su madre le aconsejó que asistiera a una pequeña capilla metodista de la localidad. Por lo tanto, sin mucho entusiasmo, Spurgeon se dirigió a la capilla, en la que se encontró con unas doce o quince personas congregadas. El pastor que debía predicar ese día tampoco pudo llegar, de seguro por causa de la nevada, por lo que un hermano sencillo de la congregación, sin mucha instrucción ni mucha oratoria, se subió al púlpito y abrió su Biblia en Isaías 45:22: "Mirad a mí, y sed salvos, todos los términos de la tierra, porque Yo soy Dios, y no hay más".

Spurgeon relata en su autobiografía que el predicador desconocido comenzó a exponer el texto diciendo: "Mis queridos amigos, este es en verdad un texto muy simple. Dice: 'Mirad'. Ahora bien, mirar es una tarea que no exige mucho esfuerzo; no se trata de levantar tu pie, o tu dedo; es simplemente: 'Mirar'. Un hombre no necesita ir al colegio para aprender a mirar. Tú puedes ser el tonto más grande, y aun así puedes mirar… Cualquiera puede mirar; incluso un niño puede hacerlo. Pero entonces el texto dice: 'Mirad a mí'. ¡Ay!, muchos están mirándose a sí mismos, pero no tiene sentido mirar hacia allí. Nunca encontraréis consuelo en vosotros mismos… Jesucristo dice: 'Mirad a mí'. Algunos de vosotros decís: 'Estamos esperando que el Espíritu Santo obre en nosotros'. Ese no es el punto ahora. Mira a Cristo. El texto dice: 'Mirad a mí'".

Y luego siguió diciendo: "Mirad a mí, que estoy sudando grandes gotas de sangre; mirad a mí, que estoy colgado de una cruz. Mirad a mí que he muerto y he sido enterrado. Mirad a mí que resucité. Mirad a mí que ascendí a los cielos. Mirad a mí que estoy sentado a la diestra de Dios. Oh, pobres pecadores, ¡Mirad a mí! ¡Mirad a mí!'".

Cuando el predicador llevaba unos diez minutos exponiendo su texto de ese modo, puso su vista sobre Spurgeon y mirándolo a los ojos le dijo: "Joven, pareces muy miserable". "Acepto que era así —dice Spurgeon—, pero no estaba acostumbrado a que me hablaran de mi apariencia personal desde el púlpito…". El predicador continuó diciendo: "… y siempre serás un miserable, miserable en la vida, y miserable en la muerte, si no obedeces mi texto; pero si lo obedeces ahora, en este momento, serás salvo". Después, levantando sus manos, gritó, como solo un metodista antiguo podría hacerlo: "Joven, mira a Jesucristo. ¡Mira! ¡Mira! ¡Mira! No tienes que hacer otra cosa que mirar y vivir".

"De inmediato vi el camino de la salvación —dice Spurgeon—. No sé qué otra cosa dijo. No presté atención a nada más; tan poseído estaba por aquella sola idea… Yo estaba esperando poder hacer 50 cosas, pero cuando escuché esa palabra, '¡Mirad!', cuán encantadora me pareció… Allí y entonces las nubes se fueron, las tinieblas se apartaron y pude ver la luz del sol; pude haberme levantado en ese instante y cantar como el más entusiasta de ellos, acerca de la preciosa sangre de Cristo y de la fe simple que sólo mira hacia Él" (traducido por el autor).[30]

He ahí uno de esos casos en los que no hubo mucho tiempo previo de preparación ni tampoco un profundo análisis exegético del texto bíblico. Tal vez ese predicador desconocido no volvió a exponer la Palabra nunca más. Eso solo lo sabremos en el cielo. Pero ese frío domingo de mediados del siglo XIX aquel hombre transmitió con tal claridad, con tal pasión y con tal urgencia el mensaje de Dios en Isaías 45:22, que su predicación derritió el corazón de este joven incrédulo y atormentado. Tal vez le faltaba elocuencia, pero le sobraba compasión, amor por las almas perdidas y un anhelo de proclamar a nuestro bendito Señor y

Salvador. Nunca conoceremos su nombre a este lado de la eternidad ni qué más dijo en el resto de su sermón; pero lo poco que Spurgeon comparte en su autobiografía es suficiente para decir que, en esa pequeña capilla metodista, todos los que estaban presentes aquella mañana escucharon una poderosa exposición de la Palabra. A esto nos referimos cuando hablamos de predicación.

6

Predicar bajo la dependencia del Espíritu Santo

"No os toca a vosotros saber los tiempos o las sazones, que el Padre puso en su sola potestad; pero recibiréis poder, cuando haya venido sobre vosotros el Espíritu Santo, y me seréis testigos en Jerusalén, en toda Judea, en Samaria, y hasta lo último de la tierra" (Hech. 1:7-8)

"Mientras aún hablaba Pedro estas palabras, el Espíritu Santo cayó sobre todos los que oían el discurso" (Hech. 10:44)

"El Espíritu debe acompañar la Palabra con Su poder. Todo lo que yo haga es inútil si el Espíritu no lo respalda. Mi misión consiste en ser todo lo preciso que pueda en mi comprensión. Pero no doy por hecho que nada de eso produzca un impacto. Depende del Espíritu. Sin Él, carecerá de efecto" (R. C. Sproul)

Uno de los elementos más misteriosos de la predicación, y sin duda uno de los más cruciales, es la obra del Espíritu Santo en el acto de predicar. En ocasiones, los predicadores experimentamos una libertad inusual en el púlpito; las ideas brotan de nuestras mentes a borbotones y estamos realmente atrapados por el mensaje que proclamamos; sobre todo nos inunda un deseo genuino y ferviente de que nuestro Señor Jesucristo sea glorificado y las almas de nuestros oyentes edificadas y bendecidas. Algunos lo llaman "unción", "libertad en el Espíritu" o "Su presencia especial". Pero sin importar la nomenclatura que usemos, el punto es que esa obra del Espíritu en nosotros es uno de los aspectos cruciales para un ministerio eficaz de predicación, aunque también es uno de los más misteriosos.

¿Qué es la unción en la predicación? Dice el pastor Albert Martin que lo más cercano que él ha estado jamás de oír una buena respuesta fue cuando alguien hizo esa pregunta en medio de un grupo de predicadores rurales del sur de Estados Unidos. Después de mucha discusión uno de ellos dijo: "Bien, hermanos, no sé qué es la unción, ¡pero sé lo que no es!".[1]

Aun así, el pastor Martin nos provee la siguiente definición: "La unción es ese elemento peculiar de la energía divina que reposa sobre un hombre y sobre sus manifestaciones, de modo que cuando habla sabes que estás tratando no con otro mero mortal, sino que tienes tratos con Dios… La unción no tiene nada que ver con lo externo y lo accesorio de la manera de hablar. La unción es esa cosa peculiar en que Dios se sienta sobre las palabras de un hombre cuando salen de su boca; y cuando golpean nuestros oídos y corazones, sabemos que tenemos tratos con el Omnipotente".[2]

El apóstol Pablo les dijo a los creyentes de Corinto hablando de su ministerio de predicación entre ellos: "ni mi mensaje ni mi predicación fueron con palabras persuasivas de sabiduría, sino con demostración del Espíritu y de poder" (1 Cor. 2:4, LBLA). Debemos anhelar ese poder del Espíritu en nuestra predicación, si de verdad deseamos hacerles bien a las almas de los que nos escuchan. Esa obra del Espíritu es indispensable para un ministerio de predicación eficaz.

Tomemos como ejemplo el ministerio de nuestro Señor Jesucristo. Dice la Escritura que en el momento de Su bautismo en el río Jordán el Espíritu Santo descendió sobre Él en forma de paloma. Y unos días más tarde, estando en la sinagoga de Nazaret se le dio a leer el libro del profeta Isaías; y dice en Lucas 4:18 que el Señor buscó expresamente el texto donde está escrito: "El Espíritu del Señor está sobre mí, por cuanto me ha ungido para dar buenas nuevas a los pobres". Eso fue lo que sucedió en las aguas del Jordán: el Hijo de Dios encarnado fue ungido por el Espíritu Santo para predicar eficazmente el evangelio de salvación.

O pensemos en el caso de los apóstoles. Estos hombres habían estado con el Señor durante más de tres años, habían escuchado Sus enseñanzas, lo habían visto hacer todo tipo de milagros y, por encima de todo, ahora eran testigos de Su resurrección. Sin embargo, todavía no estaban preparados para predicar. Necesitaban el poder del Espíritu Santo obrando en ellos para poder hacerlo de una manera eficaz (Luc. 24:49; Hech. 1:8). Más allá de cómo interpretemos la venida del Espíritu Santo en Pentecostés y sus resultados permanentes, hay algo obvio en estos textos, y es que la labor de predicar con eficacia el evangelio requiere la capacitación del Espíritu de Dios.

¿Por qué necesitamos la ayuda del Espíritu Santo?

1. Para entender el significado del texto

Hemos dicho que la predicación "es la comunicación [...] de un mensaje extraído de las Sagradas Escrituras a través de una exégesis cuidadosa". Pero ¿cómo se puede hacer sin la obra iluminadora del Espíritu de Dios? Necesitamos que el Espíritu Santo abra nuestros ojos espirituales para que logremos comprender el significado del texto bíblico. A esa obra de iluminación se refiere el salmista en el Salmo 119:18 cuando le pide a Dios que abra sus ojos para ver las maravillas de Su ley. Y más adelante, en el versículo 34 vuelve a pedir: "Dame entendimiento, y guardaré tu ley, y la cumpliré de todo corazón". Es esa obra de iluminación la que Lucas menciona en 24:45, cuando dice que el Señor "les abrió el entendimiento, para que comprendiesen las Escrituras".

Sería una pretensión de nuestra parte acercarnos al estudio de la Palabra de Dios sin depender del Espíritu Santo, confiando en nuestras capacidades naturales. Hay una tensión constante en el predicador entre el estudio de la Palabra con diligencia y la dependencia consciente del Espíritu de Dios en todo momento. Una cosa no elimina la otra.

Escribiendo a Timoteo, Pablo le dice en su segunda carta: "Considera lo que digo, y el Señor te dé entendimiento en todo" (2 Tim. 2:7). Era responsabilidad de Timoteo poner atención y ponderar las palabras de Pablo, mientras confiaba en que el Señor le diera el entendimiento que necesitaba. La obra de iluminación que hace Dios no eliminaba la responsabilidad de Timoteo. Por eso, Pablo lo exhorta más adelante a procurar "con diligencia presentarte a Dios aprobado, como obrero que no tiene de qué avergonzarse, que usa bien la Palabra de verdad" (2 Tim. 2:15).

Como dice el teólogo norteamericano especialista en el Nuevo Testamento, ya fallecido, Wilber Dayton: "El intérprete bíblico no puede esperar que le caiga un relámpago encima. Debe estudiar, leer y luchar para colocarse en la posición de recibir la iluminación del Espíritu. No basta abrir la boca y esperar que Dios la llene el domingo a las once de la mañana".[3] O como dice Martyn Lloyd-Jones: "La preparación cuidadosa y la unción del Espíritu jamás deben considerarse como alternativas, sino como complementarias... Estas dos cosas deben ir juntas".[4] Pero una vez que hemos desentrañado el significado del texto bíblico y su mensaje esencial, todavía tenemos mucho trabajo por delante.

2. Para preparar el mensaje de manera adecuada

Debemos trabajar arduamente para saber cómo vamos a estructurar el sermón, cuál será el énfasis, cómo podremos dar el equilibrio apropiado a las verdades que serán impartidas y qué es lo que queremos que nuestros oyentes hagan con esa información. Después debemos trabajar en el contenido del mensaje de modo que logremos presentarlo de una forma que sea eficaz y a la vez fácil de recordar.

Con razón, en 1 Timoteo 5:17, Pablo se refiere a los ministros del evangelio como "los que *trabajan* en predicar y enseñar" (esta palabra, *trabajar*, aparece también en Apocalipsis 2:2 y allí se traduce como "arduo trabajo"; la LBLA la traduce como "fatiga" en este último texto). Este es un trabajo demandante y fatigoso… pero será totalmente ineficaz sin la ayuda del Espíritu de Dios.

3. Para predicar el mensaje con libertad y eficacia

Cuando hemos concluido con el estudio del texto y tenemos el sermón debidamente preparado y estructurado, todavía necesitamos la ayuda del Espíritu Santo mientras entregamos ese mensaje a la congregación. El mensaje se concibe con el estudio de la Biblia, pero el púlpito es la sala de parto donde ese mensaje se da a luz. Sin embargo ese niño no siempre nace vivo. Aquellos que predican con frecuencia la Palabra seguramente han pasado por la experiencia de llegar a la iglesia el domingo con una gran expectativa por el mensaje que prepararon, para luego sentirse frustrados porque el parto no fue como esperaban (me pregunto si eso será un recordatorio de parte del Señor de la necesidad que tenemos de Él).

Otras veces ocurre todo lo contrario. Llegas al púlpito con un profundo sentido de insuficiencia; ese domingo hubieras deseado de todo corazón que otro predicador ocupara tu lugar. Pero entonces comienzas a exponer el texto bíblico y algo inexplicable ocurre. El poder del Espíritu Santo obrando a través de tu predicación es tan evidente que te sientes como un espectador que contempla asombrado lo que está sucediendo mientras predicas.

Pablo pedía a los hermanos de Éfeso que oraran por él, "a fin de que al abrir mi boca me sea dada palabra para dar a conocer con denuedo el misterio del evangelio, por el cual soy embajador en cadenas; que con denuedo hable de él, como debo hablar" (Ef. 6:19-20). En otras palabras: "Oren para que yo encuentre las palabras precisas, las ilustraciones más apropiadas, los argumentos más convincentes, de tal manera que todos los que me escuchen puedan entender el mensaje. Oren para que Dios me libre del temor a los hombres y yo pueda predicar con toda confianza y libertad, movido únicamente por el deseo de que los pecadores sean salvados y los creyentes sean edificados".

Por otro lado, esa obra del Espíritu se manifiesta en el púlpito a través de un corazón movido por un amor genuino que procura el bien de aquellos que te escuchan. Uno de los aspectos del fruto del Espíritu es el amor —dice Pablo en Gálatas 5:22—. Cuando el predicador está predicando bajo la influencia y el poder del Espíritu de Dios, ese amor está presente en su corazón y provoca en él motivaciones santas y un verdadero deseo de hacerles bien a las almas de aquellos que lo escuchan.

Pablo describe esta experiencia en 2 Corintios 6:11: "Nuestra boca se ha abierto a vosotros, oh corintios; nuestro corazón se ha ensanchado". Hay una relación directa entre el corazón que se ensancha y la boca que se abre, que incluso lleva al predicador a correr el riesgo de exponer aquellas verdades incómodas de las Escrituras que pueden levantar la mala voluntad de algunos. Por la influencia del Espíritu que opera en su interior, el predicador está dispuesto a exponer "todo el consejo de Dios", aunque amándolos más, él sea amados menos (2 Cor. 12:15).

Y a esto debemos añadir la obra del Espíritu en el predicador que le concede a este último, mientras predica, la plena convicción de la absoluta autoridad de la Palabra de Dios. Dado que fue el Espíritu Santo quien inspiró a los autores de las Escrituras (2 Ped. 1:21), es lógico suponer que un hombre que predica bajo Su influencia lo hará con la profunda convicción de que lo que está exponiendo no son opiniones humanas, sino la infalible y todo suficiente Palabra de Dios.

Estas son algunas manifestaciones de la operación del Espíritu de Dios ayudando al predicador en el acto mismo de predicar. ¿Podríamos ministrar eficazmente a las almas si carecemos de algunas de estas cosas? ¡Por supuesto que no! El Espíritu de Dios debe obrar en nosotros o de lo contrario nos lanzaremos a la arena del púlpito con nuestras propias fuerzas y nuestra ministración no le hará ningún bien a nadie.

4. Para que la Palabra obre con poder en los que nos escuchan

Todo lo que vimos hasta ahora tiene que ver con la obra del Espíritu en el predicador mientras predica, pero el Espíritu de Dios debe obrar también en los oyentes para que esa predicación pueda obrar eficazmente en sus corazones. El Señor Jesucristo se define a Sí mismo en Apocalipsis 2:1 como aquel "que anda en medio de los siete candeleros de oro", refiriéndose a las iglesias locales (Apoc. 1:20). Él prometió manifestar Su presencia donde estén dos o tres congregados en Su Nombre. Y a través de Su Espíritu va aplicando la Palabra en la mente y el corazón de cada uno mientras Sus siervos predican. Es por eso que muchos en la iglesia a menudo sienten que el pastor predicó para ellos de manera directa.

Uno de los grandes teólogos de esta generación es, sin duda alguna, R. C. Sproul. A Dios le ha placido usar a este hombre de una forma excepcional para enseñar al hombre común teología profunda. Alguien lo definió como un teólogo que piensa en latín, pero habla en lengua vernácula.[5] Pero Sproul es muy consciente de que sus dones y conocimiento no sirven de nada sin la ayuda del Espíritu. "Conozco suficiente teología para saber que da lo mismo el talento que yo tenga. Carece de poder. Uno puede fascinar a las personas, puede interesarlas. La gente puede responder a su predicación, pero no penetrará hasta sus almas a menos que el Espíritu la acompañe".[6]

¿Qué cosas pueden impedir que recibamos esa ayuda del Espíritu de Dios?

Antes de responder esta pregunta debo recordar que el Espíritu Santo es una Persona Divina que reparte Sus dones y manifiesta Su poder en nosotros conforme a Su voluntad soberana. Hablando de los dones del Espíritu, en 1 Corintios 12:11, Pablo dice que "todas estas cosas las hace uno y el mismo Espíritu, *repartiendo a cada uno en particular como Él quiere*" (énfasis agregado). No podemos atar al Espíritu de Dios a ciertos mecanismos y reglas: "Si haces esto y esto, el Espíritu hará aquello". No. Él es Soberano, y en ese sentido no es predecible. Eso ha sido más que evidente en los grandes avivamientos de la historia. Esta realidad debería librarnos de las comparaciones porque es obvio que no es la voluntad del Espíritu que todos los predicadores sean tan eficaces como George Whitefield, Charles Spurgeon o Martyn Lloyd-Jones.

Sin embargo, eso no quiere decir que el Espíritu Santo sea caprichoso. Aunque hay un elemento de misterio envuelto en Su obra, podemos identificar algunos patrones que suelen estar presentes cuando Su agencia inmediata se refrena o disminuye.

1. El Espíritu se refrena cuando el predicador no considera Su ayuda como indispensable.

Como he expuesto antes, una de las características distintivas del ministerio del apóstol Pablo era su constante petición a las iglesias para que oraran por él. Pablo no confiaba en su experiencia o conocimiento, sino en la ayuda del Espíritu de Dios. Pero cualquier predicador es vulnerable a caer en la trampa de sentirse seguro, ya sea por el tiempo que lleva en el ministerio de la Palabra de Dios o por las notas de aliento que recibe de parte de aquellos que lo escuchan con regularidad. Esa confianza carnal puede ser la causa de que el Espíritu de Dios restrinja Su ayuda mientras predicamos.

La Biblia es contundente cuando declara en Jeremías 17:5 que es "maldito el varón que confía en el hombre, y pone carne por su brazo, y su corazón se aparta de Jehová". Dios quiere que dependamos de Él, por la sencilla razón de que sabe cuán inútiles somos sin Él. Por eso, cuando intentamos hacer las cosas con nuestras propias fuerzas, nos deja solos para que veamos en la práctica que separados de Él nada podemos hacer (Juan 15:5). Él "resiste a los soberbios, y da gracia a los humildes" (1 Ped. 5:5).

Albert Martin, quien durante muchos años fue pastor de la Iglesia Bautista de Trinity, en Nueva Jersey, dijo en cierta ocasión: "por lo general, el Espíritu Santo… no suele proporcionar afables y copiosas medidas de Su agencia y operación donde Su Presencia y Su Poder no se aprecian como un tesoro que se busca de todo corazón y se guarda celosamente".[7] Philips Brooks decía a los ministros del evangelio: "Nunca te permitas a ti mismo sentirte a la par con tu labor. Si alguna vez percibes ese espíritu creciendo en ti, entonces teme" (traducido por el autor).[8] ¿Sabes por qué debes temer? Porque Dios buscará la manera de quebrantarte (2 Cor. 1:8-9; 12:7).

2. La agencia inmediata del Espíritu en la predicación se refrena o disminuye cuando es contristado por el predicador (comp. Ef. 4:30).

Recuerda que el Espíritu Santo es una Persona Divina, y las personas reaccionan de una manera particular cuando son entristecidas. Una esposa contristada es una esposa retraída. Cuando son entristecidas por nuestra rudeza o desconsideración, o porque estamos tan envueltos en mil cosas y nos hemos olvidado de ellas, nuestras esposas se retraen. Si contristamos al Espíritu de Dios, no tenemos razones para esperar que Su poder se manifieste en nuestro ministerio. Por el contexto de Efesios 4:30 vemos que Pablo se refiere a patrones conductuales pecaminosos que no están siendo mortificados como corresponde (vv. 25-32).

Eso no quiere decir que los predicadores debemos alcanzar la perfección y vivir sin pecado antes de que podamos ser usados por el Espíritu de Dios, porque de ser así ninguno de nosotros podría subirse jamás a un púlpito. Pero sí se requiere que tratemos de mantener una conciencia limpia delante de Dios y de los hombres, y que no tomemos a la ligera nuestros pecados (1 Jn. 1:8-9).

A menudo tendemos a olvidar que el fruto del Espíritu es más importante para la predicación eficaz que los dones del Espíritu (Gál. 5:22-23). Después de todo no serán pocos, sino muchos, los que en el día final dirán al Señor: "¿No profetizamos en tu nombre, y en tu nombre echamos fuera demonios, y en tu nombre hicimos muchos milagros? Y entonces les declararé: Nunca os conocí; apartaos de mí, hacedores de maldad" (Mat. 7:22-23).

Este es un asunto de vital importancia en una época como la nuestra que, como bien señala el pastor y teólogo norteamericano

Timothy Keller, pone "más énfasis en los resultados, las habilidades y el carisma que en el carácter, la reflexión y la profundidad. Esa es una de las razones primordiales de por qué tantos ministros de éxito tienen fallos morales o han caído. Sus dones prodigiosos han enmascarado la carencia de la obra de gracia en sus vidas" (traducido por el autor).[9]

3. El Espíritu de Dios es contristado por nuestra pereza en el desempeño de nuestra labor ministerial o, por el contrario, por una sobreconfianza en nuestra preparación.

De nuevo cito el excelente libro del pastor Martin, *La predicación en el Espíritu Santo*: "Con toda seguridad, el Espíritu de verdad se apena cuando somos perezosos y descuidados a la hora de tratarla. Se entristece cuando nos ponemos delante de nuestra gente sin haber hecho el trabajo necesario para poder decir, con toda la confianza con la que un ser humano, falible y limitado, puede expresar: 'Esto es lo que Dios declara y este es su significado'. Una exégesis descuidada, elaborar un mensaje de cualquier manera y presentar la verdad de una forma poco clara y desorganizada son cosas que causan tristeza al Espíritu Santo. ¿Debería estar presente con Su bendición y Su poder ante una delin- cuencia ministerial semejante y prestar una ayuda especial a quien está implicado en ella?".[10]

No obstante, creo que es necesario mantener el equilibrio porque, si bien es cierto que la pereza es un obstáculo para la predicación efi- caz, por su parte, el trabajo arduo y serio también puede llegar a serlo cuando el predicador sube al púlpito dependiendo tanto de lo que ha preparado que no le da libertad a la obra del Espíritu durante la pre- dicación. Refiriéndose al poder del Espíritu Santo en la predicación, Martyn Lloyd-Jones decía: "la verdadera gloria del ministerio está en que no sabes lo que puede pasar" cuando subes al púlpito.[11] Como ya mencioné antes, en ocasiones nos sentimos como espectadores de lo que Dios está haciendo mientras predicamos.

Por lo tanto, prepárate lo mejor que puedas durante la semana; pero, cuando hayas terminado de hacer tu trabajo, sube al púlpito bajo la total dependencia de Él y no del fruto de tu esfuerzo.

4. El Espíritu de Dios es profundamente contristado cuando buscamos nuestra propia gloria y no la gloria del Salvador.

Esto es crucial porque el Espíritu Santo fue enviado a la iglesia con el propósito expreso de glorificar a nuestro Señor Jesucristo. El mismo Jesús dice a Sus discípulos, hablando de la venida de Espíritu Santo: "El me glorificará; porque tomará de lo mío, y os lo hará saber" (Juan 16:14). "El Espíritu Santo arde en deseos de revelar a Cristo", dice Pierre Marcel, pastor y filósofo francés durante el siglo xx.[12] Si queremos contar con Su ayuda en la predicación, asegurémonos de que nuestra ministración concuerde con el propósito de Su venida. Fue después de afirmar que él se había propuesto "no saber entre vosotros cosa alguna sino a Jesucristo, y a éste crucificado", cuando Pablo pudo decirles a los corintios que su predicación se había llevado a cabo "con demostración del Espíritu y de poder" (1 Cor. 2:2-4).

A fin de cuentas, lo que las almas de nuestros oyentes necesitan con urgencia, sean creyentes o incrédulos, es ver la gloria de Cristo tal como se revela en el evangelio. El evangelio es la ventana provista por Dios para que podamos vislumbrar Su gloria.[13] Y solo contemplando esa gloria somos transformados "de gloria en gloria" (comp. 2 Cor. 3:18; 4:3-6). Si vamos al púlpito a llamar la atención sobre nosotros mismos, no tenemos ningún derecho a esperar que el Espíritu Santo venga con poder a bendecir nuestro ministerio. Como bien señala John Piper, "el que da el poder es el que recibe la gloria" (traducido por el autor), y es el Espíritu Santo quien hace poderosa y eficaz la predicación.[14] No olvides que los ministros del evangelio tenemos un tesoro en vasos de barro para que la excelencia del poder sea de Dios y no nuestra (2 Cor. 4:7,10-11). Y ese tesoro no es otra cosa que la gloria de Dios en la faz de Jesucristo. Pero ya hablaremos más de esto en el siguiente capítulo.

¿Cómo dependemos del Espíritu Santo?

Recubriendo nuestra labor en oración de principio a fin. Cuando somos conscientes de la dimensión de la tarea que se nos ha encomendado y de lo completamente inútiles que somos para llevarla a cabo en nuestras propias fuerzas, entonces clamaremos sin cesar en oración por la obra del Espíritu en nosotros y a través de nosotros.

Por eso dice John Piper: "toda predicación genuina está enraizada en un sentido de desesperación" (traducido por el autor).[15] Nos levantamos el domingo por la mañana, oliendo por un lado el humo del infierno —dice Piper— y sintiendo por el otro la suave brisa del cielo. Después miramos el lamentable manuscrito que hemos preparado durante la semana y este nos hace caer de rodillas delante de Dios clamando por Su ayuda. "Señor, me siento tan débil y tan inadecuado. ¿Cómo voy a colocarme hoy detrás del púlpito con estas notas, para ser olor de muerte para muerte y olor de vida para vida? ¡Oh, Señor, ten misericordia de mí y ten misericordia de los que se expondrán hoy a tu Palabra!" (traducido por el autor).[16]

Uno de los asistentes personales de John Stott, le contó a un pastor amigo mío que Stott preparaba sus sermones de rodillas. Esa no tiene que ser la postura física que todo predicador deba adoptar para preparar sus mensajes, pero sin duda debe ser la postura de su corazón. Somos como esos grupos de rescate que salen a alta mar a buscar cadáveres después de un naufragio, pero no para darles una honrosa sepultura, sino para darles vida por medio de la proclamación del evangelio. "… Y para estas cosas, ¿quién es suficiente?" (2 Cor. 2:16).

Ese fue el propósito del aguijón que Dios le dio a Pablo, "respecto a lo cual tres veces he rogado al Señor, que lo quite de mí. Y me ha dicho: Bástate mi gracia; porque mi poder se perfecciona en la debilidad" (2 Cor. 12:8-9). En vez de quitarle el aguijón como Pablo quería, el Señor le dio la gracia necesaria para soportarlo; de ese modo le mostró claramente su debilidad para que él tuviera que depender de la gracia que solo Dios puede suplir.

Debemos reconocer que cuando estamos en nuestra mejor condición espiritual, somos demasiado débiles. Ninguno de nosotros tiene la capacidad de hacer la obra de Dios ni luchar eficazmente contra el pecado con sus propias fuerzas (Juan 15:5). Pero aun así tenemos la tendencia a confiar en nosotros mismos. Y Dios en Su bondad se encarga de recordarnos lo que somos a través de estos aguijones que nos envía, para que dependamos enteramente de Él (2 Cor. 1:8-9).

El poder de Dios se perfecciona en nuestra debilidad. Es cuando somos conscientes de nuestras deficiencias que clamamos desde lo más profundo de nuestro corazón pidiendo la asistencia del Espíritu de Dios; y entonces Él magnifica Su gracia en nosotros y a través de nosotros mientras predicamos a Cristo, y Este crucificado, no solamente en palabras, "… sino también en poder y en el Espíritu Santo y con plena convicción" (1 Tes. 1:5, LBLA).

7

Cristo, y Este crucificado: el centro de nuestra predicación

"Y todos los días, en el templo y por las casas, no cesaban de enseñar y predicar a Jesucristo" (Hech. 5:42)

"Pues me propuse no saber entre vosotros cosa alguna sino a Jesucristo, y a éste crucificado" (1 Cor. 2:2)

"Un sermón sin Cristo es algo espantoso y horrible. Es un pozo vacío, una nube sin lluvia, un árbol dos veces muerto y desarraigado. Es abominable dar a los hombres piedras en vez de panes y escorpiones en lugar de huevos, y aun así, ¡esto es justamente lo que hacen aquellos que no predican a Cristo! Una hogaza de pan sin harina, ¿cómo puede alimentar el alma? Los hombres mueren y perecen porque Cristo no está presente ahí" (Charles Spurgeon)

L a hermenéutica bíblica es la ciencia de interpretar las Escrituras co-rrectamente. Como la primera tarea del predicador es desentrañar el verdadero significado del texto, la hermenéutica juega un papel vital en la predicación expositiva. Ahora bien, si hay algo en lo que muchos buenos intérpretes de las Escrituras coinciden es que la mejor ayuda que podemos encontrar para interpretar correctamente un texto bíblico es la Biblia misma. Debido al origen divino de las Escrituras, que produjo como resultado un libro con tal unidad y coherencia interna, en la misma Biblia encontraremos la luz que necesitamos para interpretar correctamente todo texto bíblico, por complejo y difícil que parezca. Sin embargo, debemos admitir que esto no siempre es tan evidente, sobre todo al ver la manera como los apóstoles interpretaron en ocasiones algunos pasajes del Antiguo Testamento.

Por ejemplo, en Mateo 2 se narra la terrible escena de la matanza de los niños que decretó el rey Herodes. El Señor protegió a Jesús ordenándole a José que huyera hacia Egipto, donde debía permanecer hasta la muerte del rey. Pero entonces Mateo añade el comentario de que todo esto aconteció "para que se cumpliera lo que el Señor habló por medio del profeta, diciendo: De Egipto llamé a mi Hijo" (Mat. 2:15, LBLA). Esta es una cita de Oseas 11:1 donde se narra lo que Dios hizo con el pueblo de Israel en el Éxodo. ¿Por qué Mateo aplica este versículo a lo que sucedió con Jesús en el tiempo de Herodes? ¿El evangelista está alegorizando las Escrituras aquí? ¿Dónde aprendieron los apóstoles a interpretar el Antiguo Testamento de ese modo?

La respuesta es que lo aprendieron del mismo Señor Jesucristo. Fue Jesús quien les enseñó a interpretar todas las Escrituras con los ojos puestos en Él. De esta manera, si nuestra interpretación del Antiguo Testamento no encaja con la de ellos, el problema no está en la hermenéutica apostólica, sino en la nuestra. Necesitamos aprender a interpretar la Biblia como ellos lo hicieron. Permíteme, entonces, repasar contigo algunas de las lecciones de hermenéutica que el Señor impartió a Sus discípulos, sobre todo a partir del domingo de resurrección.

Una clase de hermenéutica con Jesús

Dos de los discípulos van por el camino que conduce hacia la aldea de Emaús, "hablando entre sí de todas aquellas cosas que habían acontecido" (Luc. 24:14), refiriéndose a la crucifixión de nuestro Señor Jesucristo en la ciudad de Jerusalén. En el camino se encuentran con Jesús, pero no lo pueden reconocer porque "los ojos de ellos estaban velados" (Luc. 24:16). El Señor les pregunta acerca de su conversación y de la razón de su tristeza, y uno de ellos, llamado Cleofas, le responde: "¿Eres tú el único forastero en Jerusalén que no has sabido las cosas que en ella han acontecido en estos días?" (Luc. 24:18).

Estos hombres estaban muy decepcionados por la muerte de Jesús, porque esperaban que Él fuera "el que había de redimir a Israel" (Luc. 24:21). Eso era precisamente lo que acababa de suceder, pero ellos eran incapaces de verlo porque no tenían un correcto entendimiento de las Escrituras. Jesús los amonesta por su falta de entendimiento, pero al mismo tiempo les provee la clave que necesitaban para poder interpretar las Escrituras correctamente:

> Entonces él les dijo: ¡Oh insensatos, y tardos de corazón para creer todo lo que los profetas han dicho! ¿No era necesario que el Cristo padeciera estas cosas, y que entrara en su gloria? Y comenzando desde Moisés, y siguiendo por todos los profetas, les declaraba en todas las Escrituras lo que de él decían (Luc. 24:25-27).

La palabra *declarar* en el versículo 27 significa literalmente 'interpretar o explicar minuciosamente'. Jesús no tuvo que forzar o espiritualizar los textos bíblicos para demostrarles a estos discípulos que todo el Antiguo Testamento habla de Él. Solo interpretó las Escrituras de acuerdo a su verdadero significado. Y ¿qué sucedió cuando los discípulos lo comprendieron? Sus corazones comenzaron a arder dentro de ellos (v. 32) y sus ojos fueron abiertos para que reconocieran a Jesús al partir el pan (v. 31).[1] El velo fue removido cuando comprendieron las Escrituras; entonces, y solo entonces, pudieron reconocer a Jesús.

Esa misma noche el Señor apareció en el lugar donde estaban congregados los apóstoles, y se dio una conversación similar: "Estas son las palabras que os hablé, estando aún con vosotros: que era necesario que se cumpliese todo lo que está escrito de mí en la ley de Moisés, en los profetas y en los salmos. Entonces les abrió el entendimiento, para que comprendiesen las Escrituras" (Luc. 24:44-45). Jesús les proveyó la clave que ellos necesitaban para interpretar toda la Biblia. Si lo colocaban a Él en el centro de la historia redentora, el significado de los textos bíblicos se abriría delante de sus ojos.[2]

Predicar el evangelio desde toda la Escritura

Por el libro de los Hechos sabemos que antes de ascender a los cielos el Señor dedicó 40 días a impartir a los discípulos un seminario intensivo "acerca del reino de Dios" (Hech. 1:3). Si como a mí, te hubiera gustado saber qué les enseñó Jesús durante todo ese tiempo, te tengo una buena noticia: solo necesitas examinar la predicación apostólica en el libro de los Hechos; allí verás un reflejo de las enseñanzas de Jesús sobre la verdadera naturaleza del reino de Dios y su relación con el evangelio, tal como fue previamente revelado en el Antiguo Testamento. En otras palabras, durante esos 40 días el Señor impartió a Sus discípulos lecciones avanzadas de interpretación bíblica. Y es obvio que los apóstoles supieron aplicar lo aprendido.

En su sermón del día de Pentecostés, Pedro citó al profeta Joel y dos de los Salmos, el 16 y el 110, para probar que tanto la resurrección de Cristo como Su entronización en los cielos habían sido previamente anunciadas en las Escrituras. Y en el capítulo siguiente Pedro declaró en el Templo que "Dios había cumplido [...] lo que había antes anunciado por boca de todos sus profetas, que su Cristo había de padecer" (Hech. 3:18). Y después de citar el libro de Deuteronomio, añade en Hechos 3:24: "todos los profetas desde Samuel en adelante, cuantos han hablado, también han anunciado estos días".

Lo mismo vemos en la defensa de Esteban ante el concilio, en Hechos 7; el gran argumento de su discurso es que Jesús es el punto focal de la historia del Antiguo Testamento. Después encontramos a Felipe que le predica el evangelio al etíope eunuco tomando Isaías 53 como punto de partida (Hech. 8:32-35). Y en Antioquía de Pisidia, Pablo hace un recuento de la historia de Israel, desde el Éxodo hasta la monarquía, pasando por el período de los jueces, para luego decirles que "los habitantes de Jerusalén y sus gobernantes, no conociendo a Jesús, *ni las palabras de los profetas* que se leen todos los días de reposo, las cumplieron al condenarle" (Hech. 13:27, énfasis agregado). Leían las Escrituras cada sábado, pero no podían entenderlas porque les faltaba la clave de la verdadera interpretación bíblica.

Los apóstoles, en cambio, instruidos por Jesús, entendieron que el propósito del Antiguo Testamento era llevarnos a ser sabios "para la salvación por la fe que es en Cristo Jesús", como le dice Pablo a Timoteo en su segunda carta (2 Tim. 3:14-15). Su predicación era Cristo-céntrica porque la Biblia es Cristo-céntrica; de ahí las palabras de Pablo en la cita que encabeza este capítulo: "Pues me propuse no saber entre vosotros cosa alguna sino a Jesucristo, y a éste crucificado" (1 Cor. 2:2). Eso no quiere decir que Pablo era un predicador de un solo tema, o que siempre incluía en sus mensajes una apelación al incrédulo para llevarlo al arrepentimiento y a la fe, a la luz de lo que ocurrió en el Calvario. En las cartas del Nuevo Testamento encontramos una amplia gama de temas y una gran variedad de mandamientos que forman el marco ético de la vida cristiana práctica. Pero el evangelio es el elemento que sustenta y provee significado a todos los temas incluidos en la historia de la salvación y que al mismo tiempo motiva al creyente en su obediencia a los Mandamientos de Dios. Por esta razón, el pastor y teólogo reformado Sidney Greidanus define "predicar a Cristo" como "predicar sermones que integran auténticamente el mensaje del texto con el clímax de la revelación de Dios en la persona, la obra o la enseñanza de Jesucristo tal como es revelado en el Nuevo Testamento" (traducido por el autor).[3]

Graeme Goldsworthy, teólogo australiano y especialista en Teología Bíblica, nos provee un buen ejemplo de cómo podemos predicar un pasaje de la Biblia sin predicar a Cristo. Se trata de un sermón sobre la paternidad cristiana que él había escuchado en cierta ocasión, basado en el texto de Efesios 6:4:

> … la exégesis del texto inmediato había sido cuidadosa, y los puntos mencionados eran pertinentes, pero faltaban dos elementos. En primer lugar, no se aclaró que lo que Pablo mencionó era una consecuencia de su previa exposición del evangelio. En segundo lugar, y como resultado, no había consuelo en el sermón para los padres que se dieran cuenta de que no habían podido alcanzar esta alta norma: no había gracia para los padres que habían fallado. La buena exégesis de un texto, restringido por no tener su contexto más amplio, convirtió el texto en ley, sin gracia aparente.[4]

Spurgeon narra la historia de un anciano ministro que escuchó predicar a un joven; y cuando este le preguntó qué le había parecido su mensaje, el anciano le respondió: "Si debo decirle la verdad, no me ha gustado nada, en su sermón no vi a Cristo por ninguna parte".

"Claro que no —le respondió el joven— tampoco yo vi que Cristo estuviera en el texto". Entonces el anciano ministro exclamó: "¡Oh! ¿Pero no sabe que de cada pueblo, de cada aldea, de cada caserío, por pequeño que sea, parte un camino que conduce a la capital? Siempre que tomo un texto, me digo: 'Hay un camino desde aquí a Jesucristo, y seguiré su senda hasta llegar a Él… Haré lo posible por encontrarlo, lucharé contra viento y marea hasta llegar a Él'".[5]

Un aterrizaje forzoso en el Calvario

Ahora bien, debemos reconocer que predicar a Cristo desde todas las Escrituras no es tan sencillo como puede parecer a simple vista. Como nos dice una vez más Sidney Greidanus, no son pocas "las historias de horror de predicadores que tuercen el texto del Antiguo Testamento para aterrizar milagrosamente en el Calvario. Pero tergiversar las Escrituras con el propósito de predicar a Cristo, únicamente logra que se socave la autoridad del mensaje" (traducido por el autor).[6] Y en un tono similar, Sinclair Ferguson nos advierte que "tenemos que aprender a predicar a Cristo desde el Antiguo Testamento, pero sin caer en el error común de una exégesis simplista".[7] Para poder hacerlo de una forma adecuada, debemos contemplar el Antiguo Testamento en su propia realidad histórica, pero desde la posición ventajosa que nos brinda el Nuevo Testamento.

¿Alguna vez viste la película *Sexto Sentido*, protagonizada por Bruce Willis y Haley Joel Osment?[8] El final es tan sorprendente que te obliga a volver atrás y reinterpretar todo lo que viste. Si decides verla por segunda vez, te darás cuenta de que es imposible dejar de pensar en el final a medida que avanza la trama. El final arroja una luz que ahora no puedes ignorar y que cambia por completo tu interpretación de toda la película. Lo mismo ocurre con las Escrituras. Cuando entiendes que todas las líneas de la historia redentora convergen en Cristo, y que Él es el punto central de esa historia de redención, "simplemente no podrás dejar de ver que todos los textos, a fin de cuentas, son acerca de Jesús" (traducido por el autor), dice Tim Keller.[9]

Eso, por supuesto, produce una tensión en el intérprete al tratar de entender los pasajes del Antiguo Testamento con la luz que tenemos ahora, pero sin pasar por alto el contexto histórico en que se desarrolla la trama. Debemos dejar que el Antiguo Testamento hable con su propia voz, por decirlo de alguna manera, "antes de recurrir a su cumplimiento cristológico".[10] Pero si perdemos de vista a Cristo y el evangelio es porque nos hemos colocado de nuevo en la posición desventajosa que tenían los santos del antiguo pacto para comprender su propia historia. Pedro afirma en su primera carta que "los profetas que profetizaron de la gracia destinada a vosotros, inquirieron y diligentemente indagaron acerca de esta salvación, escudriñando qué persona y qué tiempo indicaba el Espíritu de Cristo que estaban en ellos, el cual anunciaba de antemano los sufrimientos de Cristo, y las glorias que vendrían tras ellos" (1 Ped. 1:10-11). Ellos eran incapaces de entender plenamente sus propios escritos porque carecían de la luz que ahora tenemos en el Nuevo Testamento.

En su tratado sobre la doctrina de la Trinidad, el gran teólogo norteamericano de finales del siglo xix y principios del xx Benjamin Warfield compara el Antiguo Testamento "a una estancia ricamente adornada, pero en penumbra. Solo disponiendo de una luz podrá verse todo su contenido. Esa luz ha sido dispuesta en Cristo, y en el testimonio que el Nuevo Testamento da de Él".[11] Si leemos el Antiguo Testamento como si aún estuviéramos a oscuras, eso "equivaldría a negar la realidad histórica del contexto en que nos encontramos", dice Warfield. Pero de la misma manera, tampoco debemos leer el texto como si esa luz ya hubiera estado presente en el antiguo pacto alumbrando claramente la historia bíblica porque entonces estaríamos negando la realidad histórica de cada texto en su contexto. ¿Cómo podemos manejar esa tensión de una forma adecuada?

El Antiguo Testamento en estéreo

Cuando yo era niño teníamos en casa un tocadiscos estereofónico. El sonido estereofónico trata de recrear la música que escuchamos de una forma más natural, al reproducir las direcciones de izquierda y derecha de donde proviene cada fuente del sonido tal como fue grabada. Eso es muy común hoy día, pero en aquel tiempo la mayoría de los aparatos reproducía la música en un solo bloque, es decir, a través de un solo canal. ¡Todavía recuerdo la fascinación que me producía escuchar ese sonido que parecía viajar de una bocina a la otra en la sala de mi casa!

En cierto modo, eso es lo que ocurre con las historias del Antiguo Testamento: se mueven en dos direcciones, de adelante hacia atrás y de atrás hacia adelante. Si queremos interpretarlas correctamente, lo primero que debemos hacer es movernos hacia ellos para tratar de captar la dimensión histórica del pasaje que estamos considerando, y luego movernos de ellos hacia nosotros, para ver cómo se aplica ese pasaje a los creyentes del nuevo pacto. Eso es lo que hace el apóstol Pablo en el capítulo 10 de su Primera carta a los corintios:

> Porque no quiero, hermanos, que ignoréis que nuestros padres
> todos estuvieron bajo la nube, y todos pasaron el mar; y todos
> en Moisés fueron bautizados en la nube y en el mar, y todos

comieron el mismo alimento espiritual, y todos bebieron la misma bebida espiritual; porque bebían de la roca espiritual que los seguía, y la roca era Cristo. Pero de los más de ellos no se agradó Dios; por lo cual quedaron postrados en el desierto. Mas estas cosas sucedieron como ejemplos para nosotros, para que no codiciemos cosas malas, como ellos codiciaron. Ni seáis idólatras, como algunos de ellos, según está escrito: Se sentó el pueblo a comer y a beber, y se levantó a jugar. Ni forniquemos, como algunos de ellos fornicaron, y cayeron en un día veintitrés mil. Ni tentemos al Señor, como también algunos de ellos le tentaron, y perecieron por las serpientes. Ni murmuréis, como algunos de ellos murmuraron, y perecieron por el destructor. Y estas cosas les acontecieron como ejemplo, y están escritas para amonestarnos a nosotros, a quienes han alcanzado los fines de los siglos. Así que, el que piensa estar firme, mire que no caiga (1 Cor. 10:1-12).

Pablo trae a colación algunos episodios de la historia temprana de Israel para dar una advertencia a los miembros de la iglesia en Corinto. De todos los adultos que salieron de Egipto, más de un millón de personas probablemente, solo dos entraron a la tierra prometida; el resto murió en el desierto porque menospreciaron sus privilegios. Y ahora Pablo les dice que estas cosas que les acontecieron a ellos fueron registradas en las Escrituras como un ejemplo para nosotros. Por lo tanto, debemos movernos hacia ellos para tratar de captar la dimensión histórica del pasaje para luego movernos de ellos hacia nosotros para ver cómo se aplica a los creyentes del nuevo pacto, como hace Pablo aquí, recordando que al recorrer ese camino debemos pasar primero por la cruz del Calvario.[12] En otras palabras, antes de llegar de ellos a nosotros, debemos pasar primero a través de los hechos redentores del evangelio que giran en torno a la Persona y la obra de nuestro Señor Jesucristo. Es aquí donde la teología bíblica viene en nuestro auxilio.

La teología bíblica y su importancia en la predicación

Cuando hablamos de teología bíblica nos referimos a una rama de la teología exegética que nos ayuda a ver cada pasaje de las Escrituras a la luz del panorama general de la historia redentora. Como dice Graeme Goldsworthy, la teología bíblica "examina las diversas etapas de la historia bíblica y su relación entre sí, proporcionando el fundamento para comprender cómo algunos textos de una parte de la Biblia se relacionan con todos los demás".[13] David Helm, por su parte, la define como "una forma de leer la Biblia que sigue el desarrollo progresivo del plan de redención de Dios en Cristo".[14] La teología bíblica nos ayuda a ver la trama de esta historia de redención moviéndose de manera progresiva hacia el cumplimiento de la gran promesa que sirve de hilo conductor a los pactos de Dios: "Me seréis por pueblo, y yo seré a vosotros por Dios" (Jer. 11:4; Gén. 17:7; Ex. 6:7; 2 Sam. 7:14; Jer. 30:22; Ezeq. 36:38; Apoc. 21:3,7).

Cuando los apóstoles citaban el Antiguo Testamento desde la posición ventajosa del Nuevo, no solo veían a Cristo en las profecías mesiánicas, o a través de los tipos y símbolos que abundan en la religión del antiguo pacto, sino que miraban hacia Él como Aquel que "cumple y colma plenamente lo anunciado en el Antiguo Testamento", como bien señala Sinclair Ferguson.[15] "Partiendo de Génesis 3:15 hasta el final, la Biblia es el relato de un Dios guerrero que acude en socorro de su pueblo para liberarlo del reino de las tinieblas y establecer su reinado con, a través, y en medio de su pueblo".[16] Es esa perspectiva más amplia del Reino Mesiánico la que nos permite llegar hasta Jesús desde toda la Biblia sin la necesidad de hacer un aterrizaje forzoso en el Calvario. Como bien señala David Helm, en vez de preguntar: "¿Dónde está Jesús en mi texto?", debemos "… empezar con preguntas más matizadas, como por ejemplo: ¿Cómo afecta el evangelio a mi entendimiento del texto? ¿De qué forma mi texto anticipa o se relaciona con el evangelio?".[17]

Por otra parte, los apóstoles aprendieron de Jesús que Él sobrepasaba el ministerio de los grandes líderes de Israel y que las instituciones del antiguo pacto encontraban en Él su cumplimiento. Como bien señala Daniel Doriani, pastor y teólogo norteamericano: "Él es más grande que Abraham porque Él es eterno (Juan 8:53-58), más grande que Jacob porque Él es la escalera entre el cielo y la tierra (Juan 1:51; Gén. 28:12). Él sobrepasó a Moisés porque Él inauguró el pacto de gracia y verdad, y ofrece el verdadero pan del cielo (Juan. 1:17; 6:32-35). Él sobrepasó a Salomón en la sabiduría que atrae a las naciones (Mat. 12:42). Jesús también completó las instituciones del antiguo pacto. Él es más grande que el Templo porque es la presencia misma de Dios (Mat. 12:6). Él es el sacerdote final que nos da acceso a Dios (Heb. 7-10). Él es el gran Profeta (Luc. 7:16,26), el gran Rey (Mat. 21:41-46), el Juez final (Mat. 25:31-46), la sabiduría de Dios (Luc. 7:31-35)" (traducido por el autor).[18]

Aunque leer la Biblia "con los ojos puestos en Jesús" no suele ser una tarea sencilla, es de gran importancia para el expositor de las Escrituras porque, si perdemos de vista a Cristo y el evangelio, nos extraviaremos en nuestra interpretación del texto bíblico y nos colocaremos en una posición en extremo peligrosa, como espero mostrar a continuación.

Entre Escila y Caribdis

La mitología griega nos habla de dos grandes monstruos marinos, llamados Escila y Caribdis, que estaban situados en las orillas opuestas de un estrecho canal. Cuando los marineros trataban de evitar a Escila, era muy probable que se acercaran demasiado a Caribdis, y viceversa. Ninguno de los dos destinos era mejor que el otro, por lo que se requería de mucha pericia para pasar por el medio evitando el peligro a ambos lados. Lo mismo ocurre en la vida cristiana con el legalismo y el antinomismo, con la diferencia de que no se trata de dos monstruos mitológicos, sino de dos enemigos muy reales que debemos mantener a raya si queremos guardar la pureza del evangelio para la salvación de los perdidos y la edificación de la iglesia.

De la manera más sencilla posible, podemos decir que el legalismo consiste en tratar de ganar el favor de Dios a través de nuestra obediencia a un conjunto de leyes y normas. El legalismo coloca a Dios en la posición de un deudor que debe bendecirnos si hacemos lo que debemos hacer. Mientras el evangelio nos mueve a la obediencia por el hecho de haber sido aceptados por Dios sobre la base de la obra redentora de Cristo, el legalismo nos dice que debemos obedecer para ser aceptados. Todo depende de nosotros: de nuestra obediencia, de nuestro esfuerzo personal, de nuestro compromiso y de nuestros méritos.

Cuando partimos de esa premisa, tarde o temprano comenzamos a añadir algunas reglas que no están en la Biblia, porque queremos estar seguros de que hacemos exactamente lo que tenemos que hacer, de que estamos pulsando los botones correctos.[19] Casi con seguridad lo próximo que va a ocurrir es que vamos a ponerle más atención al aspecto externo del mandamiento que al corazón de la Ley. Este es un aspecto esencial del legalismo. El legalista está más preocupado por la forma que por el fondo, porque a fin de cuentas es mucho más fácil conformarse a una regla externa que tratar con el corazón. Esa es una de las razones por las que el legalista suele añadirle reglas a la Ley de Dios: no para amplificarla, sino para hacerla más manejable porque es mucho más fácil apegarse a un conjunto de reglas externas que obedecer la intención de la Ley.

Por supuesto, todo eso produce orgullo. Por eso el legalismo resulta tan atractivo a pesar de ser tan opresivo. El legalismo produce soberbia y desprecio; los legalistas se enorgullecen de sus estándares y desprecian a todos los que viven según un estándar diferente. Hacen de sus reglas una ley universal, que luego quieren imponer a todo el mundo en cualquier situación o circunstancia. Sus reglas vienen a ser, en la práctica, la tabla de evaluación para determinar la condición espiritual de los demás.

El antinomismo es el monstruo que se encuentra al otro lado de la orilla en el estrecho canal de la vida cristiana. Este es un vocablo compuesto de *anti*, que significa 'en contra de', y *nomos*, que significa 'ley'. El antinomismo asume que podemos relacionarnos con Dios sin tener que obedecer Su Palabra y despreciando Su Ley moral. Por supuesto, muchos antinomianos no se ven a sí mismos de ese modo porque en muchos casos es más una actitud que una creencia formal. Es el pensamiento de "Dios me acepta tal y como soy porque Su amor es incondicional".

Lo sorprendente es que tanto el legalista como el antinomiano pueden apelar a la Biblia para apoyar su posición. La Biblia contiene suficientes mandamientos y exhortaciones que, si se exponen sin tomar en cuenta el resto de las Escrituras, parecen apoyar la perspectiva del legalista. Otros pasajes, sin embargo, presentan con tanta fuerza la provisión de la gracia abundante que Dios nos ha dado en Cristo, y Su amor incondicional hacia los redimidos, que si los tomamos como textos individuales parecen apoyar a los antinomianos.

Por esta razón, el ministro puritano inglés del siglo XVI, William Perkins, advierte que "los predicadores necesitan conocer la relación entre la ley y el evangelio" (traducido por el autor).[20] Timothy Keller lo dice de esta manera en nuestros días: "La ley puede mostrarnos nuestra necesidad del evangelio y entonces, una vez hemos abrazado la salvación de Dios por medio de la fe, la ley viene a ser la manera de conocer, servir y crecer en la semejanza de Aquel que nos salvó. Es crucial en nuestra predicación que no nos limitemos a decir a nuestra gente todas las maneras en que ellos deben ser más morales y buenos sin relacionar tales exhortaciones con el evangelio. Pero tampoco debemos limitarnos a decirles una y otra vez que ellos pueden ser salvos por la libre gracia sin mostrarles cómo la salvación cambia nuestras vidas" (traducido por el autor).[21]

Perkins ilustra la importancia de conocer esa relación "entre la ley y el evangelio", tomando la enseñanza de dos textos en el Evangelio de Juan: "El que tiene mis mandamientos, y los guarda, ése es el que me ama; y el que me ama, será amado por mi Padre, y yo le amaré, y me manifestaré a él [...]. El que me ama, mi palabra guardará; y mi Padre le amará, y vendremos a él, y haremos morada con él" (Juan 14:21,23). Perkins concluye diciendo: "Estos textos muestran claramente que el evangelio transforma nuestra obediencia a los mandamientos de Dios desde un medio legalista para adquirir la salvación hacia una respuesta amorosa a la salvación que ha sido recibida. La obediencia a la Ley de Dios, que fluye del evangelio de la Gracia, viene a ser un medio a través del cual conocemos, nos asemejamos, nos deleitamos y amamos a Aquel que nos salvó al costo infinito de Sí mismo" (traducido por el autor).[22]

Caer en las manos de Caribdis por escapar de Escila... y viceversa

Ahora bien, a pesar de sus diferentes manifestaciones externas, tanto el legalismo como el antinomismo surgen de la misma raíz o, como dice el teólogo Sinclair Ferguson, ambos son gemelos no idénticos nacidos del mismo vientre.[23] Si no entendemos esto, de manera instintiva trataremos de evitar uno de estos males moviéndonos hacia el otro. Por escapar de Escila caeremos en las manos de Caribdis, o viceversa.

Para probar su punto, Sinclair Ferguson analiza el diálogo entre la serpiente y nuestros primeros padres, en Génesis 3. Él señala el hecho de que el mandato de Dios de no comer del fruto del árbol de la ciencia del bien y del mal no contenía ninguna explicación de por qué no debían hacerlo. Ellos no sabían en ese momento qué mal podía haber en comer de ese fruto. Por lo tanto, este mandamiento era un llamado a obedecer a Dios, como un acto de amor y obediencia. Ellos debían confiar en Dios por quien Él es en Sí mismo. Por eso concluye que el mandamiento no solo procuraba que se comportaran de cierta manera, sino promover una actitud particular y su relación con Dios.[24] Esa relación fue el blanco de ataque de la serpiente.

La idea que Satanás quiso meter en la mente de Eva era que no podía confiar en las intenciones de Dios al imponerles tales límites y no dejarlos disfrutar "de todo árbol del huerto" (Gén. 3:1). Ferguson ve detrás de estas palabras la idea malévola de que "Dios es demasiado restrictivo, demasiado absorto en sí mismo, demasiado egoísta… Si le obedecemos plenamente, implicó la serpiente, seremos miserables" (traducido por el autor).[25] El ataque de Satanás fue llevar a nuestros primeros padres a no creer en la integridad y la generosidad de Dios porque "Ni su carácter ni sus palabras deben ser confiadas" (traducido por el autor).[26] Esta mentira yace en lo profundo de la psiquis de todo pecador desde entonces y es la raíz de la que surgen tanto el legalismo como el antinomismo —dice Ferguson—.

"La esencia del legalismo está enraizada… en una perspectiva distorsionada de Dios… Dios viene a ser un policía magnificado que nos da su ley porque quiere privarnos de nuestro gozo y destruirlo" (traducido por el autor).[27] Esa perspectiva distorsionada lleva al legalista a tratar de vencer, a través de su desempeño y de su obediencia, la "indisposición de Dios a bendecirnos". El antinomiano parte de la misma presuposición: asume que los mandamientos que emanan de este "Policía cósmico" no pueden tener la intención de beneficiarnos. "En ambos casos la ley de Dios es contemplada, no como una expresión de Su amor y de Su gracia, sino, más bien, como una carga, como un instrumento necesario para aplacar una deidad sin amor" (traducido por el autor).[28] Ni el legalista ni el antinomiano son capaces de entender el gozo de la obediencia. "La única diferencia entre los dos es que el legalista asume la carga con pesadez, mientras que el antinomiano rehúsa llevarla y se la quita de encima. Pero ambos ven a Dios bajo la misma luz" (traducido por el autor).[29]

Sin embargo, a pesar de que el legalismo y el antinomismo surgen de la misma raíz, es un error muy común tratar de defenderse de uno con una dosis del otro. Si presuponemos que el problema del legalista es que hace demasiado énfasis en la ley, seremos movidos a enfatizar demasiado la misericordia de Dios y Su amor incondicional, echando a un lado la necesidad (y el gozo) de la obediencia a Sus Mandamientos. Pero de la misma manera, si presuponemos que el problema esencial del antinomismo es solo que desprecia la Ley, seremos movidos a enfatizar demasiado la justicia de Dios y Sus demandas de santidad, en detrimento de Su misericordia y aceptación por gracia. Ambos acercamientos al problema fracasan al perder de vista que Dios es un Dios de amor que de manera sincera desea el gozo y la felicidad de Sus criaturas, y que "…tanto la ley como el evangelio son expresiones de Su gracia" (traducido por el autor).[30]

Como bien señala Ferguson, el único remedio eficaz para librarnos de esta mentira de la serpiente es el evangelio de Cristo, al mostrarnos "… el amor del Padre quien nos dio todo lo que tenía: primero entregó a Su Hijo a morir por nosotros, y entonces nos entregó Su Espíritu para que viva en nosotros… Esta es la única cura genuina para el legalismo. Y es la misma medicina que el evangelio prescribe para el antinomismo: entender y probar la unión con Cristo mismo.

Esto nos lleva a un nuevo amor y a nueva obediencia hacia la Ley de Dios" (traducido por el autor).[31]

Desarrollar un instinto Cristo-céntrico

Espero que al llegar hasta aquí haya logrado persuadirte de que debemos predicar a Cristo desde toda la Escritura, siendo fieles al verdadero significado del texto bíblico, así como al gran mensaje de la Biblia y a su propósito redentor. Como decía antes, la predicación expositiva es Cristo-céntrica porque la Biblia es Cristo-céntrica.

Como este tema requiere un estudio mucho más amplio que el que podemos abarcar en un solo capítulo, quisiera recomendarte algunas obras que pueden serte de mucha ayuda en tu entendimiento Cristo-céntrico de las Escrituras: *El misterio revelado*, de Edmund Clowney; *Conociendo a Jesús a través del Antiguo Testamento*, de Christopher J. H. Wright; *Cómo predicar de Cristo usando toda la Biblia* y *Evangelio y Reino*, ambos de Graeme Goldsworthy; y *El gran panorama divino* de Vaughan Roberts. También encontrarás una gran ayuda en el libro *La predicación expositiva*, de David Helm, y un buen capítulo titulado "Predicando a Cristo desde el Antiguo Testamento", escrito por Sinclair Ferguson, que fue incluido en el libro *El predicador y su relación con la Palabra*.

Ahora bien, la tarea de interpretar la Biblia "… con los ojos puestos en Jesús", si bien requiere de una pericia que se desarrolla con el estudio y la práctica, requiere más que nada desarrollar lo que Sinclair Ferguson ha llamado "un instinto Cristo-céntrico", fruto de una relación de creciente intimidad, amor, admiración y deleite con la Persona de nuestro bendito Señor y Salvador, porque "de la abundancia del corazón habla la boca" (Mat. 12:34). Sí, necesitamos aprender a ver a Cristo con más claridad en el entramado de la historia redentora, usando como herramientas la teología bíblica y principios de hermenéutica sanos; pero "según lleguemos a conocer a Cristo de forma más íntima y personal, y mayor sea nuestro amor a su Persona... aflorará en nosotros el instinto de razonar, explicar y demostrar, partiendo de la totalidad de las Escrituras, las riquezas de la gracia proclamadas en Jesús, el Cristo, el Salvador del mundo".[32]

Los principios hermenéuticos son importantes, pero es mucho más importante un corazón apasionado con Aquel que dio Su vida por nosotros, que nos mueva a contagiar esa pasión en la medida en que mostramos Su gloria, belleza y majestad al proclamar las Escrituras. En el discurso del aposento alto el Señor Jesucristo se señala a Sí mismo como la vid verdadera, y a nosotros como los pámpanos que debemos fructificar permaneciendo en la vid (Juan 15:1-18). Asegúrate de llevar a los hombres a Cristo, y no meramente a un conjunto de doctrinas o de normas éticas, porque Él, y solo Él, es "poder de Dios y sabiduría de Dios" (1 Cor. 1:24). Es contemplando Su gloria que "somos transformados de gloria en gloria en la misma imagen, como por el Espíritu del Señor" (2 Cor. 3:18).

Quiera el Señor ayudarnos a desarrollar ese "instinto Cristo-céntrico" que nos ayude a llegar hasta Él desde cualquiera de las avenidas provistas por Dios en las Sagradas Escrituras. Solo así podremos decir como Pablo, en su Carta a los colosenses, que estamos anunciando cumplidamente la Palabra de Dios, "el misterio que había estado oculto desde los siglos y edades, pero que ahora ha sido manifestado a sus santos, a quienes Dios quiso dar a conocer las riquezas de la gloria de este misterio entre los gentiles; que es Cristo en vosotros, la esperanza de gloria, a quien anunciamos, amonestando a todo hombre, y enseñando a todo hombre en toda sabiduría, a fin de presentar perfecto en Cristo Jesús a todo hombre" (Col. 1:26-28).

Tercera parte

La preparación de
un sermón expositivo
paso a paso

8

Escoge el pasaje

"Por tanto, yo os protesto en el día de hoy, que estoy limpio de la sangre de todos; porque no he rehuido anunciaros todo el consejo de Dios" (Hech. 20:26-27)

No puedo ver por qué el Espíritu Santo no guiaría a un hombre a predicar una serie de sermones de un pasaje o libro de la Biblia como también guiarlo a un solo texto (Martyn Lloyd-Jones)

U na de las novelas latinoamericanas más geniales del siglo xx es Rayuela, del escritor argentino Julio Cortázar. Este libro posee la particularidad de que tiene varias posibilidades de lectura. Puedes comenzar por el capítulo 1 y leer de manera secuencial hasta el final; o puedes comenzar en el capítulo 1, llegar directo hasta el 56 y prescindir del resto; o seguir una secuencia de lectura completamente distinta sugerida por el autor al inicio de la obra.

Sin duda hay que ser un genio para escribir un buen libro que se pueda leer de tantas maneras diversas. Cortázar era un genio, yo no lo soy; por lo que recomiendo que leas este libro de manera secuencial, comenzando por el principio. Creo que el beneficio será mucho mayor si comienzas con la teoría antes de llegar a la práctica. Sin embargo, si decides saltar algunos de los capítulos anteriores, o incluso saltarlos todos, no solo respeto tu decisión, sino que aun así me entusiasmará embarcarme contigo en esta aventura de trabajar juntos en la preparación de un sermón expositivo.

Una metodología de trabajo ajustada a la medida

Debemos dar una serie de pasos para preparar un sermón y tales pasos deben seguir una secuencia lógica, pero cada expositor va a desarrollar, andando el tiempo, su propia metodología de trabajo. Si te acercas a varios predicadores que han impactado tu vida y les preguntas cómo preparan sus sermones, es probable que descubras que la mayoría de ellos trabaja de una forma diferente. Y, lo que es aún más desconcertante, este es un trabajo que tiene mucho de intuición, por lo que no les resultará fácil explicarte cómo lo hacen; es algo parecido a preguntar cómo fue que llegamos a desarrollar nuestra firma personal.

Una de las cosas que dificulta la explicación de este proceso es que la preparación de un sermón es un trabajo mental que requiere mucha meditación y pensamiento; y, como bien señala Haddon Robinson, pensar es un proceso dinámico que puede ser estorbado cuando tratamos de dar instrucciones muy detalladas acerca del proceso mismo.[1] Se cuenta la historia de un abogado y un médico que solían jugar al golf periódicamente. Ambos poseían habilidades similares para el juego, por lo que disfrutaban mucho esa competencia entre iguales. Pero durante una primavera el abogado mejoró tanto en su juego que comenzó a superar al médico en todos los partidos. Por más que intentaba mejorar, el médico no podía superar al abogado. Por lo tanto, se le ocurrió una idea brillante. Compró en una librería tres manuales sobre cómo aprender a jugar golf y se los envió a su amigo abogado como regalo de cumpleaños. Al poco tiempo el juego de ambos volvió a estar parejo.[2] Eso se llama "fracaso por exceso de instrucción".

Por supuesto, de ninguna manera quisiera que este libro tuviera tal efecto nocivo sobre tu predicación. Más bien, deseo ayudarte en la tarea de prepararte para predicar, destacando los pasos que debemos dar para llegar del pasaje al sermón, proveyéndote al mismo tiempo un ejemplo concreto que te ayude en el desarrollo de tu propia metodología de trabajo. Pero es importante que entendamos que así como no existe un único estilo apropiado de predicación, tampoco existe una única metodología de preparación para predicar. Cada uno de nosotros necesita un manual ajustado a la medida. Ahora bien, sin importar la metodología que adoptes, siempre debes comenzar por el principio.

¿Cómo decidimos sobre qué predicar?

Una antigua receta para preparar un plato de conejo dice: "Primero, cace el conejo".[3] Si no hay conejo, no hay plato. Si no hay pasaje, no hay sermón. El problema es que en la predicación no es tan fácil cazar el conejo. El predicador se enfrenta a menudo con una serie de preguntas cuyas respuestas dependen de varios factores a la vez. ¿Debo predicar consecutivamente un libro de la Biblia versículo por versículo? Y si es así, ¿cuál libro? ¿No sería mejor exponer porciones extensas de un libro, como el Sermón del monte o el Discurso del aposento alto, o limitarme a textos aislados de las Escrituras? Y ¿qué de la predicación temática? ¿Acaso se debe descartar por completo de nuestro plan de predicación?

Aunque prefiero la predicación expositiva consecutiva de un libro de la Biblia, y en un momento explicaré por qué, creo que tanto la predicación de textos aislados como la predicación temática deben formar parte de la dieta de enseñanza en la iglesia, siempre que expongan con fidelidad el contenido de las Escrituras. Irvin A. Busenitz, profesor del Master's Seminary en California, dice con mucha razón que "Así como la predicación versículo por versículo no es necesariamente expositiva, la predicación que no es versículo por versículo *no* es necesariamente *no*-expositiva. Es cierto que algunos acercamientos temáticos no son expositivos, pero ese *no tiene* y ciertamente *no debería* ser el caso".[4]

Se puede predicar expositivamente un texto de la Biblia, e incluso una oración o una frase. En su serie de exposiciones en la Carta a los efesios, Martyn Lloyd-Jones dedicó uno de sus mensajes a exponer dos palabras del versículo 4 del capítulo 2: "Pero Dios...". No creo que haya sido exagerado de su parte afirmar que, vistas en su contexto, "Estas dos palabras [...] contienen el todo del evangelio" (traducido por el autor).[5] También debemos ser expositivos cuando predicamos un sermón temático, como veremos en un momento.

No obstante, la predicación expositiva consecutiva tiene grandes ventajas para la vida de la iglesia. Algunos de estos argumentos se aplican también a la predicación expositiva textual.

Ventajas de la predicación expositiva consecutiva

1. Nos protege de usar los textos bíblicos como pretextos. Cuando era nuevo creyente, tenía la impresión de que muchos de los predicadores que escuchaba escribían primero sus sermones y luego buscaban los textos bíblicos que parecían encajar con lo que ellos querían decir. Tal vez era una impresión subjetiva, pero unos pocos años más tarde descubrimos la predicación expositiva de John MacArthur y pude ver

claramente la diferencia. ¡MacArthur exponía el contenido del pasaje! El impacto fue tan profundo que abrazamos la predicación expositiva consecutiva como la dieta regular de predicación en nuestra iglesia hasta el día de hoy.

2. Ahorra tiempo para decidir qué predicar cada semana. La predicación expositiva consecutiva nos permite saber con bastante tiempo de antelación no solo lo que vamos a predicar la próxima semana, sino en los próximos meses. Charles Spurgeon, un firme opositor de la predicación expositiva consecutiva, comentó en cierta ocasión lo difícil que le resultaba muchas veces encontrar cada semana el texto que iba predicar el domingo siguiente. "Confieso que con frecuencia me siento y veo pasar las horas orando y esperando un asunto, y que en eso consiste la parte principal de mi estudio. He dedicado arduo y abundante trabajo a forcejear con temas, rumiar aspectos doctrinales, hacer bosquejos de los versículos para, luego, terminar enterrando todos sus huesos en las catacumbas del olvido y seguir navegando, durante leguas, sobre las aguas encrespadas, hasta ver las luces rojas a lo lejos y poder pilotar directamente hacia el puerto deseado".[6] Dicho de esa manera suena muy poético, pero no me imagino vivir en esa incertidumbre cada semana durante años.

3. Ahorra tiempo de investigación. Cada nuevo sermón no requiere un nuevo estudio sobre el autor del libro, su trasfondo, su contexto, el propósito del libro, etc.

4. Obliga al predicador a tratar asuntos contenidos en las Escrituras que difícilmente abordaríamos de otro modo. Predicando una serie en la primera carta de Pablo a los corintios tuve que exponer el capítulo 5, en el que Pablo amonesta a los miembros de esta iglesia por no aplicar la disciplina eclesiásti-

ca a un individuo que estaba teniendo relaciones sexuales con su madrastra. Es un pasaje muy instructivo, pero incómodo de exponer; lo más probable es que no lo hubiera escogido para predicar de no haber estado exponiendo esta carta versículo por versículo.

5. Permite tratar temas sensibles sin dar la impresión de que estamos escondiéndonos detrás del púlpito para abordar problemas en la iglesia que no nos atrevemos a tratar cara a cara con las personas implicadas.

6. Enseña a los miembros de la iglesia a estudiar por sí mismos las Escrituras. Esta es una de las grandes ventajas de la predicación expositiva consecutiva: ayuda a los creyentes a ver cada texto en su contexto y discernir la estructura interna de cada pasaje. La Biblia, en su mayor parte, no es una colección de dichos sabios, en la que el orden no importa mucho. "La mayoría de los libros de la Escritura están organizados de tal manera que un capítulo se construye sobre los anteriores y establece las bases para el siguiente" (traducido por el autor).[7]

7. Reduce el riesgo de manipular a la gente. En vez de que el predicador controle el texto para que diga lo que él quiere que diga, en la predicación expositiva el texto controla al predicador, tanto en lo que dice como en la forma como lo dice.[8]

8. Recuerda al predicador y a los oyentes que es Dios el que transforma los corazones por medio de Su Palabra. "Reconoce que es Dios únicamente, a través de Su Espíritu, el que obra en la vida de las personas, y que no es nuestra labor cambiar a las personas a través de una comunicación ingeniosa o inspiradora" (traducido por el autor).[9]

9. Nos ayuda a evitar el pragmatismo. En vez de tratar de ser "relevantes" abordando las necesidades que la gente cree que tiene, dejaremos que las Escrituras suplan sus verdaderas necesidades al permitir que el texto bíblico hable por sí mismo. La Biblia posee su propia relevancia.

10. Contribuye a la humildad del predicador al recordarle que él no es un "gurú espiritual" o el "oráculo de Delfos" a quien los hombres deben acudir para encontrar sabiduría. Él es solo un portavoz de las Sagradas Escrituras por medio del cual los hombres son guiados a Cristo, "en quien están escondidos todos los tesoros de la sabiduría y el conocimiento" (Col. 2:3). Como decíamos en un capítulo anterior, la predicación expositiva es Cristo-céntrica porque la Biblia es Cristo-céntrica. Y es Cristo, no nosotros, el que es señalado en las Escrituras como "poder de Dios, y sabiduría de Dios" (1 Cor. 1:24).

11. La predicación expositiva reviste de autoridad el mensaje. Crane menciona que "Cuando el predicador se para delante de una congregación, sabiendo que viene a ellos, no con sus propias especulaciones, sino con una palabra concisa y clara, procedente del propio corazón de Dios, hablará con gran confianza y se dejará oír la nota de autoridad en su voz".[10]

12. También evitará que el predicador se agote o llegue a ser repetitivo. Alguien me dijo una vez que ningún pastor debe permanecer en la misma iglesia durante más de cinco años, de lo contrario comenzará a repetirse en su predicación. Es imposible que eso llegue a suceder con aquel que está comprometido con la predicación expositiva porque la Biblia es un pozo inagotable.

La predicación expositiva consecutiva también tiene sus peligros

1. Uno de ellos es que la serie sea demasiado extensa. Este es un peligro que amenaza en mayor medida, aunque no únicamente, a los predicadores jóvenes. Hace más de 20 años expuse el Sermón del monte en 93 sermones; y otra serie sobre Éxodo 20:1-17 duró 54 semanas. Si predicara ambas series de nuevo, te aseguro que serían mucho más breves. No todo el mundo tiene la capacidad de Martin Lloyd-Jones de predicar durante catorce años sobre la carta de Pablo a los romanos sin perder el interés de los oyentes.

2. Por otra parte, las series consecutivas también pueden ser un problema si el predicador hace cada sermón demasiado dependiente de los anteriores. Esto puede desanimar a los visitantes que vienen por primera vez a la iglesia; es como comenzar a ver una serie televisiva sabiendo que nos hemos perdido varios episodios. Además, se agrava cuando el predicador abusa de frases tales como: "La semana pasada vimos…" o, lo que es peor, "Como vimos cinco semanas atrás…"; la mayoría de las personas no recuerda lo que vimos la semana pasada, ¡mucho menos lo que se predicó hace tanto tiempo! Aun los que asisten cada domingo a la iglesia tarde o temprano se cansarán de que el predicador casi siempre inicie sus sermones con una recapitulación de los sermones anteriores.

3. Otro peligro es mantenerse atado al plan de predicación sin ser sensibles a las necesidades que puedan surgir en la iglesia y que requieran que prediquemos otra cosa. De hecho, es recomendable planificar de antemano algunos intervalos en

el plan de predicación en los que prediquemos otros textos u otros temas, sobre todo cuando estamos embarcados en una serie extensa de predicaciones.

Ventajas y peligros de la predicación temática

Antes de abordar este asunto, es necesario resaltar que toda predicación debe ser expositiva, en el sentido de que toda predicación debe exponer lo que el texto bíblico realmente enseña; de lo contrario ya no es predicación. La diferencia entre la predicación expositiva (ya sea de un texto o de un pasaje extenso de las Escrituras) y la predicación temática es que la primera expone un texto o pasaje de las Escrituras en su propio contexto, de tal manera que el contenido del mensaje es el contenido del texto o pasaje bíblico, mientras que la predicación temática aborda distintos temas doctrinales o prácticos tal como se derivan de diversos pasajes de las Escrituras. Esta clase de predicación posee varias ventajas cuando no se abusa de ella.

Por un lado, nos permite abordar temas bíblicos, así como doctrinas específicas y enseñanzas éticas contenidas en las Escrituras, que pueden ser de gran beneficio para los creyentes, tales como los atributos de Dios, la doctrina de la Trinidad, la importancia de la lectura diaria de las Escrituras, el deber de formar parte de la membresía de una iglesia local, y muchos otros temas más. De igual manera, la predicación temática aporta variedad al ministerio de enseñanza y predicación en la iglesia; esto puede ser muy útil después de una larga serie de sermones expositivos consecutivos. Sin embargo, al abordar la predicación temática debemos tomar en cuenta algunas dificultades y peligros.

El primero es que, contrariamente a lo que muchos suelen pensar, la predicación temática es la más difícil cuando el predicador de verdad quiere exponer con fidelidad lo que las Escrituras enseñan acerca del tema en cuestión. En vez de sumergirte en el contenido de un texto o pasaje bíblico en su propio contexto, tendrás que hacer un trabajo exegético cuidadoso con varios textos a la vez. Como bien señala Busenitz: "La tarea propia del predicador es entregar los bienes, no fabricarlos. […] Por lo tanto, su recurso debe ser el texto bíblico, la fuente de verdad a la cual recurre siempre de la cual él mismo bebe continuamente y de la cual saca de manera fiel para saciar la sed de otros. Ejercer esta clase de control sobre la predicación temática es un trabajo arduo".[11] Eso nos lleva de la mano a la segunda nota de precaución.

Si el predicador no examina con cuidado los textos bíblicos que usa en su exposición, fácilmente puede caer en la trampa de citar los textos fuera de contexto. Los ejemplos de esto son, por desgracia, abundantes. No sé cuántas veces se han usado las palabras de Pablo en 1 Corintios 3:16-17 para hablar en contra del uso del alcohol o del tabaco, por el daño que hacen al cuerpo; pero si consideramos ese texto en su contexto notaremos que el templo del que Pablo está hablando aquí es la Iglesia, el cuerpo de Cristo. Más adelante, en 1 Corintios 6:19-20, Pablo usará la misma figura del templo para referirse al cuerpo humano, no a la Iglesia. Por supuesto, esto también puede suceder predicando expositivamente un pasaje de las Escrituras. Hace muchos años escuché a un predicador reprender con dureza la ociosidad, usando el pasaje de Marta y María, en Lucas 10:38-42; en vez de alabar el deseo de María de aprender las enseñanzas de Jesús, ¡el predicador arremetió contra ella por haberse quedado sentada, mientras Marta tuvo que ocuparse de los quehaceres de la casa ella sola!

Por otra parte, los predicadores que suelen predicar sermones temáticos a menudo se limitan a unos cuantos temas preferidos o a aquellos que consideran más "relevantes", en vez de servir el alimento variado de las Escrituras que la iglesia necesita. El resultado, a la larga, es el estancamiento del predicador y de la congregación.

Por último, la predicación temática es más propensa a llevar al predicador a caer en la trampa del legalismo, si no tiene el cuidado de exponer su tema a la luz del gran tema redentor que se revela en las Escrituras. Pero ya hablamos de esto en detalle en el capítulo 7.

No recuerdo dónde leí que debíamos limitarnos a predicar un sermón temático una vez cada cinco años ¡y luego arrepentirnos de haberlo hecho! Creo que esto es una exageración. Pero debo insistir en que la predicación temática difícilmente puede sostener a una congregación y llevarla a la madurez cuando se constituye en la dieta regular que se sirve a las ovejas la mayor parte del tiempo.

La unidad expositiva del pasaje

Ya he dicho antes que una de las ventajas de la predicación expositiva consecutiva es que nos ahorra tiempo al momento de decidir qué predicar cada semana; eso es verdad, pero no es toda la verdad porque todavía debemos decidir cuán extensa será la porción bíblica que vamos a exponer en cada sermón. La respuesta es que debemos buscar lo que algunos han llamado la unidad expositiva del pasaje, es decir, porciones de las Escrituras, largas o breves, que posean una unidad de pensamiento que se pueda exponer y aplicar en un solo sermón. Las divisiones que encontramos en diversas versiones y ediciones de la Biblia pueden ser de gran ayuda para descubrir esa unidad expositiva, pero no siempre es así. Eso se tiene que determinar después de estudiar el pasaje.

Hace un tiempo prediqué una serie de sermones expositivos consecutivos sobre el libro de Eclesiastés. Fue un verdadero desafío para mí. En ocasiones sentía que estaba escalando el Everest descalzo, pero valió la pena. Uno de los retos constantes era determinar la unidad expositiva de cada pasaje, con el agravante de que los comentarios no siempre eran de ayuda en esto; de hecho, ¡en ocasiones me confundían más de lo que estaba! El capítulo 9 fue muy difícil; no estaba seguro de si los versículos 13 al 18 eran la conclusión de ese capítulo, o el inicio del 10. Al final, después de luchar durante un tiempo con la interpretación de esa porción, prediqué un solo sermón que abarcó desde el 9:13 hasta el 10:20 titulado: "Viviendo sabiamente en un mundo de necedad".

Por otra parte, la extensión del pasaje puede variar de sermón a sermón dependiendo del propósito del mensaje, la madurez de la congregación e incluso de la experiencia y capacidades del mismo predicador. En ocasiones resulta muy beneficioso detenernos a considerar porciones breves de las Escrituras y tratar de extraerles todos los nutrientes posibles; pero también puede ser muy edificante que los hermanos sean capaces de ver el flujo de pensamiento de una porción más extensa.

En cierta ocasión prediqué 1 Corintios de los capítulos 12 al 14 en un solo sermón. Eso, por supuesto, tiene sus ventajas y sus desventajas. La desventaja obvia es que no pude detenerme en muchos detalles importantes del texto. La ventaja es que pude exponer estos tres capítulos a la luz de su contexto, tanto el inmediato como el contexto general de la carta. Eso nos permitió ver, entre otras cosas, que 1 Corintios 13 no es un himno hermoso dedicado al amor, sino "una bofetada sin mano" que los creyentes de Corinto necesitaban con urgencia. Este pasajes se encuentra en medio de dos capítulos bastante extensos donde Pablo aborda el tema de los dones espirituales y su relación con la madurez cristiana (12:1,4,9,28,30-31; 14:1,37), un asunto que Pablo había tocado con anterioridad (comp. 1 Cor. 1:4-7; 3:1-2).

Al considerarlo en su contexto vemos con más claridad cuál era el propósito de Pablo al introducir el tema del amor en esta porción de la carta. Los corintios habían llegado a pensar erróneamente que el hecho de tener dones espirituales era un síntoma de madurez espiritual. Pero Pablo les hace ver que su falta de amor revelaba todo lo contrario. Ellos tenían muchos dones, pero eran unos niños en Cristo. Por lo tanto, este capítulo debe haber caído como una bomba en la iglesia de Corinto. Por supuesto, esta no es la única manera de exponer ese capítulo de la Biblia. Se puede dar una serie completa de varios sermones considerando cada uno de los aspectos que Pablo menciona allí sobre el amor. Necesitamos sabiduría para determinar si lo que más conviene es ver el paisaje desde una altura considerable que nos permita observarlo como un todo o acercarnos lo suficiente como para ver todos los detalles en cada metro cuadrado.

Predica toda la Biblia y haz un plan a largo plazo

Dos consejos más antes de concluir este asunto. Predica sobre los diversos géneros literarios de la Biblia y de ambos Testamentos, el Antiguo y el Nuevo. Recuerda que "toda la Escritura es inspirada por Dios y útil" (2 Tim. 3:16). La Biblia es muy variada en su contenido y los hermanos de la iglesia necesitan exponerse a tal diversidad. Es aquí donde un plan de predicación a largo plazo puede ser de gran ayuda.

La Iglesia Bautista de Capitol Hill, en Washington D. C., que conozco en persona, planifica su itinerario de predicación en forma tal que les permite moverse de un género a otro y de un Testamento a otro a través del año. Una organización de géneros que podemos usar para el Antiguo Testamento es la siguiente: Ley, Libros históricos, Sabiduría, Profetas mayores y Profetas menores. De igual manera el Nuevo Testamento puede organizarse en Evangelios y el Libro de los Hechos, Epístolas paulinas, Epístolas generales y Apocalipsis. El itinerario de predicación para una iglesia podría ser así: predicar primero de un libro de la Ley y luego uno de los Evangelios; después uno de los Libros históricos seguido por una epístola paulina, y así sucesivamente.

En el caso de nuestra iglesia, los pastores hacemos un retiro de tres días en el mes de noviembre. Después de orar y evaluar lo que ha sucedido durante ese año, hacemos planes para el siguiente. A la luz de las necesidades que vemos en la congregación, determinamos el plan general de predicación para los meses venideros. Eso es de gran ayuda para los pastores que predicamos con regularidad porque nos permite comenzar a prepararnos de antemano orando, leyendo, estudiando y aun adquiriendo recursos que muy probablemente vamos a necesitar para nuestro ministerio de predicación el próximo año.

Trabajemos en nuestro sermón expositivo: visión general previa

Como decía en la introducción, el pasaje que hemos escogido para que trabajemos juntos es Éxodo 17:1-7. La unidad expositiva de este pasaje no representa ninguna dificultad. El capítulo anterior nos habla del descenso del maná con el que Dios alimentó al pueblo de Israel durante 40 años en el desierto; y a partir del versículo 8 del capítulo 17 se narra la historia de la guerra de Israel contra Amalec. De esta manera, los contornos de nuestro pasaje están bien definidos. Además, el pasaje contiene una historia completa con el planteamiento de un problema, el desarrollo y la solución divina.

Recuerda que lo primero que necesitamos para cocinar un conejo es el conejo. Pero eso es apenas el comienzo. Todavía nos falta recorrer un largo trecho antes de tenerlo servido en la mesa listo para comer. Ese es el camino que comenzaremos a transitar a partir del próximo capítulo.

9

Estudia el pasaje

"Vive el Señor, que lo que mi Dios me diga, eso hablaré"
(2 Crón. 18:13, LBLA)

"Hemos sido llamados a hablar por Dios. Dejemos que
sea Él quien hable, y que el hombre escuche. ¿Por qué
no permitir que la Palabra de Dios me quebrante y me
reconstruya, y luego transmitir ese mensaje transformador
a las personas a quienes amo y que anhelan lo mismo?"
(Byron Yawn)

Para predicar un pasaje de las Escrituras lo primero que hay que hacer es entenderlo. Eso puede parecer demasiado obvio como para tener que decirlo en un libro, pero a la luz de lo que está sucediendo en muchos púlpitos creo que es necesario recalcarlo una y otra vez. Somos administradores de los misterios de Dios. Lo que se requiere de nosotros no es que seamos relevantes ni populares, sino fieles (1 Cor. 4:1-2). Debemos predicar la Palabra, y eso significa... predicar la Palabra. Es imposible que expliquemos a otros lo que nosotros mismos no entendemos del todo. Cuando comprendemos el contenido del pasaje, hemos recorrido un largo trecho en la preparación del sermón.

Byron Yawn observa que los cohetes consumen tres cuartas partes del combustible para poder vencer la gravedad y llegar al espacio. El cuarto restante es suficiente para que pueda dar la vuelta y regresar. Esa es una buena ilustración —dice Yawn— de lo que ocurre con el predicador cada semana. "Invertimos la mayor parte de nuestra energía para escapar de la atracción gravitatoria de nuestra propia ignorancia. Una vez hemos salido de su alcance, las cosas se vuelven un poco más fáciles".[1] Pero antes de embarcarnos en esta tarea es necesario hacer una advertencia: el estudio sin devoción puede ser letal para el predicador.

¿Muerte por exégesis?

Pocos versículos de las Escrituras han sido tan mal interpretados, y con resultados tan funestos, como 2 Corintios 3:6: "la letra mata, mas el espíritu vivifica". Este texto ha llegado a ser para muchos una guarida en la que esconden su vagancia y la falta de diligencia en el estudio. Pero Pablo no está contrastando aquí a "los predicadores fríos y secos que preparan sus mensajes estudiando a fondo la Escritura" con aquellos que no tienen que estudiar porque "dependen del Espíritu". Más bien, está comparando el ministerio de la ley en el antiguo pacto con el ministerio de la justificación en el nuevo pacto (2 Cor. 3:7-11). Los predicadores que realmente dependen del Espíritu saben que deben trabajar con ahínco para entender las Escrituras porque el Espíritu no bendice la irresponsabilidad. Es el predicador el que debe procurar con diligencia presentarse "a Dios aprobado, como obrero que no tiene de qué avergonzarse, que usa bien la palabra de verdad" (2 Tim. 2:15). Si bien es cierto que Dios no necesita nuestra sabiduría, como bien nos recuerda el gran predicador norteamericano del siglo XIX, Henry C. Fish, "mucho menos necesitará nuestra estupidez".[2]

Sin embargo, es pertinente advertir que el ministerio de predicación puede llegar a ser muy nocivo para el predicador cuando divorcia la exégesis de su adoración y obediencia. Tan pronto como la Biblia llega a ser un libro de texto para preparar sermones, y Jesús se convierte en un mero tema de estudio, la vida espiritual del predicador está en peligro, y la de su congregación también. La exégesis debería incendiar nuestros corazones en devoción porque nos abre las puertas a un conocimiento más profundo de Dios a través de Su Palabra; cuando no es así el problema no está en la labor exegética en sí, sino en el corazón del exégeta.

La solución no es dejar de estudiar la Biblia en profundidad, sino arrepentirnos de nuestro pecado. El reconocido autor norteamericano Ken Gire incluye esta oración en uno de sus libros devocionales: "Perdóname cuando mi relación contigo se deteriora hasta llegar a ser un mero ejercicio académico […]. Cuando estoy más interesado en encontrar una referencia cruzada que en encontrarme contigo. Cuando el estudio de palabras me emociona más que la adoración […]. Ayúdame a entender que Tú te revelas, no a aquellos cuyas mentes son como concordancias, sino a aquellos cuyos corazones son como una catedral" (traducido por el autor).[3] Venir delante de Dios con arrepentimiento puede ser el primer paso para un ministerio de predicación que, en vez de mover a las personas a alabar la capacidad exegética del predicador o su maestría para estructurar el sermón de una forma lógica y ordenada, los empuja al abismo insondable de la contemplación del Dios de gloria que se revela en Su Palabra.

Contraponer la devoción a la erudición es una falsa dicotomía. No tenemos que elegir entre ser predicadores cerebrales o predicadores apasionados. La pasión por Dios comienza con el entendimiento; lo demás es mero misticismo sin sustancia. John Piper comentó en una entrevista que cuando era joven llegó a preguntarse "si de verdad era posible argumentar con una lógica afilada como un cuchillo y, al mismo tiempo, dejarse anonadar por lo que uno ve; que aquello que comprende a fondo le impulse a orar, cantar y dar saltos".[4] La vida y ministerio de Piper son una demostración de que tal cosa no solo es posible, sino deseable.

Comienza de rodillas

Estudiar las Escrituras es una labor muy ardua que produce una gran recompensa, siempre que inundemos todo el proceso en oración. Debemos acercarnos al estudio de la Biblia con el espíritu del salmista en el Salmo 119:

"Enséñame tus estatutos" (Sal. 119:12).

"Abre mis ojos, y miraré las maravillas de tu ley" (Sal. 119:18).

"Hazme entender el camino de tus mandamientos" (Sal. 119:27).

"Dame entendimiento, y guardaré tu ley, y la cumpliré de todo corazón" (Sal. 119:34).

Debemos ser conscientes de nuestras propias limitaciones al tratar de entender las Escrituras, tanto para nuestro propio beneficio como para el beneficio de otros a través de nuestra predicación. El ejemplo de Pablo es muy aleccionador en ese sentido. Pablo fue, probablemente, el predicador más poderoso y más capacitado que tuvo la Iglesia cristiana a lo largo de su historia. Y aun así suplica en sus cartas a las iglesias que oren por él para proclamar con eficacia el mensaje del evangelio.

Perseverad en oración, velando en ella con acción de gracias; orando también al mismo tiempo por nosotros, para que el Señor nos abra puerta para la palabra, *a fin de dar a conocer el misterio de Cristo*, por el cual también estoy preso, *para que lo manifieste como debo hablar* (Col. 4:2-4, énfasis agregado).

Pablo no pedía que oraran para que se abrieran las puertas de su prisión, sino para que Dios le concediera nuevas oportunidades de predicar la Palabra, aun estando preso, y para que pudiera hacerlo con eficacia. A los creyentes en Éfeso les pide que oren para que pueda proclamar a Cristo con denuedo, "como debo hablar" (Ef. 6:20). A la iglesia en Tesalónica les pide que oren "para que la palabra del Señor corra y sea glorificada, así como lo fue entre vosotros" (2 Tes. 3:1). Un ministerio de predicación será completamente ineficaz si no está bañado de oración de principio a fin. Debemos pedir en oración que Dios, por Su Espíritu, alumbre los ojos de nuestro entendimiento (Ef. 1:18).

Cuando se celebraron las reuniones de la Asamblea de Westminster en Inglaterra, a mediados del siglo XVII, en una ocasión, Richard Hooker hizo una larga apología a favor de la postura teológica conocida como "erastianismo",[5] que sostiene que el Estado tiene derecho a intervenir y regular los asuntos de la Iglesia. Algunos le pidieron al teólogo escocés George Gillespie que rebatiera sus argumentos, a pesar de que era el miembro más joven de la Asamblea. Tenía apenas 30 años de edad cuando comenzaron las reuniones en 1643 (murió 6 años más tarde). Gillespie había estado tomando notas mientras Hooker hablaba. Pero cuando sus amigos pudieron leer lo que había escrito, todo lo que encontraron fueron expresiones como "Trae luz, Señor", "Asístenos, Señor", "Señor, defiende Tu causa". Con esa misma actitud debemos emprender la tarea de entender el significado de las Escrituras.

Leer y releer: cuando el idioma español se convierte en una poderosa herramienta exegética

Es muy recomendable que todo predicador adquiera cierto conocimiento de las lenguas originales, ó que al menos pueda entender lo suficiente como para hacer uso de los buenos léxicos que tenemos disponibles. Pero es mucho lo que podemos aprender de un pasaje de las Escrituras leyéndolo y releyéndolo en oración en nuestro propio idioma. Ese es el primer paso que debemos dar para comenzar a familiarizarnos con el texto bíblico, y puede arrojarnos mucha luz sin necesidad de hacer todavía una exégesis meticulosa. Por ejemplo, el libro de Jonás comienza diciendo:

> Vino palabra de Jehová a Jonás hijo de Amitai, diciendo: Levántate y ve a Nínive, aquella gran ciudad, y pregona contra ella; porque ha subido su maldad delante de mí (Jon. 1:1-2).

Una primera lectura de estos dos versículos nos muestra varias cosas. Por un lado, vemos que todas las naciones de la tierra son responsables delante de Dios por su pecado. Nínive era una ciudad pagana, pero su maldad había provocado la ira de Dios. Vemos también que los siervos de Dios deben estar dispuestos a obedecerle, aun en aquellos encargos que no les son agradables.[6] Otros detalles se irán añadiendo a medida que avancemos en la lectura del resto del capítulo, así como del resto del libro.

En esta etapa de tu preparación, lee y relee el pasaje en varias versiones, y dales prioridad a las traducciones de equivalencia formal, pero sin descuidar las traducciones de equivalencia dinámica. Una traducción de equivalencia formal es aquella que intenta comunicar el contenido del pasaje de la manera más literal posible, palabra por palabra. La Reina-Valera y la Biblia de las Américas son traducciones de equivalencia formal. Las traducciones de equivalencia dinámica, como la Nueva Versión Internacional o la Nueva Traducción Viviente, intentan más bien transmitir la idea de acuerdo a la interpretación de los traductores. Este no es el lugar para discutir sobre técnicas de traducción, pero debo señalar que no debemos descansar en las traducciones de equivalencia dinámica para tomar decisiones interpretativas. Sin embargo, estas traducciones pueden ser muy útiles para ver el pasaje con otros ojos.

A medida que vas leyendo el pasaje en diferentes versiones, toma nota de los puntos que tienen en común, así como de las variaciones. Ese simple ejercicio te mostrará cuáles son las partes del texto a las que tendrás que poner mayor atención para determinar su significado.

Tuve la oportunidad de predicar una serie consecutiva sobre el Discurso del aposento alto. Al llegar a Juan 14:15 me di cuenta de que había una diferencia entre la Reina-Valera 1960 y la Biblia de las Américas. En la RVR1960 dice: "Si me amáis, *guardad* mis mandamientos"; mientras que la LBLA lo traduce: "Si me amáis, *guardaréis* mis mandamientos". La idea que transmite esta última traducción es que si amamos al Señor *el resultado será* que guardaremos Sus mandamientos. Al acudir al texto griego me di cuenta de que la LBLA nos brinda una mejor traducción, ya que el verbo que se traduce como "guardar" está en futuro activo indicativo. Otras declaraciones en el resto del pasaje corroboran esta interpretación:

v. 21: "El que tiene mis mandamientos, *y los guarda*, ése es el que me ama".

v. 23: "El que me ama, *mi palabra guardará*".

v. 24: "El que no me ama, *no guarda mis palabras*".

¿Cuál es, entonces, la enseñanza de Juan 14:15? Que todo aquel que de verdad ama a Jesús lo evidenciará guardando Sus mandamientos. La lectura de la Biblia en varias versiones puede ser muy iluminadora para acercarnos al significado del texto bíblico.

Deja que el contexto te tome de la mano hacia la intención del autor

Hay un dicho muy famoso que dice: "un texto sin contexto es un pretexto". Lo que esto significa —dice el profesor de Interpretación del Nuevo Testamento Robert Plummer— es "que un predicador se sentirá inclinado a verter en un texto sus propios prejuicios si no permite que el contexto le dirija a la intención del autor".[7] Más adelante añade: "Yo les digo a mis estudiantes que se mantengan en el texto bíblico como un jinete en un rodeo se aferra a un toro. Y también les advierto que las únicas personas en la plaza que no están montadas sobre los toros son los payasos".[8]

Se cometen muchos errores en la interpretación de la Biblia por no considerar con cuidado la conexión de una declaración, ya sea con el resto del pasaje, con el contenido general del libro en que se encuentra o con el resto de las Escrituras.

Caso #1: ¿cuántos predicadores han usado Isaías 1:5-6 para hablar de la terrible condición espiritual en la que se encuentra el hombre pecador? "Toda cabeza está enferma, y todo corazón doliente. Desde la planta del pie hasta la cabeza no hay en él cosa sana, sino herida, hinchazón y podrida llaga; no están curadas, ni vendadas, ni suavizadas con aceite". Si observamos este texto en su contexto, veremos que el profeta está hablando más bien del castigo que había recibido la nación de Israel por sus pecados, hasta el punto de que había llegado a parecerse a un hombre tan duramente azotado que estaba todo lleno de llagas.

Más de una vez me acerqué a un pasaje de la Biblia con una idea preconcebida de lo que significaba, para descubrir después que yo estaba equivocado. Ese descubrimiento ha venido muchas veces por el simple ejercicio de poner atención cuidadosa al contexto del pasaje, tanto al contexto inmediato como al contexto general del libro en que se encuentra.

Caso #2: hace poco tiempo leí una meditación bíblica basada en el texto de 2 Timoteo 3:5: "Que tendrán apariencia de piedad, pero negarán la eficacia de ella; a éstos evita". El autor del devocional nos dice que ese es un signo de muchos creyentes hoy día: conocen los principios de las Escrituras, pero a la hora de actuar niegan su eficacia. Entre los ejemplos que él usa para demostrar su idea, menciona: 1) la vida devocional: saben que es importante comenzar el día en la presencia de Dios, pero no lo hacen; 2) el diezmo: saben que es la clave para la sobreabundancia, pero honran otros compromisos antes que ser fieles a Dios en esto; 3) el trabajo: saben que Dios bendice la diligencia, pero no son esforzados ni cuidadosos en lo que hacen; y así continúa con unas cuantas aplicaciones más que supuestamente se derivan del texto.

Por cierto, es muy penoso que los creyentes manifestemos tanta inconsistencia entre lo que decimos creer y lo que hacemos en la práctica, pero ¿es ese el problema que Pablo está denunciando aquí? Cuando leemos la segunda carta de Pablo a Timoteo de principio a fin, notamos la preocupación del apóstol por la permanencia del evangelio después de su partida (2 Tim. 4:6-8). Por eso exhorta a su hijo en la fe a mantenerse fiel a "la forma de las sanas palabras que de mí oíste, en la fe y amor que es en Cristo Jesús" (2 Tim. 1:13). Timoteo debía guardar "el buen depósito", refiriéndose al evangelio, en dependencia del Espíritu Santo (2 Tim. 1:14). Él debía guardar el evangelio como se guarda un tesoro de inmenso valor y hermosura; una de las maneras de hacerlo es protegiéndolo de intrusos, es decir de los falsos maestros. Al llegar al capítulo 3, vemos que Pablo insiste en contrastar a Timoteo con esas personas que solo tienen "apariencia de piedad", pero niegan su eficacia:

"Pero tú…" (2 Tim. 3:10).

"Pero persiste tú…" (2 Tim. 3:14).

"Pero tú…" (2 Tim. 4:5).

Por lo tanto, Pablo está hablando aquí de personas impías que tienen una mera apariencia de piedad, no de creyentes que manifiestan incoherencia entre lo que conocen y lo que practican. Un texto sin contexto es un pretexto para decir cualquier cosa. Tanto Jesús como los apóstoles citaron a menudo textos aislados del Antiguo Testamento; en algunos casos resulta muy iluminador considerar el contexto inmediato de esos textos que citaron.

Caso #3: ¿recuerdas cuando el Señor Jesucristo acusó a los judíos de haber convertido el templo en una cueva de ladrones? El Señor está citando aquí un pasaje que se encuentra en el capítulo 7 del libro del profeta Jeremías. En el tiempo de Jeremías, muchos judíos pensaban erróneamente que eran inmunes al castigo de Dios porque contaban con la bendición de tener el templo en medio de ellos. "No fiéis en palabras de mentira, diciendo: Templo de Jehová, templo de Jehová, templo de Jehová es este" (Jer. 7:4). El templo era para ellos una especie de talismán que los protegería de la invasión babilónica. Ese falso sentido de seguridad era un incentivo para continuar viviendo en pecado:

> He aquí, vosotros confiáis en palabras de mentira, que no aprovechan. Hurtando, matando, adulterando, jurando en falso, e incensando a Baal, y andando tras dioses extraños que no conocisteis, ¿vendréis y os pondréis delante de mí en esta casa sobre la cual es invocado mi nombre, y diréis: Librados somos; para seguir haciendo todas estas abominaciones? ¿Es cueva de ladrones delante de vuestros ojos esta casa sobre la cual es invocado mi nombre? (Jer. 7:8-11).

La ciudad de Jerusalén tenía muchas cuevas en sus alrededores que los ladrones usaban como escondites para escapar de la justicia. Lo que Jesús está diciéndoles a los judíos al citar este pasaje de Jeremías es que ellos estaban haciendo lo mismo que sus antepasados: usaban el templo como una especie de cueva en la que podían esconderse de la ira de Dios después de cometer sus fechorías. En vez de acudir a la casa de Dios para arreglar sus cuentas con Él, se ocultaban detrás de sus ritos y ceremonias para seguir viviendo sus vidas como les diera la gana. Habían convertido el templo en una cueva de ladrones. El uso que hace Jesús de estas palabras en Jeremías 7:11 es un excelente ejemplo de lo que significa citar cada texto en su contexto.

La bendición en la sintaxis

El Diccionario de la Real Academia define la sintaxis como: "Parte de la gramática que estudia el modo en que se combinan las palabras y los grupos que estas forman para expresar significados, así como las relaciones que se establecen entre todas esas unidades". De nada nos sirve entender las palabras que componen una oración, si no podemos captar el significado de la oración misma, y cómo se relaciona con otras oraciones en el mismo contexto. A través de un estudio gramatical es como llegamos a la comprensión del pasaje, poniendo atención a las conjunciones, los adverbios y las preposiciones a través de los cuales se van ensamblando las ideas.

Ejemplo #1: lee con detenimiento la siguiente porción de la Carta a los romanos; pon especial atención en las palabras resaltadas por mí en cursiva:

Así que, en cuanto a mí, pronto estoy a anunciaros el evangelio también a vosotros que estáis en Roma. *Porque* no me avergüenzo del evangelio, *porque* es poder de Dios para salvación a todo aquel que cree; al judío primeramente, y también al griego. *Porque* en el evangelio la justicia de Dios se revela *por* fe y *para* fe, como está escrito: Mas el justo *por* la fe vivirá. *Porque* la ira de Dios se revela desde el cielo contra toda impiedad e injusticia de los hombres que detienen con injusticia la verdad; *porque* lo que de Dios se conoce les es manifiesto, *pues* Dios se lo manifestó. *Porque* las cosas invisibles de él, su eterno poder y deidad, se hacen claramente visibles desde la creación del mundo, siendo entendidas por medio de las cosas hechas, *de modo* que no tienen excusa (Rom. 1:15-20, énfasis agregado).

El *"Así que"* con el que se inicia este pasaje conecta lo que sigue a continuación con el interés que Pablo ha manifestado ya de visitar la iglesia en Roma (Rom. 1:8-12), lo cual había sido infructuoso hasta ese momento (Rom. 1:13-15). Pablo quiere ir a Roma a predicar el evangelio porque es poder de Dios para salvación (v. 16b). Ese poder opera al revelar que toda la raza humana, judíos y gentiles, puede ser justificada delante de Dios únicamente por medio de la fe en Jesucristo (v. 17). Todos necesitan esa salvación porque todo el mundo está bajo la ira de Dios por haber detenido con injusticia la verdad (v. 18). ¿De qué verdad está hablando Pablo aquí? De las cosas invisibles de Dios que se revelan con claridad a través de la Creación, es decir, "Su eterno poder y deidad" (vv. 19-20). De este modo, nadie tiene excusa delante de Dios por su incredulidad, ni siquiera los paganos que nunca tuvieron una Biblia en sus manos ni escucharon el mensaje del evangelio. Ya sea que prediquemos todo el pasaje, o algún versículo en particular, entender el flujo de pensamiento será de gran ayuda para su correcta interpretación.

Hay diversas formas de estructurar un texto para descubrir su flujo de pensamiento, las cuales no podemos explicar con detalle en este libro.[9] Lo importante es que podamos discernir cómo se relacionan entre sí las diversas partes que componen una oración o un párrafo.

Ejemplo #2: el conocido pasaje de Esdras 7:10 nos provee un buen ejemplo: "Porque Esdras había preparado su corazón *para* inquirir la ley de Jehová *y para* cumplirla, *y para* enseñar en Israel sus estatutos y decretos" (énfasis agregado).[10] El flujo de pensamiento se verá con más claridad si hacemos un diagrama sencillo:

Esdras había preparado su corazón
    para inquirir en la ley de Jehová (estudiarla)
      y para cumplirla, (obedecerla)
      y para enseñar a Israel (enseñarla)
          sus estatutos
          y decretos.

La palabra *para*, así como la frase *y para*, nos provee la clave para una mejor comprensión del flujo de pensamiento del pasaje. Estructurar el pasaje de esa manera será de gran ayuda cuando tengamos que estructurar el sermón. Un posible bosquejo de ese texto puede ser el siguiente:

I.   Esdras preparó su corazón para estudiar la ley de Jehová.
II.   Esdras preparó su corazón para obedecer la ley de Jehová.
III. Esdras preparó su corazón para enseñar la ley de Jehová.

Ejemplo #3: veamos un ejemplo más, esta vez con un texto más breve. En Juan 8:45 el Señor dice a los judíos: "Y a mí, *porque* digo la verdad, no me creéis". Ese "porque" juega un papel determinante en esta oración. Lo que está diciendo aquí no es solo que ellos no querían creerle, *a pesar* de decirles la verdad. La acusación es mucho más seria: la razón por la que rehusaban creerle era precisamente porque Él decía la verdad. "Y a mí, *porque* digo la verdad, no me creéis". Más adelante, en Juan 14:16-17 Jesús promete a los discípulos enviarles al Consolador, "el Espíritu de verdad, al cual el mundo no puede recibir". La razón por la que el mundo no puede recibir al Espíritu de verdad es porque no quiere la verdad que el Espíritu revela.

Presta atención a los detalles

La estructura general del pasaje es muy importante, pero los detalles también lo son: palabras clave, aspectos de la cultura en la que se desarrolla una historia, datos geográficos, por citar algunos. Eso no solo nos ayuda a entender mejor el pasaje, sino que puede ser muy enriquecedor en la exposición del mensaje. Algunos recursos como los diccionarios bíblicos, los comentarios y los léxicos pueden ser de mucha ayuda para obtener este tipo de información.

Ejemplo: al predicar el capítulo 6 del Evangelio de Marcos, llegamos a la segunda mitad del versículo 6 donde dice que Jesús "recorría las aldeas de alrededor, enseñando" (Mar. 6:6b). Este dato no parece impresionante hasta que conocemos el hecho de que la región de Galilea estaba compuesta por más de 200 pueblos y aldeas diseminadas en una superficie de unos 80 km de largo por 40 km de ancho, es decir, unos 3200 km^2. Y esta era la tercera vez que Jesús llevaba a cabo una de estas giras durante Su ministerio, predicando y sanando todo tipo de enfermedad. ¡Esto tiene que haber sido muy agotador! Ese detalle geográfico ayudará a nuestro auditorio a ver con otros ojos la compasión del Señor Jesucristo y lo que implicó Su ministerio de predicación y enseñanza.

Busca también referencias cruzadas

Como la Biblia es su mejor intérprete, debemos buscar otros textos contenidos en ella que puedan arrojarnos luz para entender mejor el pasaje que estamos estudiando. La mayoría de las Biblias vienen con esta ayuda incluida. También algunos programas informáticos nos proveen muchas referencias cruzadas que enriquecerán el estudio de las Escrituras.

Ejemplo: Juan 20:21-22 dice que el Señor Jesucristo se apareció a los apóstoles en el lugar donde estaban reunidos y les dijo: "Paz a vosotros. Como me envió el Padre, así también yo os envío. Y habiendo dicho esto, sopló, y les dijo: Recibid el Espíritu Santo". Hay otros pasajes de las Escrituras que hacen referencia a este "soplo de Dios":

Génesis 2:7: "Entonces Jehová Dios formó al hombre del polvo de la tierra, y sopló en su nariz aliento de vida, y fue el hombre un ser viviente".

Job 33:4: "El espíritu de Dios me hizo, y el soplo del Omnipotente me dio vida".

Salmo 33:6: "Por la palabra de Jehová fueron hechos los cielos, y todo el ejército de ellos por el aliento de su boca".

Ezequiel 37:9: "Y me dijo: Profetiza al espíritu, profetiza, hijo de hombre, y di al espíritu: Así ha dicho Jehová el Señor: Espíritu, ven de los cuatro vientos, y sopla sobre estos muertos, y vivirán".

Todos estos textos del Antiguo Testamento que hacen referencia a este "soplo" tienen a Dios como sujeto. Por lo tanto, Jesús se presenta en este pasaje como el Dios vivo y verdadero que imparte vida espiritual por medio de la obra del Espíritu.

El uso de buenos comentarios... en el momento apropiado

Muchos predicadores sentimos la tentación de acudir demasiado rápido a los comentarios bíblicos antes de tratar de averiguar por nosotros mismos el significado del pasaje. Ese es un error del que no estoy exento. Si fuiste llamado por Dios a predicar Su Palabra, debes ser apto para enseñar y eso incluye la capacidad de entender la Biblia. Recuerda que tu labor consiste en predicar la Palabra, no lo que otros dicen acerca de ella. Ora al Señor y lee el pasaje que vas a predicar, léelo en varias versiones, trata de discernir su estructura, medita en él; y sigue orando.

Cuando hayas hecho tu trabajo y estés a punto de estructurar el sermón, ese es un buen momento para abrir tus comentarios. Los buenos comentarios pueden ser de mucha ayuda para confirmar que estás bien encaminado en tu interpretación del pasaje. También constituyen una buena herramienta para resolver dificultades exegéticas e interpretativas, para ver si hay algo del contexto o trasfondo del pasaje que no conocías, o alguna conexión lógica de su estructura que hayas pasado por alto, o ¡simplemente para darte cuenta de que otros tuvieron la misma confusión que tú sobre el significado de un texto bíblico!

Y ahora, ¿qué hago con toda esta información?

Después de reunir información acerca de un pasaje, todavía no estamos listos para preparar un sermón. Necesitamos ser capaces de ver el todo, entender lo que el Espíritu Santo quiere decir en esa porción de las Escrituras. Como bien señala Byron Yawn: "Independientemente del género, cada pasaje fue escrito en una situación determinada para abordar una necesidad concreta, transmitir una lección específica o capturar un momento particular de la providencia divina [...]. A menudo estamos tan inmersos en los detalles de la exégesis que no nos damos cuenta de cuál es la idea que nos transmite el escritor bíblico".[11] Necesitamos ver con claridad cuál es el argumento que da cohesión y significado a los detalles. Toda la información que podemos reunir durante la etapa de investigación y exégesis es como las piezas de una bicicleta desarmada: interesantes, pero inútiles.[12]

El presidente del Covenant Theological Seminary, Bryan Chapell, escribió una obra monumental de predicación expositiva titulada *Christ-Centered Preaching* (Predicación Cristo-céntrica), en la que sugiere algunas preguntas que ayudarán al expositor a tomar la información adquirida a través de la exégesis para poder convertirla en un sermón.

1. ¿Qué significa el pasaje?
2. ¿Cómo sé lo que significa el pasaje?
3. ¿Qué motivó la escritura de este pasaje?
4. ¿Qué tenemos en común con aquellas personas para quienes se escribió el pasaje?
5. ¿Cómo debemos responder a las verdades presentadas en el pasaje?
6. ¿Cuál es la manera más eficaz de transmitir el significado del pasaje?

Las primeras tres preguntas nos ayudan a entender el texto; las otras tres a presentarlo en una forma eficaz. Estas últimas preguntas nos llevan de la mano a lo que Chapell ha llamado "el enfoque de la condición caída", que no es otra cosa que "la condición humana mutua que comparten los cristianos actuales con aquellos para quienes o sobre quienes se escribió el pasaje, que requiere la gracia del Dios del pasaje para glorificarle o disfrutar de Él".[13]

Byron Yawn ha reducido estas preguntas diagnósticas a tres:

1. ¿Qué dice el texto bíblico? (exégesis)
2. ¿Qué quiere decir el texto con lo que dice? (interpretación)
3. ¿Qué efecto pretende producir el escritor en su público? (intención)

Esa tercera pregunta es la que nos provee el punto de partida para llegar desde la hermenéutica hasta la homilética, desde la exégesis y la interpretación hasta la preparación del sermón.

Ejemplo #1: pensemos en el conocido pasaje de 2 Timoteo 3:16-17: "Toda la Escritura es inspirada por Dios, y útil para enseñar, para redargüir, para corregir, para instruir en justicia, a fin de que el hombre de Dios sea perfecto, enteramente preparado para toda buena obra". Citamos este pasaje a menudo para probar la inspiración y suficiencia de las Escrituras, y con razón. Pero ¿qué movió al apóstol Pablo a tratar este tema en este punto de su carta? Es obvio que no estaba impartiendo una lección de bibliología a su hijo en la fe.

¿Cuál es, entonces, la intención del pasaje? La respuesta, de nuevo, la encontramos en el contexto. Me he referido ya antes a que en esta carta Pablo exhorta a Timoteo a proteger el evangelio ante la amenaza de los falsos maestros, hombres que tendrán "apariencia de piedad, pero negarán la eficacia de ella" (2 Tim. 3:5). Timoteo debía persistir en el legado que había recibido y mantenerse aferrado a las Escrituras que había conocido desde la niñez, "las cuales te pueden hacer sabio para la salvación por la fe que es en Cristo Jesús" (2 Tim. 3:15). Es en ese contexto que ahora Pablo le recuerda el origen divino de las Escrituras y su utilidad para "enseñar, para redargüir, para corregir, para instruir en justicia…" (2 Tim. 3:16); y es en ese mismo contexto que, más adelante, lo exhorta a predicar la Palabra (2 Tim. 4:2), aunque muchos prefieran las enseñanzas de los falsos maestros (2 Tim. 4:3-4). ¿Cuál es, entonces, la intención del apóstol? Fortalecer la fe de Timoteo en la Palabra de Dios como el único medio para salvar y santificar, con el propósito de que se mantenga aferrado a ella él mismo y la ministre a otros.

Al predicar este pasaje debemos apuntar hacia el mismo objetivo del autor: llevar a nuestros oyentes a tener tal confianza en las Escrituras que ningún viento de doctrina pueda moverlos a descansar en ninguna otra cosa aparte de la revelación bíblica para su propia salvación y santificación, así como para la salvación y santificación de otros. Los miembros de nuestras iglesias también corren el peligro de querer que les acaricien el oído con palabras agradables o que sus pastores cambien la predicación de la Palabra por otras cosas que parezcan más suaves y atractivas para las personas de nuestra generación. Ellos también necesitan la enseñanza central de este pasaje de la segunda carta de Pablo a Timoteo.

Descubrir la idea central del pasaje nos ayuda a ser claros y estar enfocados en nuestra predicación. No se trata de que seamos un comentario bíblico ambulante intentando cubrir hasta el más mínimo detalle. Por el contrario, predicamos un mensaje, lo que el Espíritu Santo quiere decirnos a través de todas las ideas, los argumentos, los mandamientos y las enseñanzas contenidas en el pasaje.

Ejemplo #2: los hermanos Chip y Dan Heath, dos reconocidos autores norteamericanos, describen este proceso para encontrar la esencia de lo que se dice, con estas palabras:

> Encontrar la esencia significa desmontar una idea hasta llegar
> a su meollo crítico. Para llegar a ese centro, hemos de descartar

los elementos superfluos y tangenciales. Pero esa es la parte fácil. Lo más difícil es descartar las ideas que son realmente importantes, pero que no son las más importantes.[14]

Ellos cuentan la historia de un escritor exitoso que, en sus inicios en la clase de periodismo en la escuela secundaria, había aprendido a prestar atención a lo que realmente importa. "Un día, el profesor pidió a los alumnos que escribieran un titular periodístico basándose en algunos detalles concretos que les dio en clase. El trabajo de los estudiantes consistía en examinar esos detalles y luego condensar su énfasis principal en una frase sucinta". Estos son los hechos:

> Kenneth L. Parker, director de la Beverly Hills High School, ha anunciado hoy que toda la facultad de la escuela viajará a Sacramento el próximo jueves para asistir a un coloquio sobre nuevos métodos docentes. Entre los oradores figuran la antropóloga Margaret Mead, el presidente del instituto R. Robert Maynard Hutchins y el gobernador de California, Edmund 'Pat' Brown.

Después de que los estudiantes leyeron los titulares que habían compuesto, muchos de los cuales no eran más que meras reformulaciones de los datos que les fueron suministrados, el profesor sorprendió a todos declarando que la historia central era esta: "El próximo jueves no hay clases". El impacto de esta experiencia fue imborrable para este escritor: "Fue un momento sobrecogedor […]. En aquel instante me di cuenta de que el periodismo no consistía solamente en regurgitar los datos, sino en encontrar la idea subyacente. No bastaba con saber el quién, qué, cuándo y dónde; había que entender qué significaba. Y por qué era importante".[15]

Esta última declaración es muy reveladora, porque de eso se trata en la predicación. Creo que el problema de muchos expositores es que se limitan a "regurgitar datos" en vez de explicar lo que el pasaje significa y por qué es importante.

Una avenida que pasa por el Calvario

Como ya vimos en detalle en el capítulo 7, Cristo es el gran tema de las Escrituras y, por lo tanto, de un modo u otro Él debe ser el gran tema de nuestra predicación. Para hacer una exégesis correcta del texto bíblico tenemos que movernos primero hacia sus lectores originales de modo que podamos entender el texto en su contexto. Pero al transitar el camino de vuelta desde ellos hacia nosotros, debemos pasar primero a través de los hechos redentores del evangelio que giran en torno a la persona y la obra de nuestro Señor Jesucristo. En otras palabras, la avenida que une el pasaje bíblico con nosotros pasa primero por el Calvario.

David Helm se refiere a esta fase de la preparación como "la reflexión teológica" y lo explica de la siguiente manera: "En términos simples, es una disciplina rigurosa y llena de oración que implica tomarse el tiempo para meditar en mi texto y ver cómo se relaciona con el plan de redención de Dios. Es un ejercicio que plantea la pregunta de cómo mi pasaje se relaciona con la Biblia como un todo, especialmente con los actos salvíficos de Dios en Jesús".[16]

Ejemplo #1: supongamos que estamos predicando sobre la historia de Moisés y la forma milagrosa en la que Dios lo cuidó siendo un niño, a pesar de la amenaza de Faraón. El predicador puede enfocar este acontecimiento como ilustración de una verdad bíblica: Dios cuida a los Suyos (Ex. 2:1-10). En tal caso estamos presuponiendo que lo que le sucedió a Moisés en esa situación particular puede aplicarse a todos los hijos de Dios en cualquier contexto. Este es el tipo de aplicaciones que escuchamos a menudo en clases de Escuela Dominical. Por suerte para muchos maestros, no siempre aparecen niños avispados que preguntan: "¿Y qué pasó con el resto de los niños que sí fueron ahogados en Egipto?".

Al usar esta historia como una mera ilustración del cuidado de Dios, estamos ignorando por completo la importancia teológica de Moisés y su preservación en ese momento crítico de la historia redentora. En última instancia, Dios protegió a Moisés por amor a Su Iglesia, para que el Salvador pudiera venir al mundo a través de ese pueblo que iba a ser libertado de la esclavitud. De este modo, sí podemos extraer de esta historia una aplicación relacionada con el cuidado de Dios sobre Su pueblo. Pero si la interpretamos adecuadamente, no nos llevará a decir que Dios siempre librará a los creyentes de sufrir daños físicos; de lo que sí podemos estar seguros es de que ninguna amenaza, humana o demoníaca, hará fracasar Sus planes para la gloria de Su Nombre y la bendición final de los Suyos.

Ejemplo #2: o supongamos que estamos predicando Santiago 3:1-12. Si nos limitamos a decir que debemos controlar la lengua, estamos usando el texto para moralizar. Lo que Santiago nos dice, en realidad, es que no podemos controlar la lengua con nuestras propias fuerzas. Eso es imposible… sin la gracia divina. De ahí lo que Santiago continúa diciendo acerca de la sabiduría que viene de lo alto, en los versículos 13 al 18.[17]

El principio fundamental que estamos presentando es que, al moverte del texto bíblico a tu audiencia, nunca tomes ningún atajo; camina siempre por la avenida que pasa por el Calvario, donde Dios manifestó Su gracia a pecadores que no pueden salvarse a sí mismos del castigo y del poder del pecado.

Trabajemos en nuestro sermón expositivo

El libro de Éxodo puede organizarse en dos grandes secciones: la primera comprende los capítulos 1 al 19; allí se narra la esclavitud de Israel en Egipto y su liberación por la mano poderosa de Dios. La segunda sección va del capítulo 20 al 40, donde vemos a Dios entregando la Ley a Su pueblo redimido e impartiendo instrucciones a Moisés para la construcción del Tabernáculo, el lugar donde Él habría de manifestar Su presencia especial. Esta estructura general del libro nos muestra que la salvación es por gracia, llevada a cabo por Dios "por el puro afecto de Su voluntad", como dirá Pablo cientos de años más tarde en Efesios 1:5. La Ley es dada por Dios en el monte Sinaí, no para ganar la "salvación" o la "liberación". Dios les recuerda antes de recibir la Ley que ellos ya habían sido liberados/salvados (comp. Ex. 20:1-2). Dios se declara de antemano el Dios de este pueblo. Los redime ante la Ley, por lo que la obediencia del pueblo no es un intento desesperado por ganarse Su favor. Esa es la tesis que Pablo defiende en su Carta a los gálatas: la Ley no anula la promesa dada por Dios a Abraham (Gál. 3:17). Los israelitas fueron libertados de la esclavitud en Egipto, no por ninguna cosa buena que hubiera en ellos, sino por causa del pacto que Dios en Su soberanía había concertado con Abraham (Ex. 3:13-17).

Nuestro pasaje se encuentra en la primera sección del libro, a principios del capítulo 17, y muestra de una forma contundente que este pueblo no merece la salvación de la que ha sido objeto. De esta manera, esta historia resalta la Soberanía de Dios en la elección de Su pueblo y Su disposición a salvarlos a pesar de sus pecados. La historia comienza cuando los hijos de Israel partieron del desierto de Sin, "conforme al mandamiento de Jehová", y acamparon en un lugar llamado Refidim, donde no había agua. Era una situación realmente peligrosa. En un lugar como el desierto de Sinaí, la deshidratación se produce en cuestión de horas. Si no encontraban agua para beber, todos iban iba a morir en muy poco tiempo.

Los israelitas, entonces, se quejaron contra Dios; y no era la primera vez que lo hacían después de la salida de Egipto (Ex. 14:11,12; 15:24; 16:2). Tampoco era la primera vez que se quejaban porque no tenían agua para beber; ya habían pasado por una situación similar en un lugar llamado Marah. Pero en cada una de esas ocasiones anteriores Dios les había provisto, de manera que ellos debieron confiar en el poder y la bondad de Dios y clamar a Él suplicando Su ayuda. Pero los israelitas decidieron, en cambio, entablar una demanda judicial contra Dios y contra Moisés, como lo muestran algunas palabras clave del pasaje.

La palabra *altercar* (v. 2) proviene de la raíz hebrea *rib* que describe una acción legal (comp. Jer. 25:31; Miq. 6:1–8; la palabra Meriba proviene de esta raíz). *Tentar* significa 'poner a prueba'. Aunque ellos contendieron con Moisés, en realidad estaban poniendo a prueba a Dios para ver si Él cumpliría Sus promesas, como vemos en el versículo 7: "Y llamó el nombre de aquel lugar Masah y Meriba, por la rencilla de los hijos de Israel, y porque tentaron a Jehová, diciendo: ¿Está, pues, Jehová entre nosotros, o no?".

Israel está acusando a Dios de abandonarlos en el desierto y, por lo tanto, de violar lo que había prometido en Su pacto. En otras palabras, ¡estaban diciendo que Dios era un mentiroso y un genocida! Los había sacado de Egipto con promesas falsas para llevarlos al desierto a morir de sed. Moisés se da cuenta de que el pueblo está a punto de apedrearlo (Ex. 17:4). Si prestamos atención al significado de las palabras *altercar* y *tentar*, no debemos imaginar al pueblo simplemente como una turba airada, sino como un grupo de hombres que ponen en marcha una acción judicial.

Ya que no pueden aplicarle a Dios la pena capital, están a punto de aplicarla sobre Moisés.

Dios le ordena a Moisés que tome consigo a algunos ancianos de Israel, que ejercían como jueces, y que se coloque delante del pueblo sosteniendo en su mano la vara con la que había golpeado el río Nilo; esta vara era a la vez un símbolo de autoridad y de castigo (Deut. 25:1-3; Isa. 30:32). Pero entonces la historia toma un giro inesperado: "He aquí que yo estaré delante de ti allí sobre la peña en Horeb; y golpearás la peña, y saldrán de ella aguas, y beberá el pueblo. Y Moisés lo hizo así en presencia de los ancianos de Israel" (Ex. 17:6).

El pueblo ha pecado, pero la vara de Moisés no se alza contra Israel, sino contra una roca, un símbolo que la Biblia usa a menudo para referirse a Dios mismo (Deut. 32:3-4,15,18,31; en dos salmos que mencionan los lugares de Masah y Meriba, se hace referencia a Dios como la "roca": Sal. 78:35; 95:1). Cuando Moisés golpea la roca, emana tanta agua que sacia plenamente la sed del pueblo. Dice en el Salmo 78:20 que el torrente de agua era tal que inundó la tierra. Y en el Salmo 105:41 dice que las aguas "corrieron por los sequedales como un río".

¡Impresionante! El pueblo que merece ser castigado por su pecado recibe a cambio toda el agua que necesita para calmar su sed, porque Dios decidió recibir el castigo que ellos merecían. Cientos de años más tarde, el apóstol Pablo haría alusión a esta historia, en 1 Corintios 10:4, diciendo que "todos bebieron la misma bebida espiritual; porque bebían de la roca espiritual que los seguía, y la roca era Cristo".

La estructura del pasaje es la siguiente:

I.   Dios prueba la fe del pueblo al colocarlos en una situación de gran peligro (Ex. 17:1).

II. El pueblo peca gravemente contra Dios, quejándose contra Él y poniendo en duda Sus promesas (Ex. 17:2–3,7).

    A. Demandaron Su provisión (Ex. 17:2).

    B. Dudaron de Su protección (Ex. 17:3).

    C. Dudaron de Su presencia (Ex. 17:7).

III. El pueblo entabla una demanda judicial contra Dios acusándolo de haber violado Su pacto (eso es evidente por las palabras que se usan en el pasaje y por la orden que Dios le da a Moisés).

IV. Moisés clama a Dios al ver las intenciones del pueblo de aplicarle la pena capital (Ex. 17:4).

V. Dios toma la decisión de preservar al pueblo, asumiendo el castigo que ellos merecen por su pecado (Ex. 17:5–6).

Este pasaje nos muestra de una forma memorable cómo Dios perdona a Su pueblo ingrato y rebelde a costa de un gran sacrificio. Ahora estamos preparados para tomar esta información, que hemos visto de forma sucinta, y convertirla en un sermón.

10

Estructura el sermón

"... aunque el poder que le da éxito a la predicación es sobrenatural, hay maneras eficaces e ineficaces de predicar el evangelio" (Henry C. Fish)

"De Pablo y Bernabé se dijo en una ocasión particular que 'hablaron de tal manera que creyó una gran multitud de judíos, y asimismo de griegos' (Hech. 14:1). Aunque Soberano, el Ser divino no es un Soberano arbitrario; no se puede negar que tanto en las operaciones de la gracia como en las de la naturaleza, hay una conexión general entre los medios y el fin. Por lo tanto, aquello que afectará al hombre sin el Espíritu, podemos esperar que será empleado por el Espíritu para producir convicción en el corazón. De otro modo, el tipo de predicación sería un asunto de completa irrelevancia" (Henry C. Fish)

A diferencia de otros países, en República Dominicana no se perciben los cambios de estación. De hecho, bien podría decirse que solo tenemos dos estaciones durante el año: verano e "infierno". Sin embargo, hay algunos lugares montañosos donde la temperatura puede bajar tanto en cierta época del año que se necesita encender una chimenea. Un principio fundamental para llegar a tener un buen fuego es colocar la madera de una forma adecuada; cuando la madera no está bien colocada, el fuego se enciende muy lento y produce más humo que calor. Algo similar sucede con los sermones.

Los sermones más usados por Dios suelen ser aquellos que poseen una estructura adecuada que permite transmitir eficazmente el mensaje de las Escrituras, de la mente y el corazón del predicador a la mente y el corazón de los oyentes. Un ejército es más efectivo que una turba, aunque tenga la misma cantidad de gente. Si presentamos a nuestro auditorio un conjunto de ideas inconexas, sin un orden lógico ni una meta clara, el sermón como tal será ineficaz. Puede ser que los hermanos se beneficien con una frase aquí y otra allá, pero en el mejor de los casos ese será todo el bien que podremos hacer.

El predicador metodista inglés William E. Sangster, admitió que "un sermón puede no tener forma y, por la gracia de Dios, no ser completamente vacío". Pero luego agregó que "esto casi pertenece a la categoría de milagro. Ningún sermón es realmente sólido si su estructura no es también sólida".[1] Y John Stott comenta lo siguiente acerca de este asunto: "Tal como los huesos sin carne conforman un esqueleto, la carne sin huesos forman una medusa. Y ni los esqueletos huesudos ni las medusas hacen buenos sermones".[2]

Debemos recordar que estamos predicando la Palabra de Dios a hombres y mujeres creados a Su imagen, y nuestro Dios es un Dios de orden. Todo lo que Él ha creado lleva ese sello. Él no creó todas las cosas de una vez, sino a través de una secuencia, y en un orden lógico. Y lo mismo vemos en Su revelación; hay un orden progresivo en la Escritura. Toda la Biblia fue escrita de acuerdo a un plan. Si vamos a predicarla eficazmente debemos imitar en esto a su Autor.

Ejemplo: en la introducción de su Evangelio, Lucas le dice a Teófilo que él se esforzó en desarrollar todo su material en un orden determinado. "Me ha parecido también a mí, después de haber investigado con diligencia todas las cosas desde su origen, escribírtelas por orden, oh excelentísimo Teófilo, para que conozcas bien la verdad de las cosas en las cuales has sido instruido" (Luc. 1:3-4). Lucas investigó las cosas y luego las escribió en orden. Él conocía la importancia de una buena estructura para que la enseñanza fuese efectiva.

Un sermón bien estructurado será de gran ayuda, tanto para el predicador como para los oyentes. En su "Tratado sobre la predicación", Juan Broadus presenta cuatro ventajas de estructurar de manera adecuada el sermón. Junto con ellas, voy a añadir algunas más.

Ventajas de una buena estructura

En primer lugar, *una buena estructura es necesaria para que el discurso sea más entendible.* Como ya he expuesto antes, fuimos creados a imagen y semejanza de un Dios de orden y, por lo tanto, captamos mejor las cosas cuando son presentadas de una forma ordenada y secuencial, una idea que sigue lógicamente a la otra, hasta llegar a una conclusión. Cuando no es así, nuestras mentes reaccionan de inmediato. Y aun aquellos que no saben nada de predicación se darán cuenta de que algo no está bien en el sermón.

En segundo lugar, *un sermón bien ordenado contribuye a hacer el discurso más agradable de oír y fácil de atender.* Cuando los oyentes perciben una buena estructura, se dejan guiar tranquilamente por el expositor porque es evidente que él sabe hacia dónde se dirige. Aunque no todos los oyentes son capaces de percibir los elementos que componen esa estructura, y algunos no podrán decirnos ni siquiera cuál fue el bosquejo general del sermón, percibirán la claridad de la exposición y comprenderán la esencia del mensaje. Por el contrario, cuando los oyentes no saben con certeza a dónde va el predicador ni qué es lo que se propone demostrar o explicar, se sienten frustrados; y cuando eso sucede es muy difícil mantener el interés y la atención del auditorio. No es agradable escuchar un sermón sin orden ni armonía.

Debemos reconocer con tristeza que los hijos de las tinieblas han mostrado en ocasiones ser más sagaces que los hijos de la luz en este asunto. Hay herejes que presentan mejor sus herejías que muchos ortodoxos. Esparcen su veneno de una forma tal que se hace fácil de entender y agradable de escuchar. Nosotros tenemos el deber de proclamar la verdad de Dios y precisamente por eso debemos entregarla "con gracia, sazonada con sal" (Col. 4:6); si algunos cierran sus oídos a la predicación, que sea por su amor a su pecado y no por la forma descuidada y caótica en que exponemos nuestras ideas.

En tercer lugar, *una buena estructura hace más persuasivo el sermón*. No olvidemos que una de las tareas del predicador es persuadir a su auditorio. Nuestra meta es mover la voluntad de los que escuchan. Sabemos que es Dios quien obra en los corazones; pero Dios usa medios, y uno de ellos es la persuasión a través de la predicación. Lucas nos dice en Hechos 18:4 que cuando Pablo estaba en Corinto "persuadía a judíos y a griegos". Y lo mismo hizo en la ciudad de Éfeso: "Y entrando Pablo en la sinagoga, habló con denuedo por espacio de tres meses, discutiendo y persuadiendo acerca del reino de Dios" (Hech. 19:8). Pablo era persuasivo en su predicación, y nosotros debemos serlo también si queremos obtener algún fruto.

Debemos arreglar el sermón de tal manera que el entendimiento sea iluminado, se muevan los afectos por el entendimiento de la verdad y la voluntad sea movida a la acción. En este caso, el orden de los factores sí altera el producto. Nuestra meta es llegar a la voluntad y mover los afectos a través del entendimiento. Queremos persuadir con la verdad, no manipular a los oyentes. Mientras más clara y ordenada sea la predicación es muy probable que sea más persuasiva. Dice Broadus al respecto: "El que quiere romper una roca con su mazo no golpea en donde quiera, sino que multiplica sus golpes en un punto o sobre determinada línea. Lo mismo debe ser cuando se trata de mover la voluntad".[3]

En cuarto lugar, *una buena estructura hace que el discurso sea recordado con mayor facilidad.* Cuando un predicador es ordenado y lógico en su exposición, los oyentes podrán seguir con facilidad su hilo de pensamiento mientras predica y recordar sus puntos y argumentos principales después de que la predicación haya concluido. Esto no solo es de gran ayuda para la congregación, sino también para el mismo predicador. Si el sermón lleva una secuencia lógica, será más fácil que recordemos nuestro proceso de razonamiento y así no tendremos que depender tanto de nuestras notas; más adelante hablaremos de este tema en detalle.

En quinto lugar, *el arreglo previo del material nos permite evaluar qué tiempo debemos dedicar a cada parte del sermón.* No todos los puntos del mensaje tendrán la misma importancia, pero solo cuando estructuramos el sermón podemos asignar a cada asunto el tiempo necesario. Si no tenemos una idea clara de hacia dónde nos dirigimos ni qué es lo que queremos lograr con el sermón o cuál será nuestro énfasis, puede suceder que en la pasión del momento dediquemos mucho tiempo a un punto secundario. Cuando eso ocurre es muy probable que nos veamos obligados a tratar más rápidamente puntos que son cruciales, o a extender el mensaje más de lo prudente para poder cubrir todo nuestro material.

En sexto lugar, y esto es algo que está muy vinculado con lo anterior, *solo cuando estructuramos el sermón podemos decidir con certeza qué debemos incluir y qué debemos dejar fuera.* En el proceso de estudio acumulamos mucho material que pensamos que será de gran utilidad para nuestra congregación. Pero es posible que algunas de estas cosas tengan que quedarse fuera y ser usadas en otro momento porque no encajan bien con el proceso de argumentación que vamos a utilizar, o con el propósito que queremos lograr, o simplemente porque haría el sermón demasiado largo. John Stott dice al respecto:

> Puede que durante nuestras horas de meditación se nos hayan ocurrido numerosos pensamientos felices e ideas chispeantes, y las hayamos anotado debidamente. Es tentador incluirlas todas a la fuerza de alguna manera. ¡Resistan la tentación! El material no pertinente debilita el efecto del sermón. Será de utilidad en algún otro momento. Necesitamos tener la convicción de guardarlo hasta entonces.[4]

Una buena estructura será de gran ayuda para poder determinar qué vamos a decir y cómo vamos a decirlo. No podemos pretender cubrirlo todo en un solo sermón; a fin de cuentas nuestro auditorio no sabrá qué hacer con tanta información.

Espero haberte persuadido de la importancia de desarrollar una buena estructura en el sermón. Pero antes de pasar a considerar cómo hacerlo, permíteme darte algunas advertencias preliminares.

Algunas advertencias en esta fase de la preparación

En primer lugar, *al estructurar el sermón recuerda que esto no es un fin en sí mismo.* Lo que queremos lograr no es una obra de arte para que la gente la admire, sino un instrumento efectivo para transmitir el mensaje. Un buen bosquejo es como el marco de un cuadro: centra nuestra atención en la pintura y realza su belleza, pero no atrae la atención al marco mismo. Nuestra función como predicadores es exponer, no esconder; no debemos colocar la verdad de Dios bajo los escombros de una estructura complicada y artificial.

En segundo lugar, *es necesario hacer la observación de que un buen arreglo no siempre es fácil de lograr*. Hay textos de las Escrituras que al estudiarlos se desgranan delante de nuestros ojos en todos sus puntos e incisos de una forma natural y sencilla, pero eso no ocurre con frecuencia. O, al menos, ¡no es lo que me sucede a mí cada semana! Hablando de la dificultad de ciertos textos, Spurgeon les decía a los estudiantes del Colegio Pastoral: "Los aporreas con todas tus fuerzas y energía, pero tu trabajo es en vano". Otro, en cambio, "se rompe con el primer golpe y centellea al hacerse pedazos, revelando en su interior gemas que irradian el más extraordinario brillo".[5] Lo primero es más habitual que lo segundo, pero todo esfuerzo valdrá la pena para el hombre que está convencido de que fue llamado a alimentar al pueblo de Dios con la Palabra de Dios. Cuando estés en medio de tu labor, y elaborar el sermón te esté costando sangre, sudor y lágrimas, y seas tentado a desistir, aprópiate de las palabras de David en 2 Samuel 24:24: "No ofreceré a Jehová mi Dios holocaustos que no me cuesten nada".

El sermón visto con rayos X

Al hablar de la estructura del sermón debemos determinar, antes que nada, cuáles son los elementos que lo componen, ya que no todos los expositores están de acuerdo en este punto. Algunos dicen que un sermón consta de cinco partes principales, y puede ser que alguien sugiera otras más. Pero prefiero usar el esquema más simple y organizar el sermón en tres partes principales: la introducción, el cuerpo y la conclusión.

Durante el proceso de elaboración, debemos darle prioridad al cuerpo del sermón. Por otra parte, nunca debemos escribir la introducción hasta que estemos seguros de qué es lo que vamos a introducir. Y lo mismo podemos decir de la conclusión.

El cuerpo del sermón, al igual que el nuestro, está compuesto por esqueleto, carne, músculos y ligamentos. El esqueleto es el armazón o bosquejo general que sostiene el cuerpo. Luego vienen la carne y los músculos que lo recubren, y los ligamentos que sostienen las distintas partes del cuerpo unidas la una con la otra. En este capítulo estamos enfocándonos el esqueleto.

Este consta de los puntos principales y secundarios que conforman el mensaje que vamos a comunicar a nuestro auditorio. Los puntos principales son las vigas maestras que soportan nuestro edificio, mientras que los puntos secundarios nos ayudan en el desarrollo lógico y ordenado de cada punto. Sin ellos no podremos construir una edificación sólida y unificada. Tan pronto como hemos hecho la exégesis del pasaje, ya sabemos lo que significa, cuál es su tema y la idea principal que queremos transmitir en nuestro sermón; ahora debemos determinar las divisiones de nuestro mensaje. Veamos algunas sugerencias de cómo hacerlo.

En primer lugar, *las divisiones deben girar en torno a la idea principal que estamos tratando de comunicar en el sermón*. Una vez que conocemos el proceso de pensamiento del autor sagrado y el mensaje que su texto comunica, ya estamos listos para formular la propuesta que queremos comunicar a nuestro auditorio y que vamos a desarrollar a través de estas divisiones principales del sermón. Ninguno de los puntos individuales del sermón debe ser más prominente que el tema que gobierna el sermón. "No debemos permitir en nuestro sermón que los 'sargentos' ocupen la posición de 'generales'" (traducido por el autor), dice O. Palmer Robertson.[6]

Ejemplo #1:

> Este es mi mandamiento: Que os améis unos a otros, como yo os he amado. Nadie tiene mayor amor que este, que uno ponga su vida por sus amigos. Vosotros sois mis amigos, si hacéis lo que yo os mando. Ya no os llamaré siervos, porque el siervo no sabe lo que hace su señor; pero os he llamado amigos, porque todas las cosas que oí de mi Padre, os las he dado a conocer. No me elegisteis vosotros a mí, sino que yo os elegí a vosotros, y os he puesto para que vayáis y llevéis fruto, y vuestro fruto permanezca; para que todo lo que pidiereis al Padre en mi nombre, él os lo dé. Esto os mando: Que os améis unos a otros (Juan 15:12-17).

Una lectura rápida del pasaje puede darnos la impresión de que el tema central de esta porción es el mandato de Jesús a amarnos unos a otros como Él nos ha amado. La palabra *amor* aparece varias veces en estos versículos, y el mandamiento a amarnos unos a otros comienza y concluye esta sección. Sin embargo, al ver el pasaje con más detenimiento nos damos cuenta de que hay una idea más importante aquí que domina sobre todas las demás, y es la relación de amistad que los creyentes tienen con Jesús y cómo esa amistad se debe manifestar en la práctica; una de esas manifestaciones es el amor que los creyentes tienen entre sí por causa de Jesús. De esta manera, el tema del amor está subordinado a nuestra amistad con Jesús.

El contexto inmediato del pasaje nos ayuda a ver con más claridad cuál es la idea central que quiere transmitir. En los versículos anteriores Jesús había comparado la relación que Él tiene con Sus discípulos con el tipo de unidad que existe entra la vid y las ramas. Pero en esta porción del discurso deja a un lado la metáfora de la vid para referirse a los discípulos como "Sus amigos". Este no es un detalle trivial si tomamos en consideración el hecho de que en todas las Escrituras a la única persona a la que Dios llama Su amigo es al patriarca Abraham, en Isaías 41:8. Eso no quiere decir que Dios no tuviera una relación cercana con nadie más. Moisés hablaba con el Señor cara a cara, "como habla cualquiera con su compañero", dice en Éxodo 33:11. Y lo mismo podemos decir de David, Jeremías o Daniel. Todos ellos disfrutaron de una relación de cercanía e intimidad con Dios; sin embargo, por alguna razón el Antiguo Testamento reserva ese título únicamente para Abraham, hasta que llegamos a esta porción en Juan 15:12-17, en la que vemos al Señor Jesucristo usando esa misma terminología para referirse a Sus discípulos. Más adelante, en la oración del Señor en el capítulo 17 de Juan, todos los creyentes, presentes y futuros, son incluidos dentro de ese círculo de intimidad (Juan 17:20-21,23). Los creyentes son amigos de Jesús, lo cual es a la vez un privilegio extraordinario y una tremenda responsabilidad. Tomando en cuenta el tema del pasaje, ahora podemos pasar a estructurarlo.

I.   Los amigos de Jesús se aman entre sí con la misma clase de amor con que somos amados por Él (Juan 15:12-13,17).

II. Los amigos de Jesús lo obedecen, no como siervos únicamente, sino como amigos (Juan 15:14-15).

III. Los amigos de Jesús dan frutos porque fueron escogidos por Él para ser fructíferos (Juan 15:16-17).

En segundo lugar, *siempre que sea posible, las divisiones deben disponerse de tal manera que indiquen progresión de pensamiento.* El auditorio debe ver que los estamos llevando hacia una meta. Este progreso se hará más evidente si disponemos nuestros puntos e incisos en un orden lógico y ascendente: lo negativo debe preceder a lo positivo; lo abstracto a lo concreto; lo general a lo particular; la objeción a la refutación; el planteamiento del problema a la solución; el razonamiento a la exhortación. Debemos mostrar un progreso en nuestro proceso de argumentación. Martyn Lloyd-Jones dice al respecto:

> La disposición de estas secciones o de estos apartados es un asunto muy importante. Habiendo dividido el tema y habiendo examinado sus respectivos componentes, no debes colocarlos al azar en cualquier orden. Tienes una doctrina, un alegato, una cuestión que quieres argumentar, razonar y desarrollar con la gente. Obviamente, pues, has de disponer tus apartados y tus secciones de tal forma que el punto número uno conduzca al punto número dos, y el punto número dos conduzca al punto número tres, etc. Cada uno debe conducir al siguiente y llevar finalmente a una conclusión definitiva. […] La cuestión que estoy subrayando es que debe haber una progresión en el pensamiento, que ninguno de estos puntos es independiente y, en un sentido, ninguno tiene el mismo valor que todos los demás. Cada uno de ellos es parte de un todo, y en cada uno has de ir avanzando y llevando el asunto más lejos. No estás simplemente diciendo las mismas cosas un número determinado de veces, tu meta es llegar a una conclusión final.[7]

En tercer lugar, *cada división debería contener una sola idea básica.* Debemos evitar que una penetre en el terreno de la otra.

Ejemplo #2:

Veamos el siguiente bosquejo de 1 Corintios 13:

I. La preeminencia del amor (1 Cor. 13:1-3).
II. Las características del amor (1 Cor. 13:4-7).

III. La continuidad del amor (1 Cor. 13:8-12).

IV. La duración del amor (1 Cor. 13:13).

En este caso, los puntos III y IV se solapan, por cuanto la idea de duración ya está incluida en la de continuidad. Esta es una falta común que confunde al auditorio y dificulta el progreso del sermón. Algunos sentirán que estamos atascados en vez de avanzar hacia la conclusión; otros pueden sospechar que hay una distinción sutil que ellos no están captando y eso los distraerá. El sermón seguirá adelante, pero ellos se quedarán pensando: "¿Qué diferencia hay entre la continuidad y la duración?". Sería mucho mejor bosquejarlo de tal manera que cada división contenga una sola idea que sea independiente de las demás:

I. La preeminencia del amor (1 Cor. 13:1-3).

II. Las características del amor (1 Cor. 13:4-7).

III. La permanencia del amor (1 Cor: 13:8-13).

En cuarto lugar, *las divisiones principales deben ser pocas: un mínimo de dos y, en la generalidad de los casos, no más de cinco*. Si un pasaje o tema requiere más divisiones para exponerlo adecuadamente, es posible que tengamos que dar más de un sermón. Aunque es pertinente señalar que esta regla no es como la ley de Media y de Persia que no pueda ser quebrantada en ocasiones.

En quinto lugar, *las divisiones principales y secundarias deben estar estrechamente relacionadas entre sí y, en la medida de lo posible, seguir una pauta gramatical uniforme*.

Ejemplo #3:

Si vas a exponer las palabras de invitación del Señor a los sedientos en Juan 7:37-38, un bosquejo posible puede ser el siguiente:

I.   ¿Cuándo pronunció el Señor estas palabras?

II. Los pecadores tienen sed.

III. La salvación es por fe.

IV. ¿Por qué la salvación que Cristo ofrece sacia al pecador?

Esta división es difícil de seguir porque los puntos no poseen una estructura uniforme. Compáralo con este:

I.   El contexto de la invitación: "En el último y gran día de la fiesta".

II. Los destinatarios de la invitación: "Si alguno tiene sed".

III. El contenido de la invitación: "Venga a mí y beba".

IV. La promesa de la invitación: "… de su interior correrán ríos de agua viva".

En este último ejemplo vemos una pauta uniforme que nos ayuda a ver con más claridad la secuencia de pensamiento y la relación de los puntos entre sí.

De más está decir que esta fase de la preparación del sermón requiere oración continua y mucha paciencia. Los buenos bosquejos no siempre se obtienen en el primer intento, por no decir que eso sucede pocas veces. Se trata de un trabajo que por lo general "envuelve una gran cantidad de energía y determinación"; como bien señala O. Palmer Robertson: "Al principio puede parecer que tiene un efecto asfixiante en la espontaneidad del mensaje. Pero una vez dominamos los rudimentos, el hecho de bosquejar sólo ampliará la contundencia de la verdad de la Escritura" (traducido por el autor).[8]

Una cosa más. Conozco muy buenos predicadores que predican sermones muy poderosos y que todo el tiempo violan algunas de estas reglas, sobre todo la quinta. Sin embargo, ellos son las excepciones que confirman la regla. La mayoría de los mortales haríamos bien en tratar de desarrollar el arte de saber bosquejar, en total dependencia del Espíritu de Dios.

Trabajemos en nuestro sermón expositivo

El pasaje que queremos exponer, Éxodo 17:1–7, posee una estructura sencilla. En el versículo 1 vemos que Dios pone a prueba al pueblo al llevarlos a acampar en un lugar donde no había agua para beber. En los versículos 2 y 3 vemos la respuesta del pueblo a la crisis: altercaron con Moisés y tentaron a Dios acusándolo de haberlos sacado de Egipto con promesas falsas para matarlos en el desierto; en el versículo 7 se reitera la idea, pero se añade un elemento adicional de gran importancia: "tentaron a Jehová, diciendo: ¿Está, pues, Jehová entre nosotros, o no?". En el versículo 4 Moisés clama a Dios; y en los versículos 5 al 6 vemos la respuesta de Dios al clamor de Moisés.

Recuerda la estructura del pasaje que vimos en el capítulo anterior:

I. Dios prueba la fe del pueblo al colocarlos en una situación de gran peligro (Ex. 17:1).

II. Los israelitas pecan gravemente contra Dios, quejándose contra Él y poniendo en duda Sus promesas (Ex. 17:2–3,7).

    A. Demandaron Su provisión (Ex. 17:2).

    B. Dudaron de Su protección (Ex. 17:3).

    C. Dudaron de Su presencia (Ex. 17:7).

III. El pueblo entabla una demanda judicial contra Dios acusándolo de haber violado Su pacto (eso es evidente por las palabras que se usan en el pasaje y por la orden que Dios le da a Moisés en el versículo 5).

IV. Moisés clama a Dios al ver las intenciones del pueblo de aplicarle la pena capital (Ex. 17:4).

V. Dios toma la decisión de preservar al pueblo, asumiendo el castigo que ellos merecen por su pecado (Ex. 17:5–6).

La estructura del pasaje será de mucha ayuda en la elaboración de nuestro bosquejo. Uniendo los puntos IV y V en uno solo, podemos bosquejar el sermón de esta manera:

I. La prueba (Ex. 17:1).
II. La demanda judicial (Ex. 17:2–3,7).
III. El juicio (Ex. 17:4–5).
IV. El veredicto (Ex. 17:6).

Ya tenemos el esqueleto del sermón. Pero ahora necesitamos revestir esos huesos de carne y músculos, y proveerles unidad por medio de los tendones y ligamentos. Eso es lo que haremos a partir del próximo capítulo.

11

Prepara el sermón

"La claridad es la meta más importante de la vida del predicador. Esto se debe a la naturaleza misma de las propias Escrituras. Las Escrituras están diseñadas para revelar. Exigen su propia claridad. Por consiguiente, el elemento más fundamental de toda comunicación bíblica es la claridad. Sin claridad no sucede nada" (John MacArthur)

"Presenta la verdad ante los hombres de una manera lógica y ordenada para que puedan recordarla fácilmente. Cuanto más lo hagas de esta forma, más predispuestos estarán a recibirla" (Charles Spurgeon)

"La diferencia que hay entre la palabra correcta y la casi correcta es la misma que hay entre el relámpago y la luciérnaga" (Mark Twain)

Todo cocinero experto sabe que la buena cocina requiere esfuerzo. Es posible cocinar un buen plato por pura casualidad, pero eso no suele ocurrir con frecuencia. Lo mismo podemos decir de los buenos sermones: muy raras veces se producen por accidente. Requieren de un esfuerzo consciente por parte del predicador que puede llegar a ser extenuante mientras se prepara para predicar semana tras semana.

Si bien es cierto que el Espíritu Santo opera de una forma impredecible y misteriosa a través de la predicación, eso no significa que sea caprichoso, y mucho menos que Él esté obligado a bendecir un mensaje que no se ha trabajado ni presentado con dedicación y esfuerzo. Por lo tanto, todo aquel que quiera predicar sermones de forma eficaz tendrá que vivir con esa tensión: debe depender del Espíritu Santo mientras realiza un gran esfuerzo para entender el significado del texto y luego presentar ante la congregación el contenido de las Escrituras de una forma apropiada.

Con esa conciencia Pablo les pide a los colosenses, casi al final de su carta, que oren por él y sus compañeros de milicia "para que el Señor nos abra puerta para la palabra, a fin de dar a conocer el misterio de Cristo, por el cual también estoy preso, *para que lo manifieste como debo hablar*" (Col. 4:3-4). Pablo anhelaba presentar la Palabra de Dios de una forma adecuada, y ese debe ser el anhelo de todo predicador. Los ingredientes obtenidos en el estudio deben mezclarse con pericia para que el plato sea nutritivo, pero también agradable a los ojos y deleitoso al paladar. Y aunque cada predicador le imprime un toque personal a su predicación, los buenos sermones suelen tener algunas características que contribuyen a su eficacia.

Arroja una bola, no un puñado de arena

Como ya he dicho antes, el predicador no es un comentario bíblico ambulante. Es el portavoz de un mensaje. Ese mensaje tiene sus partes, sus divisiones, pero todas sus partes, divisiones e ideas, deben formar un todo. Y es a ese "todo" a lo que llamamos el sermón. El predicador norteamericano del siglo XIX Robert Dabney, autor de un tratado monumental de predicación, nos recuerda que el sermón no debe ser como una estrella, que envía sus rayos por todas direcciones y se pierden en la oscuridad del firmamento, sino más bien como una lente que agrupa los rayos en un punto. El predicador australiano Phil Campbell lo dice con un lenguaje más contemporáneo: "Para nuestros oyentes será más fácil atrapar una bola que un puñado de arena" (traducido por el autor).[1]

Hay un asunto que domina el sermón, un mensaje que queremos comunicar; y todos los puntos, las ilustraciones, los tópicos y las ideas que introducimos en el sermón deben servir para transmitir ese mensaje a nuestro auditorio. Dice Bryan Chapell: "Toda buena predicación requiere de un tema. Si el predicador no lo provee los oyentes tratarán instintivamente de encontrar un pensamiento unificador" (traducido por el autor).[2] Por supuesto, cuando ellos no puedan encontrarlo, es muy probable que se sientan muy confundidos y dejen de escuchar.

Si el propósito del sermón es informar el entendimiento para mover la voluntad y los afectos, debemos tener un mensaje que transmitir, y un propósito claro y definido en nuestras mentes; de lo contrario estaremos dando vueltas de aquí para allá, y a fin de cuentas no llegaremos a ningún sitio. Dice en Eclesiastés 12:11 que "las palabras de los sabios son como aguijones; y como clavos hincados son las de los maestros de las congregaciones, dadas por un Pastor". Es mejor clavar bien profundo cada clavo en sermones separados, que dejar muchos clavos flojos en un solo sermón.

Algunos predicadores se sienten presionados a tratar en sus predicaciones todas las doctrinas que se relacionan con el pasaje que están estudiando, y de ese modo quebrantan la unidad del sermón y lo debilitan. Aparte, eso tiende a producir sermones muy largos. Otros se van por todas las avenidas que se les van abriendo a medida que avanzan en su sermón, de modo que en un solo mensaje hablan larga y detalladamente del diezmo, de la importancia de criar a los hijos en la disciplina y amonestación del Señor y, por último, de la necesidad de asistir a todos los cultos en la iglesia.

Debemos evitar las digresiones innecesarias al predicar porque restan efectividad al sermón. Cuando un sermón carece de unidad es posible que algunas frases sueltas tengan cierto efecto en la mente de algunos oyentes, pero el sermón como tal no será muy eficaz. Como bien señala Robert Dabney, un sermón al que le falta unidad "solo puede hacer bien por accidente" (traducido por el autor).[3]

De esta manera, lo primero que tenemos que hacer es extraer del pasaje bíblico la gran idea de pensamiento que contiene porque, hasta que no lleguemos allí, no tenemos nada con qué trabajar. En ese sentido, debemos resistir la tentación de comenzar a trabajar demasiado rápido en la confección del sermón por la presión que tenemos de estar listos para el domingo. Winston Churchill dijo una vez de uno de sus colegas: "Él es el tipo de orador que, antes de levantarse de su asiento, no tienes ni idea de lo que va a decir; y cuando está hablando, no sabes lo que está diciendo; y cuando finalmente se sienta, no sabes qué es lo que ha dicho" (traducido por el autor).[4] Si no quieres que se diga eso de ti, nunca comiences a trabajar en el sermón hasta que la gran idea unificadora del texto esté tan clara en tu mente como la luz del mediodía.

La prueba de las 3:00 de la mañana

Para saber si estás listo para predicar tu mensaje, Bryan Chapell sugiere este simple ejercicio, que él llama la prueba de las 3:00 de la mañana. Imagínate que tu esposa se levanta a las 3:00 de la mañana del domingo y te pregunta entre despierta y dormida: "¿De qué vas a predicar hoy?".

Si no puedes darle una respuesta corta, clara y directa, es probable que tu sermón esté a medio cocinar.[5] ¿Qué tal si le respondes a tu esposa algo como esto?

> Cuando la nación de Israel fue enviada al exilio por causa de su pecado, su esperanza mesiánica comenzó a desvanecerse debido a que las pruebas del plan, el propósito y las intenciones del Dios soberano con respecto a Su pueblo quedaron oscurecidas en medio de las circunstancias opresivas del exilio babilónico, hasta que fueron liberados durante el dominio de los persas y tuvieron acceso a revelaciones posteriores en el desarrollo de la historia de la redención.

Ahora tu esposa no solo está despierta, sino también asustada: "¡Qué vas a predicar de qué!". Una mejor respuesta es: "Dios permanece fiel a Su pueblo infiel". Cuando podemos enunciar el pensamiento de nuestro pasaje de una forma tan clara, concisa y directa, entonces, y solo entonces, podremos presentar con claridad el foco, la organización y la aplicación del mensaje. Como dice Bryan Chapell, el asunto más importante para una buena predicación consiste en mantener el asunto más importante como el asunto más importante.[6] Solo así podremos mantener la unidad del mensaje de principio a fin.

La claridad y simplicidad en el sermón

Si tuviera que dar dos consejos a un predicador que está comenzando su ministerio, me limitaría a decirle: "Sé bíblico y sé claro". Y si tuviera que aconsejar a alguien que lleva años predicando, le diría: "Sigue siendo bíblico y sigue siendo claro". A menos que seamos claros y sencillos en nuestros sermones, nunca nos entenderán, y si no nos entienden, no podremos hacerles ningún bien a nuestros oyentes. Pablo amonesta severamente a los creyentes de Galacia por haberse desviado del evangelio, a pesar de la claridad de su mensaje: "¡Oh gálatas insensatos! ¿quién os fascinó para no obedecer a la verdad, a vosotros ante cuyos ojos Jesucristo fue ya presentado claramente entre vosotros como crucificado?" (Gál. 3:1). Pablo se esforzaba por presentar el evangelio con claridad y sencillez.

Cuando hablamos de simplicidad no nos referimos a una predicación infantil. Si nuestro auditorio percibe que estamos tratándolos como si fueran un grupo de ignorantes a quienes debemos hablar como a niños, cerrarán sus oídos ofendidos y perderemos la oportunidad de ministrar a sus almas. Tampoco se trata de una predicación ruda o vulgar, y mucho menos de una predicación ligera que transmite el mensaje indirecto de que estamos hablando de algo que en realidad no tiene mucha importancia o relevancia. No podemos predicar las Escrituras como si estuviéramos anunciando quién ganó el partido de fútbol de anoche. El mensaje que estamos proclamando tiene repercusiones eternas, y nuestro auditorio debe percibir esa trascendencia en la forma en que lo transmitimos.

Lo que quiero decir al hablar de simplicidad en la predicación es que debemos proclamar el mensaje de una forma tal que todas las personas puedan comprenderlo, incluso los niños que están entre nosotros. Es posible que eso no resulte atractivo para los que andan detrás de la elocuencia, pero será de gran bendición para las almas de aquellos que nos escuchan. El mensaje de la Palabra de Dios debe ser claro y diáfano para la mayoría de nuestros oyentes.

En cierta ocasión alguien describió la serie del Comentario MacArthur del Nuevo Testamento como un instrumento útil para el "laico sin formación". En otras palabras, un erudito a carta cabal no perdería tiempo en leerlos. Alguien le preguntó a John MacArthur cómo se sintió con la crítica. Esta fue su respuesta:

> Me lo tomé como un cumplido. Me he pasado la vida hablando a los laicos sin formación. No estoy hablando a alemanes muertos, liberales o eruditos en un programa de doctorado [...]. Más que nada, me dirijo a mí mismo. Necesito comprender las Escrituras con facilidad. Necesito descomponerla en conceptos sencillos. Luego resulta que eso es lo mismo que necesita todo el mundo.[7]

Me encantó esa respuesta. Los predicadores deben ser estudiosos y desarrollar un buen hábito de lectura. Deben estar familiarizados con la teología y desarrollar una mente analítica. Por lo tanto, si eres capaz de rebatir la teología liberal de algunos alemanes muertos, ¡fantástico! Pero recuerda que en el púlpito te estás dirigiendo a personas que en su mayoría no viven en ese mundo de la academia, y que también los eruditos necesitan entender la Biblia y aplicarla en sus vidas. Habla de tal manera que todos te entiendan.

Hablando de la situación de Inglaterra a mediados del siglo xx, el gran apologista inglés C. S. Lewis hizo el siguiente comentario que podemos aplicar perfectamente a nuestros países hispanoparlantes:

> El que quiera predicar a los ingleses tendrá que aprender, pues, la lengua popular inglesa como el misionero aprende la lengua bantú antes de predicar a los bantúes [...]. El examen de ordenación al ministerio debería incluir la traducción a la lengua corriente de un pasaje de una obra teológica de nivel medio. Es una tarea ardua, pero tiene una recompensa inmediata. Cuando intentamos traducir nuestras doctrinas a la

lengua del vulgo, descubrimos cuánto mejor las entendemos nosotros mismos. Nuestros errores de traducción pueden deberse a veces al desconocimiento de la lengua vernácula. Pero con mayor frecuencia expresan el hecho de que no sabemos exactamente lo que significan (traducido por el autor).[8]

Estas últimas palabras de Lewis me llevan al siguiente asunto.

Antes de intentar iluminar a otros, asegúrate de que la luz está encendida en tu propia cabeza

Ya hablamos del esfuerzo que debe hacer el predicador para desentrañar el mensaje de las Escrituras, así que no voy a repetir otra vez los argumentos que usamos en aquella ocasión. Lo que estoy señalando ahora es que, si no posees un claro entendimiento del tema o asunto que vas a predicar, es imposible que se lo hagas ver claramente a otros. La luz debe encenderse primero en tu propia cabeza. Uno de los más grandes oradores de la antigüedad fue Cicerón, y él decía acerca de esto: "Nadie puede hablar clara y elocuentemente acerca de un asunto que él no entiende" (traducido por el autor).[9] Debes entender tu tema y entenderlo bien, de lo contrario no podrás transmitirlo con sencillez y claridad. "Ah, hermanos míos —decía el erudito del siglo XVI, James Usher—, cuánto conocimiento se necesita para hacer que las cosas sean claras".[10]

Una de las pruebas que puedes hacerte a ti mismo para saber si de verdad entiendes el texto que vas a predicar es tratar de explicárselo a alguien de tu confianza, como tu esposa, por ejemplo. Pregúntale con confianza si ella cree que estás listo para predicar ese pasaje o si debes tratar de entenderlo mejor. Asegúrate también de que puedes dividir el pasaje o el tema en varias proposiciones, y que puedes colocarlas de tal manera que resulte claro para los demás. Cito aquí a Ryle: "Si vas a ser simple en tu predicación… debes entender cabalmente tu tema, y si quieres saber si tú conoces tu tema, trata de dividirlo y arreglarlo" (traducido por el autor).[11] Ese es un consejo sabio de un gran predicador.

"Por favor, dímelo con palabras simples"

Cuando hablamos de palabras simples nos referimos a palabras que la mayoría de las personas entiende, palabras que son de uso común. Y si te ves en la necesidad de usar alguna palabra inusual porque es la que mejor expresa la idea que quieres comunicar, entonces explícala o busca un sinónimo que esclarezca su significado. Tenía un amigo que disfrutaba buscando palabras extrañas en el diccionario para luego citarlas como de casualidad en una conversación, como la cosa más natural del mundo. Eso es aceptable para pasar un buen rato y reírse un poco, pero no es apropiado para el púlpito. Te felicito si eres capaz de pronunciar sin atascarte el término *supralapsarianismo*, y más aún si sabes lo que significa; pero no olvides que la jerga teológica muchas veces es un estorbo para hacerse entender. ¿Por qué usar la palabra *hamartiología* si podemos decir sencillamente "la doctrina bíblica del pecado"?

Cuando subes al púlpito, ¿qué es lo que quieres lograr allí? ¿Que los pecadores sean salvos y los santos edificados? Entonces habla de tal manera que la gente te entienda. Busca con afán las palabras más apropiadas para transmitir el mensaje de Dios. Pablo dice en 1 Corintios 14:19: "… prefiero hablar cinco palabras con mi entendimiento, para enseñar también a otros, que diez mil palabras en lengua desconocida". Cinco palabras que sirvan como vehículo para traspasar una enseñanza son más valiosas —dice Pablo— que diez mil palabras que los demás no pueden entender. De cierto político se dijo en una ocasión que era "un retórico sofisticado, embriagado con la exuberancia de su propia verbosidad".[12] Sería muy triste que se dijera eso de un predicador.

Otro error común en la oratoria es abusar de los superlativos. De nuevo voy a valerme de C. S. Lewis aquí; él decía que una de las formas más comunes de cometer "verbicidio" es por inflación. Por ejemplo, decimos *terriblemente*, cuando podríamos haber dicho *muy malo*; o usamos la palabra *tremendo* para referirnos a "un gran problema". Cuando nos acostumbramos a hablar con tantos superlativos, luego la gente no nos creerá cuando los usemos apropiadamente. Debemos hablar de tal manera que cuando digamos que algo es terrible la gente crea que en verdad lo es.

Procura desarrollar un estilo simple de composición y una estructura simple

No solo nuestras palabras deben ser simples y claras, sino también nuestras oraciones. En la mayoría de los casos es mejor usar oraciones breves, con pocas frases subordinadas. "Prediquen como si fueran asmáticos", decía Juan Carlos Ryle. Evita a toda costa el exceso de puntos y subpuntos porque tienden a confundir al auditorio. Recuerda que tus oyentes no tienen delante el bosquejo que tú tienes en el púlpito. Si usas muchos puntos en tus sermones, que a su vez se dividen en otros subpuntos con sus propios subpuntos subordinados, cuando vayas por el punto 6, el subpunto 2 y el subinciso C, no solo estarán perdidos, sino que también es muy probable que hayan abandonado todo interés en seguir escuchándote. Los sermones más agradables de oír y más fáciles de recordar son aquellos cuya estructura es simple; dos o tres puntos expresados en encabezados breves con palabras llanas y comunes.

Debemos preparar nuestros sermones teniendo en mente este comentario de Aristóteles: "La fuerza de la escritura consiste en un máximo de sentido con un mínimo de palabras".[13] "La brevedad es el alma del ingenio", decía Shakespeare. Y Broadus afirma: "Cuanto menos sea el número de términos en que se condensa la idea, más enérgica será la expresión".[14]

El Señor Jesucristo ejemplifica este principio a la perfección. En los Evangelios encontramos unos 130 aforismos usados por Jesús en Sus enseñanzas formales o conversaciones informales. Y para no pecar de lo que condené hace un momento, permíteme definir lo que es un aforismo. Según el Diccionario de la Real Academia, es "una frase breve y aguda que expresa una verdad o precepto". "Dad al César lo que es del César, y a Dios lo que es de Dios". ¡Pum! Lo que hace impactante esa frase es lo mucho que expresa en pocas palabras y lo fácil que resulta recordarla. De hecho, muchos de los aforismos de Cristo se han convertido en frases populares. La gente los recuerda y los usa. "Pedid y se os dará; buscad, y hallaréis; llamad, y se os abrirá". No hay nada complicado aquí. Son frases cortas, pero llenas de significado, y muy enérgicas. La Palabra de Dios contiene un sinnúmero de frases como estas.

Seamos simples y llanos en nuestro estilo de composición. Algunas personas son adictas a las oraciones sonoras y rimbombantes; puede que eso provoque la admiración de algunos durante un tiempo, pero eso es todo lo que conseguirán. Dice Broadus al respecto: "Hay cierta verbosidad sonora que admiran mucho los ignorantes; pero tal admiración no significa para ellos un verdadero provecho ni demuestra que el orador posea poder. Es común decir acerca de escritores u oradores de esta clase que tienen 'perfecto dominio de la lengua', cuando sería más correcto decir que 'la lengua los domina perfectamente'... Dominan el idioma tanto como el jinete al caballo que corre desenfrenadamente con él".[15]

Háblales a las personas

A veces somos tan generales en el púlpito que nadie siente que lo que se predica es para él. Spurgeon decía que los sermones de ciertos predicadores son como los cuchillos de un malabarista cuyo espectáculo consiste en no clavar ninguno en la persona que está en el otro extremo. Eso está bien para el circo, pero no para el púlpito. Lancemos los cuchillos de tal manera que se le peguen a la gente. No tengas temor de usar un lenguaje directo desde el púlpito. Algunos predicadores nunca usan el pronombre *tú* porque sienten que es muy directo. Prefieren usar casi todo el tiempo el pronombre *nosotros*. Y aunque eso puede tener su lugar, no debemos usarlo con tanta frecuencia que diluyamos el efecto personal e individual del mensaje.

Predicando a los judíos en el pórtico de Salomón, Pedro no les dijo: "La raza humana hizo algo terrible contra el Hijo de Dios". No. Pedro fue todo lo directo que pudo: "El Dios de Abraham, de Isaac y de Jacob, el Dios de nuestros padres, ha glorificado a su Hijo Jesús, a quien *vosotros* entregasteis y negasteis delante de Pilato [...]. Mas *vosotros* negasteis al Santo y al Justo, y pedisteis que se os diese un homicida, *y matasteis* al Autor de la vida" (Hech. 3:13-15, énfasis agregado). En otras palabras: "Vosotros lo entregasteis; vosotros lo negasteis; vosotros matasteis al Autor de la vida". Cuando se predica así, la gente sabe que el predicador no está hablando al aire, sino que se está dirigiendo a ellos, que lo que él está diciendo tiene que ver con ellos.

Hace muchos años conocí en Guatemala a un grupo de personas que estaban traduciendo la Biblia a uno de los muchos dialectos locales. Y para ilustrar la dificultad que esto implica, uno de ellos nos contó que unos misioneros estaban predicando la Palabra en una aldea y constantemente decían frases como estas: "Porque todos nosotros somos pecadores, todos nosotros somos culpables", y así por el estilo. Era sorprendente ver cómo los indígenas asentían con aprobación. Luego se enteraron de que en ese dialecto hay dos palabras que se traducen como "nosotros", con una ligera, pero muy importante, diferencia entre ellas. Una de esas palabras incluía a todos los presentes, los indígenas y los misioneros, mientras que la otra señalaba únicamente a los que venían de fuera de la aldea, y esa era precisamente la que estaba usando el predicador.

Entonces, los indígenas no se daban por aludidos cuando el misionero les decía: "Todos nosotros somos pecadores, todos nosotros somos culpables". Supongo que estarían pensando: "Nosotros ya sabíamos que ustedes, los blancos, son personas muy malas". En este caso el problema surgió por la ignorancia del idioma, pero muchas veces ocurre por la falta del predicador en aplicar la Palabra directamente a sus oyentes. Debemos hablar a las personas de tal manera que entiendan que el mensaje tiene que ver con ellos.

Trabaja con cuidado las oraciones de transición

Muchos no prestan atención a las oraciones de transición, a pesar del papel tan importante que juegan en el sermón para darle un sentido de unidad y de progreso. Las transiciones nos permiten pasar de un punto al otro, y de una idea a la otra, de una forma fluida, suave y natural. Todos usamos oraciones de transición, aunque algunos no sean conscientes de ello; pero la comunicación será más eficaz si las preparamos de antemano. Entre los predicadores que no recomiendan que el sermón se escriba completamente, algunos aconsejan que se escriban las oraciones de transición.

El pastor y misionero norteamericano James Braga dice lo siguiente al respecto: "El oyente en un servicio de la Iglesia no tiene el sermón del predicador ante él de forma escrita como ayuda para seguir el mensaje conforme éste va siendo pronunciado; el único medio que tiene de seguir el movimiento del pensamiento del orador es oyendo lo que está diciendo. La transición es una ayuda en este proceso".[16]

Este tipo de oraciones permiten que el auditorio perciba con claridad el movimiento y el progreso del sermón. Puede tratarse de una pregunta: "¿Cuáles son las características de la vida del hombre sin Cristo?". O puede ser una recapitulación: "Habiendo visto la problemática particular del hombre sin Cristo, veamos ahora, en segundo lugar, cuál es la causa del problema".

Haz un uso adecuado de las anécdotas e ilustraciones

Ilustrar significa iluminar o aclarar. La ilustración es como una ventana abierta que permite que entre luz para iluminar el tema que estamos predicando. Un uso sensato de las ilustraciones será de gran ayuda para comunicar la verdad de la Palabra de Dios. Los árabes suelen decir que un buen maestro es el que convierte el oído en ojos. Las ilustraciones son un buen instrumento para hacer esa cirugía ocular. En su excelente obra "Cómo usar ilustraciones para predicar con poder", Bryan Chapell dice lo siguiente:

> Las ilustraciones no permiten solo conocimiento intelectual. Hacen exégesis de las Escrituras en el ámbito de la experiencia humana para crear una comprensión total de la Palabra de Dios. Al enmarcar las verdades bíblicas en el mundo en que vivimos, nos movemos y somos, las ilustraciones unen nuestras personalidades, nuestro pasado, nuestro presente,

nuestras emociones, nuestros temores, frustraciones, esperanzas, nuestros corazones, nuestras mentes y nuestras almas en la comprensión de lo divino. Forman parte integral de la predicación eficaz, no solo porque pueden entretener o clarificar, sino porque amplían y profundizan las aplicaciones que la mente y el corazón pueden hacer.[17]

¿De dónde surgen las ilustraciones? En primer lugar, de la misma Escritura. No recuerdo dónde leí acerca de un pastor que escribió a otro pidiéndole que le recomendara un libro de ilustraciones. El otro pastor le envió una postal con dos palabras escritas: "La Biblia". La Palabra de Dios está llena de ilustraciones, y al usarlas no solo esclarecemos la verdad que estamos tratando de explicar, sino que al mismo tiempo mostramos a los hermanos cómo hacer un uso práctico de las Escrituras, sobre todo de sus narraciones. ¿Qué mejor historia que la de David con Betsabé para ilustrar el proceso a través del cual somos atrapados por el pecado? La historia de José, en cambio, es un ejemplo impactante del efecto del temor de Dios para apartarnos del pecado. En el libro de Ester encontraremos varias ilustraciones del obrar misterioso de Dios a favor de Su pueblo.

También encontramos buenas ilustraciones en la historia de la Iglesia, en la ciencia, en la literatura y el arte, en la naturaleza, en experiencias personales, en las noticias y en un sinnúmero de lugares más. Si al empezar la semana tienes una idea clara del tema que vas a predicar, podrás mantenerte alerta para las buenas ilustraciones que se crucen por tu camino.

No obstante, debemos tener cuidado con el uso excesivo o innecesario de ilustraciones. Se supone que la ilustración debe servir para iluminar una verdad, no simplemente para entretener al auditorio. No es sensato ni correcto ocupar una gran parte del sermón contando historias, mientras descuidamos la exposición y aplicación de la verdad bíblica. Pero cuando las ilustraciones se usan en una forma adecuada y en su justa medida, serán de gran ayuda para transmitir la verdad de las Escrituras de una forma clara y simple.

Ejemplo: hace unos años prediqué un sermón acerca del peligro del legalismo y usé la siguiente ilustración[18] para mostrar la diferencia entre una obediencia legalista y una movida por el evangelio. Es una de las ilustraciones más extensas que alguna vez haya usado en un sermón, pero pensé que valía la pena hacer una excepción por la forma clara y memorable que ilustra el poder santificador del evangelio.

Hay dos relatos de la mitología griega que nos ilustran dos formas distintas de vivir la vida cristiana. El primero gira en torno a un personaje muy conocido llamado Ulises. Según el relato de Homero, Ulises era un esposo modelo felizmente casado con Penélope, con quien vivía en la isla de Ítaca. Pero un turbio incidente habría de enviarlo lejos de su esposa amada durante unos 20 años. Paris, un príncipe de Troya, se enamoró perdidamente de Elena, la esposa de Menelao, el rey de Esparta, y una de las mujeres más hermosas de la época, y la convence para que escape con él. Por lo tanto, para limpiar su honor, los griegos deciden enviar un gran ejército para atacar Troya, entre los cuales estaba Ulises.

El asedio de Troya duró diez años hasta que los griegos lograron penetrar en la ciudad escondidos en el vientre de un gran caballo de madera. Ulises y sus hombres conquistaron la ciudad y rescataron a Elena, pero el viaje de regreso, que también duró diez años, resultó ser más peligroso que la guerra contra los troyanos.

Uno de los momentos más peligrosos de la travesía fue cuando tuvieron que bordear la isla de las sirenas. Según la leyenda, estas malvadas criaturas tenían un canto tan hermoso que atraían a los marineros a la costa y, cuando sus barcos se estrellaban en los arrecifes, ellas aprovechaban para acabar con ellos sin misericordia. Advertido ya de este peligro, pero al mismo tiempo lleno de curiosidad, Ulises ordenó a todos sus marineros que se taparan los oídos con cera y mantuvieran en todo momento la vista al frente, para que no pudieran escuchar el canto de las sirenas o ser atraídos por su hermosura. Al mismo tiempo, les pidió que lo ataran al mástil de la embarcación para poder escuchar su canto sin correr ningún peligro. "No importa lo que yo diga o haga; no me suelten hasta que estemos a una distancia segura". Tal como se le había advertido, Ulises quedó totalmente hechizado por lo que vio y escuchó. De no haber sido porque estaba atado al mástil, con gusto habría sucumbido a la tentación.

Lamentablemente, la vida práctica de muchos que profesan ser cristianos se asemeja a este episodio de la vida de Ulises. De no ser por la soga de reglas humanas y por el temor a ser mal vistos dentro del círculo eclesiástico en que se mueven, sucumbirían contentos a las tentaciones de este mundo. Su cristianismo no se caracteriza por el gozo, sino por el temor y la vergüenza.

El otro personaje mitológico que tuvo que enfrentar el canto de las sirenas fue Jasón cuando volvía de buscar el vellocino de oro. Entre los tripulantes de su embarcación se encontraba Orfeo, un artista de talento incomparable, que tocaba la lira y la flauta; su música era reconocida como la más hermosa y melodiosa del mundo antiguo. Entonces, en vez de usar la estratagema de Ulises, Jasón le pidió a Orfeo que tocara las canciones más hermosas y encantadoras de su repertorio;

de esa manera el canto de las sirenas quedó completamente marginado. Las sirenas no habían perdido su capacidad de seducir, pero estos hombres habían sido cautivados por un sonido infinitamente superior.

Como bien señala Sam Storms, Ulises sobrevivió al sonido de las sirenas, pero Jasón triunfó sobre ellas;[19] y es esa clase de victoria la que Dios nos provee en el evangelio. Es la victoria del creyente que ha llegado a comprender que nada de lo que este mundo le promete puede compararse con la vida abundante que Cristo ofrece.

No recomiendo usar siempre ilustraciones tan extensas, pero creo que ese día todos salieron de la iglesia entendiendo mejor lo que había venido exponiendo hasta ese momento en contra del legalismo y a favor de una obediencia evangélica. Más aún, creo que la ilustración los impactó a nivel volitivo y emocional para rechazar aquello y abrazar esto último de todo corazón.

¿Debemos escribir el sermón completo o limitarnos a hacer un bosquejo?

En el capítulo 14 hablaremos más por extenso del uso de las notas en el púlpito. La pregunta que quiero responder ahora es acerca de la extensión de las notas que escribimos cuando estamos preparando el sermón. ¿Debemos escribir todo lo que intentamos decir, palabra por palabra, o debemos limitarnos a un bosquejo general? Cuando comencé a predicar, hace 34 años, solía escribir solo los puntos principales y sus divisiones si las tenía, junto con la introducción y la conclusión. Pero luego me di cuenta de que necesitaba escribir más para ser más directo y preciso en mi predicación. Con el paso del tiempo mis notas se fueron haciendo más extensas hasta alcanzar unas diez páginas en *Times New Roman* 14. Eso, como muchas otras cosas, tiene sus ventajas y sus desventajas.

Una de las ventajas es que puedo elaborar mejor mis argumentos y mis oraciones para ser más preciso y contundente en la presentación. Otra ventaja es que puedo usar mis notas mucho tiempo después, e incluso mejorarlas, porque en la mayoría de los casos no tengo que volver a pasar el mismo número de horas estudiando el pasaje como cuando lo hice la primera vez.

Una de las desventajas es que podemos llegar a depender tanto de las notas que no solo perdamos el contacto visual con el auditorio, sino que también desvirtuemos la naturaleza de la predicación. Leer un sermón no es lo mismo que predicar. Otra desventaja es que usemos un lenguaje literario en el púlpito, más propio de un ensayo que de una predicación. Pero la desventaja mayor es que dependamos tanto de las notas que no dependamos del Espíritu Santo ni estemos abiertos a Su guía y dirección mientras interactuamos con el auditorio. Cuando estamos en el púlpito surgen pensamientos y emociones que impactan la predicación; de igual manera, las miradas de perplejidad, de asombro o incluso de desinterés que percibimos en los oyentes pueden desviarnos hacia lugares que no habíamos previsto. El manuscrito del predicador no puede ser una camisa de fuerza que le robe la libertad mientras predica.

¿Qué debemos hacer entonces? Conócete a ti mismo y desarrolla la metodología que te permita ser un predicador eficaz. Si tiendes a divagar mucho y se te hace difícil encontrar las palabras cuando las miradas del auditorio están sobre ti, tal vez te conviene escribir más ampliamente el sermón que limitarte a un bosquejo general. Si decides escribirlo, he aquí algunos consejos que te pueden ayudar a salvar las desventajas de un manuscrito extenso:

1. Escribe como hablas normalmente, no como si se tratara de un ensayo.

2. Aprópiate de tu mensaje en tu mente y en tu corazón. Eso no quiere decir que debas memorizarlo, sino interiorizarlo, meditar en ello hasta que sea para ti una carga que debes entregar. No obstante, sí te recomiendo que memorices los puntos principales de tu bosquejo.

3. Si vas a llevar tu manuscrito al púlpito, usa un tamaño de letra que te permita leer tus notas si es necesario, sin que tengas que hacer el esfuerzo de leer palabra por palabra. Por esa misma razón te recomiendo que no escribas párrafos muy largos. En mi caso, me limito a párrafos que no exceden las cinco líneas.

4. También me resulta de gran ayuda terminar cada página de mis notas con una oración completa. De esta manera, si tengo que acudir al último párrafo de una página puedo visualizarlo como un todo sin necesidad de pasar a la otra página.

Trabajemos en nuestro sermón expositivo

No es necesario escribir nada al final de este capítulo, porque espero que el sermón incluido en el capítulo 15 ejemplifique los puntos tratados aquí.

12

Aplica el sermón

*"La aplicación es la avenida que va de la cabeza al co-
razón. Es el puente que conecta las nociones correctas de
la verdad bíblica con los afectos adecuados y la voluntad
correcta, en virtud de la verdad establecida. La aplicación
es ese aspecto de la predicación mediante el cual tus oyentes
son llevados a sentir que no solo estás declarándoles cosas
verdaderas y buenas, sino que estás proclamando cosas
esenciales para sus corazones. Si la verdad es el clavo, la
aplicación es el martillo con el cual se fija esa verdad en
el corazón de tus oyentes" (Albert N. Martin)*

*"El gran propósito del predicador es restaurar el trono y el
dominio de Dios en las almas de los hombres" (John Piper)*

U n sermón sin aplicación es como una carta sin dirección: lo que
dice puede contener buenas ideas, pero no llegará a ningún sitio.
Cicerón, el gran orador de la antigüedad, dice que "un hombre elocuen-
te debe hablar de tal forma que enseñe, deleite y persuada". ¡Cuánto
más el predicador! El sermón no solo debe mostrar al auditorio cómo
aplicar la verdad predicada, sino que debe persuadirlo a la acción. Sin
embargo, aplicar no es tan sencillo como puede parecer a simple vista.

Es por esa razón que decidí tratar este asunto en un capítulo aparte, no solo por la importancia del tema, sino también por su complejidad.

¿Cómo extraer la aplicación del texto bíblico en vez de forzarla dentro del texto? ¿Cómo aplicar la verdad de Dios a las diversas necesidades de la congregación? ¿Cómo aplicar sin caer en el legalismo? Algunas personas pueden ir más lejos y preguntar: ¿debemos esforzarnos por aplicar el mensaje de las Escrituras? ¿Acaso no es esa la función del Espíritu Santo? No pocas veces se han censurado las aplicaciones en el sermón contraponiéndolas a la predicación Cristo-céntrica. Brian Borgman dice al respecto:

> Indudablemente, los predicadores bíblicos deberían denunciar la predicación legalista y moralista, pero también aquella que suprime la aplicación por temor a ser legalista o moralista. Podemos predicar a Cristo (que es sinónimo de predicar todo el consejo de Dios, comp. Col. 1:28; Hech. 20:27) y aplicar la verdad con poder. Solo cuando se haya efectuado la aplicación se podrá decir verdaderamente que Cristo ha sido predicado a los corazones de los hombres.[1]

Sabemos que el Espíritu Santo es quien, a fin de cuentas, aplica la verdad al corazón de los hombres. Pero ¿acaso no podemos decir lo mismo de todos los otros elementos del sermón? El Espíritu es quien ilumina el entendimiento, pero nosotros debemos esforzarnos por ser claros y sencillos al predicar. Como dice Borgman: "¡El mismo Espíritu que aplica la verdad ha dado también testimonio, en las Escrituras y en la historia, de la clase de predicación que Él aplica!".[2]

"Toda la Escritura es inspirada [...], y útil", dice Pablo en 2 Timoteo 3:16; y sobre esa base exhorta a Timoteo más adelante: "Que prediques la Palabra; que instes a tiempo y fuera de tiempo; redarguye, reprende, exhorta con toda paciencia y doctrina" (2 Tim. 4:2). El expositor bíblico no solo debe mostrar el significado del pasaje, sino también su relevancia actual.

La intencionalidad detrás de las palabras

En su importante obra sobre aplicación bíblica, Daniel Doriani nos recuerda que "bajo condiciones ordinarias, los comunicadores intentan *hacer* algo con sus palabras" (traducido por el autor).[3] Esto quiere decir, que "cuando hablamos o escribimos de acuerdo a los convencionalismos de la comunicación, escogemos *palabras* que transmiten un *significado* que nuestra audiencia encontrará *relevante* para que así pueda alcanzar algún propósito o *efecto*" (traducido por el autor).[4]

Aun los comentarios más triviales tienen la intención de producir algún efecto en los oyentes. Considera los siguientes ejemplos que usa Doriani para ilustrar este asunto.[5] El padre sale de su habitación, y al pasar por el baño le dice a uno de sus hijos: "Hay una toalla mojada en el suelo". El hijo echa un vistazo y responde: "Si, papá, hay una toalla mojada en el suelo". ¿Se sentirá satisfecho el padre porque su hijo coincide con él en cuanto a la posición y condición de la toalla? Probablemente no. Su comentario tiene la intención de mover al hijo a recogerla y ponerla en el lugar adecuado. Esa es la aplicación que el padre espera que su hijo extraiga de sus palabras.

Otra escena común. La madre dice en voz alta: "La cena estará lista en cinco minutos". No es necesario añadir que todos deben prepararse para que puedan cenar a tiempo. La aplicación está implícita por el contexto. Luego, están todos sentados a la mesa, acaban de orar, y ella le dice a uno de sus sobrinos que está de visita: "Robertito, aquí está el pavo". Si Robertito se limita a responder: "Sí, tía, tienes razón, el pavo está aquí", es evidente que no captó el mensaje, porque la intención no era confirmar en boca de dos testigos la ubicación del ave, sino invitarlo a servirse un trozo.[6]

Cuando la comunicación es parte de un diálogo, el proceso de entender y aplicar lo que se dice es más fácil porque podemos clarificar con la persona que habla lo que quiere decir. Cuando se trata de un documento escrito el asunto se vuelve más difícil porque el interlocutor no está presente "para clarificar ambigüedades, interpretar ceños fruncidos, insistir en lo que quiere decir o indicar su significado" (traducido por el autor).[7] Sin embargo, dado que la Biblia es la Palabra de Dios escrita, no solo debemos presuponer que todo cuanto dice tiene significado, propósito y relevancia, sino que también podemos llegar a entender su contenido haciendo uso de una sana hermenéutica, porque Dios no está jugando al escondite con nosotros; Su Palabra es una revelación, no un acertijo.

"¿Acaso no habéis leído?"

En los Evangelios encontramos a Jesús en varias ocasiones reprendiendo a los líderes religiosos de Israel por su incapacidad para entender y aplicar correctamente las Escrituras. Al menos en cinco ocasiones usa contra ellos la pregunta retórica: "¿No habéis leído?" o "¿Nunca leísteis?".[8] Ellos conocían el Antiguo Testamento, pero en muchas ocasiones perdieron de vista su verdadero significado, sobre todo en lo concerniente a la Persona y la obra del Mesías. Su falta de entendimiento no les permitía aplicar correctamente la Palabra de Dios.

Ejemplo #1: una de esas preguntas retóricas la encontramos en el pasaje de Mateo 19:4. Los fariseos se acercaron al Señor para preguntarle acerca del divorcio: "¿Es lícito al hombre repudiar a su mujer por cualquier causa?" (Mat. 19:3). Jesús les respondió: "*¿No habéis leído* que el que los hizo al principio, varón y hembra los hizo, y dijo: Por esto el hombre dejará padre y madre, y se unirá a su mujer, y los dos serán una sola carne? Así que no son ya más dos, sino una sola carne; *por tanto*, lo que Dios juntó, no lo separe el hombre" (Mat. 19:4-6, énfasis agregado). Ese *por tanto* juega un papel de gran importancia en este pasaje porque nos muestra la intención original de Dios al establecer la institución del matrimonio como la unión de un hombre y una mujer que debía continuar "hasta que la muerte los separe".

No obstante, ellos insisten en preguntar: "¿Por qué, pues, mandó Moisés dar carta de divorcio y repudiarla?" (Mat. 19:7). Los fariseos aluden a un pasaje que se encuentra en Deuteronomio 24:1-4, en el que Moisés regula el divorcio con la intención de refrenarlo, no de promoverlo; pero algunos fariseos habían convertido esta regulación en un permiso para que los hombres se divorciaran de sus esposas por cualquier causa. De haber entendido y aplicado de manera correcta el pasaje de Génesis 2:24, no habrían llegado a esa conclusión. Estaban aplicando mal las Escrituras y Jesús los reprendió por eso.

Ejemplo #2: otro de esos incidentes lo encontramos en Mateo 12:1-8. Era día de reposo y los discípulos de Jesús estaban arrancando espigas para comer. De inmediato aparece "la Gestapo de la santidad", los fariseos, y reprenden a Jesús por permitir tal "sacrilegio" en sábado: "He aquí tus discípulos hacen lo que no es lícito hacer en el día de reposo" (Mat. 12:2). La respuesta de Jesús debió de caerles como una bomba:

> Pero él les dijo: *¿No habéis leído* lo que hizo David, cuando él y los que con él estaban tuvieron hambre; cómo entró en la casa de Dios, y comió los panes de la proposición, que no les era lícito comer ni a él ni a los que con él estaban, sino solamente a los sacerdotes? ¿O *no habéis leído* en la ley, cómo

en el día de reposo los sacerdotes en el templo profanan el día de reposo, y son sin culpa? *Pues os digo que uno mayor que el templo está aquí* (Mat. 12:3-6, énfasis agregado).

Los rabinos aceptaban que los deberes relacionados con el templo predominaban sobre las regulaciones relativas al día de reposo. En otras palabras, el servicio en el templo legitimaba el hecho de que los sacerdotes trabajaran en el día de reposo y fueran sin culpa porque ese espacio *representaba* la presencia especial de Dios con Su pueblo. Por lo tanto, ¡cuánto más derecho tendrían los discípulos de Jesús de hacer lo que estaban haciendo para asistir a Aquel que *es* la presencia misma de Dios! La implicación del Señor es clara: los rabinos debieron haber entendido mejor el Antiguo Testamento para poder aplicarlo correctamente, pero sus prejuicios pecaminosos se lo impedían.

Interpretación y aplicación, ¿cómo se relacionan?

Antes de pasar a explicar cómo podemos aplicar las Escrituras, veamos cómo se relacionan entre sí la interpretación del pasaje y su aplicación. Comprender cómo interactúan ambos elementos nos ayudará en la tarea de pasar de la interpretación a la aplicación. Doriani resume las posibilidades a tres puntos de vista.

1. La perspectiva tradicional: primero la exégesis, luego la aplicación.

La perspectiva tradicional nos dice que el proceso de interpretación tiene dos aspectos. El primero es la exégesis, que nos ayuda a entender el significado de un texto bíblico en su propio contexto. El segundo es la aplicación, que nos ayuda a ver cuáles son las implicaciones o la relevancia de la verdad bíblica para nosotros hoy. "Si la exégesis describe, la aplicación prescribe" (traducido por el autor).[9] La fortaleza de esta perspectiva es obvia: no podemos saber cómo aplicar lo que no entendemos.

Sin embargo, el teólogo y filósofo norteamericano John Frame, propone "eliminar del todo esta distinción entre significado y aplicación", sobre la base de que "el significado de la Escritura es su aplicación" (traducido por el autor).[10]

2. Una contrapropuesta: el significado es la aplicación.

De acuerdo a esta perspectiva, hacer una distinción tan marcada entre la interpretación y la aplicación no les hace justicia a la Escritura ni a la práctica de muchos buenos intérpretes. Solo entendemos la Escritura —dice Frame— "cuando sabemos cómo usarla" (traducido por el autor).[11] El siguiente ejemplo puede ser de ayuda para ver la relación tan estrecha que existe entre la interpretación y la aplicación.

La Biblia dice que debemos desechar la mentira y hablar "verdad cada uno con su prójimo" (Ef. 4:25). Una miembro de nuestra iglesia, que sabía que no debía mentir, en ocasiones usaba la siguiente táctica para evitar llamadas telefónicas no deseadas; cuando alguna persona de la casa tomaba la llamada y le decía que era para ella, salía enseguida hacia la calle y desde afuera gritaba: "Dile que yo salí". Probablemente Frame preguntaría, refiriéndose a la actuación de esta persona: "¿Está fallando en *aplicar* el mandamiento o en *entenderlo*?".

3. Una síntesis: una barrera permeable entre el significado y la aplicación.

Como ya he expuesto antes, los que abogan por la posición tradicional afirman que nadie puede aplicar apropiadamente un pasaje de las Escrituras sin entender primero qué significa. Y tienen razón. "Mientras mejor entendamos un texto en su contexto original, con más precisión veremos su relevancia actual" (traducido por el autor).[12] Frame argumenta, sin embargo, que si no somos capaces de aplicar el texto bíblico no lo entendemos en realidad.[13] El problema es que ambas posturas están en lo cierto.

Es por eso que Doriani propone una síntesis entre las dos perspectivas tomando en cuenta, por un lado, que "la aplicación sana no puede ocurrir sin una exégesis correcta"; y, por el otro lado, que la línea que separa la exégesis de la aplicación "es delgada y permeable" (traducido por el autor).[14] Podemos comenzar a entender el significado de un pasaje y aun así tener dificultad para ver su relevancia actual; pero, a medida que entendemos cómo se aplica, entendemos mejor su significado. De esta manera, la exégesis y la aplicación, aunque son aspectos distintos, se solapan muchas veces. Hay una línea que las separa, aunque en ocasiones sea borrosa.

Aplicar la Escritura conforme a la intención general de la Escritura

Una de las cosas que casi todo predicador aprecia es que las personas le digan al final del servicio de adoración que el sermón le fue de ayuda, o que "era justo lo que necesitaban". No hay nada de malo en eso. Pero debemos recordar que la opinión de la gente no es una tabla infalible de evaluación para saber si un sermón fue realmente eficaz en el mejor sentido de ese término. El siguiente comentario de Graeme Goldsworthy es muy pertinente:

> Muchas veces el sermón es considerado eficaz porque el predicador nos estimuló e incluso nos entretuvo; o quizás nos parece acertado porque confirma nuestras ideas preconcebidas

o nuestros prejuicios. Pero el predicador debe tener cuidado, pues las muchas felicitaciones y conversaciones sobre "qué buen sermón" y cómo el Señor nos bendijo durante su charla pueden ser muy seductoras. Lo apropiado puede ser evaluado con facilidad con argumentos puramente pragmáticos.[15]

¿Cómo evaluar, entonces, la eficacia de un sermón? Un sermón es eficaz cuando el predicador es capaz de aplicar las Escrituras conforme a la intención de las Escrituras. Dios nos habla en Su Palabra con un doble propósito: para que lo conozcamos a Él como Redentor y para que seamos conformados a Su imagen. Esa es la meta de la redención: ser conformados a la imagen de Cristo, quien es a Su vez la imagen de Dios (Rom. 8:29; 2 Cor. 3:18; Ef. 4:22-24; Col. 3:9-10). Esa debe ser también la meta de la aplicación en la predicación de las Escrituras. "La meta es conocer a Dios, amarlo (Deut. 6:5; Mat. 22:37), creer en Él (Juan 20:31), caminar con Él fielmente (Miq. 6:8) e incrementar nuestra semejanza a Él" (traducido por el autor).[16]

Las implicancias que se derivan de este propósito general de las Escrituras son muy variadas y, por lo tanto, las aplicaciones que derivamos de los pasajes bíblicos serán muy variadas también. Pero es muy importante que el predicador entienda qué es lo que intenta lograr a la larga con su ministerio de predicación, aun cuando declara las demandas éticas de las Escrituras. "Honramos la ley —dice Doriani— porque exaltamos a Dios, quien la dio y se revela en ella. Honramos la virtud porque la virtud es conformidad al carácter de Dios [...]. Esta doble meta de conocer a Dios y conformarnos a Su imagen satura la Escritura, desde el Edén y el Sinaí hasta la enseñanza de Jesús y de Pablo" (traducido por el autor).[17]

La Biblia es relevante porque produce ese doble efecto de darnos a conocer a Dios y conformarnos a Él. Podemos ser más específicos y decir que amar a Dios y responder a Él significa "responder a Cristo creyendo en Él, escuchándolo, imitándolo y siguiéndolo" (traducido por el autor).[18] Es por eso que las aplicaciones del sermón deben estar conectadas con el evangelio, porque el conocimiento de Dios y nuestra transformación a Su imagen "comienza y termina con Su gracia" (traducido por el autor).[19] El evangelio es, entonces, lo que determina si el mensaje fue en verdad relevante o no lo fue. El siguiente comentario de Goldsworthy es extenso, pero vale la pena leerlo con atención:

> Sería más fácil motivar a una congregación de cristianos maduros expectantes, con su Biblia abierta, que a un grupo de personas no comprometidas que vive en una cultura de gratificación instantánea. Mientras más lejos estén de tener un marco mental orientado al evangelio, más difícil será motivarlos a escuchar la exposición de la Palabra de Dios. Así, muchas veces comenzamos "por donde duele la muela". Empezamos por un problema o necesidad frecuente, cualquiera que sea, que puede ser desde una baja autoestima o derechos de los animales o el calentamiento global. No hay nada de malo en tocar esos temas… pero, a menos que el problema sea redefinido por el evangelio, estamos en peligro de reducir el mensaje cristiano a uno que nos ayude a sentirnos mejor o haga del mundo un mejor lugar.
>
> El evangelio no sólo define el problema y la respuesta de Dios a éste; debe definir también los términos cristianos a utilizar para evaluar sermones… Las primeras preguntas que debemos hacernos, no deben ser: "¿Qué fue lo eficaz?", "¿Fue de ayuda?" o "¿Nos bendijo?", sino: "¿De qué forma el estudio o sermón dio testimonio de Cristo y su evangelio como poder de Dios para salvación?".[20]

Como ya hemos dicho más de una vez en este libro, la predicación expositiva debe ser Cristo-céntrica porque la Biblia es Cristo-céntrica, y eso debe manifestarse también en nuestras aplicaciones.

Ejemplo: supongamos que estamos exponiendo el pasaje de 1 Timoteo 4:7: "Ejercítate para la piedad". Es obvio que hay algunas cosas que debemos hacer de manera regular e intencional si queremos ver cambios significativos y duraderos en nuestras vidas; las llamamos "disciplinas espirituales": leer la Biblia, orar y adorar a solas, ayunar, leer libros edificantes. De la misma manera debemos participar de la adoración y oración grupal, de las ordenanzas del bautismo y la Cena del Señor, de la comunión con los hermanos, etc.

Al aplicar este pasaje es importante que entendamos cuál es el papel que juegan estas disciplinas en nuestro crecimiento espiritual debido a que, por la tendencia de nuestros corazones hacia el legalismo, pueden convertirse con facilidad en un medio para hallar el favor de Dios, como si el mero hecho de leer la Biblia, orar, ayunar, o venir fielmente a la iglesia sean obras meritorias que muevan a Dios a amarnos más.

Si el creyente cae en esa trampa, pronto se estará preguntando: ¿cuánto puedo aportar que sea suficiente para llegar a merecer el amor de Dios? Cuando comparamos la magnitud de la santidad de Dios con nuestro débil esfuerzo, enseguida nos damos cuenta de que nuestro mejor desempeño nunca podrá llenar la medida deseable. Esa forma de abordar la vida cristiana siempre termina en la frustración (a menos que nos engañemos a nosotros mismos).

Bryan Chapell nos provee una perspectiva diferente del amor de Dios que nos ayuda a ver cómo operan estas disciplinas o medios de gracia en nuestro crecimiento espiritual. En vez de contemplar el amor de Dios como un pozo lejano al que solo podemos acceder mediante un esfuerzo interminable, debemos verlo más bien como el aire que nos rodea. De ese modo "no percibiríamos los medios de gracia como las medidas que tomamos para producir amor de Dios por nosotros, sino simplemente como los medios para hacer un uso más pleno de la provisión que ya nos rodea por todas partes" (traducido por el autor).[21]

El amor de Dios en Cristo es inagotable. Practicar las disciplinas espirituales es como abrir nuestras bocas para respirar todos esos recursos de amor que Él nos proveyó. "Abrir nuestras bocas en oración y alabanza no produce más amor de Dios por mí, así como el abrir mi boca no hace que haya más aire. Los medios de gracia simplemente me permiten experimentar la plenitud del amor que ya Dios nos ha provisto plena y completamente" (traducido por el autor).[22] Al aplicar así el pasaje, ayudamos a los creyentes a ver la demanda que contiene a través del evangelio, en vez de contribuir a la tendencia hacia el legalismo que seguramente está operando en sus corazones.

Un enfoque variado de las aplicaciones

Algunos predicadores tienden a equiparar la aplicación con proveer a los oyentes una lista de reglas que deben obedecer. Eso los lleva a cometer, al menos, dos grandes errores: limitar de manera considerable las diversas formas en las que la Biblia se puede aplicar para suplir las variadas necesidades del auditorio, y volver cada cierto tiempo a las mismas aplicaciones: debemos orar más, evangelizar más, leer más la Biblia, ofrendar más, ser mejores esposos, ser mejores esposas, y cosas por el estilo. Con el tiempo, su predicación se vuelve predecible y aburrida; y, lo que es peor, fracasará en ayudar a los creyentes a seguir avanzando hacia la madurez en Cristo, como veremos más adelante.

Daniel Doriani sugiere las siguientes preguntas como una ayuda para el enfoque de nuestras aplicaciones:

1. ¿Qué debo hacer? Esto es, ¿cuál es mi deber?
2. ¿Qué debo ser? Esto es, ¿cómo puedo llegar a ser la persona, u obtener el *carácter*, que me permitirá hacer lo que es correcto?
3. ¿A cuál causa debo dedicar mi vida y mis energías? Esto es, ¿cuáles son las metas que debo perseguir?
4. ¿Cómo puedo distinguir la verdad del error? Esto es, ¿cómo puedo adquirir discernimiento?

Este enfoque cuádruple no tiene que estar presente en cada uno de nuestros sermones, sino que más bien nos proveen una guía para tener un rango más amplio de aplicación al predicar la Palabra. "Si consistentemente respondemos estas cuatro preguntas, escaparemos de los surcos de algunos temas preferidos, y nuestros mensajes crecerán en variedad y profundidad" (traducido por el autor).[23] Por otra parte, contribuirán a la madurez de aquellos a quienes ministramos ayudándolos en la formación de un carácter piadoso y el desarrollo del discernimiento. El autor de la Carta a los hebreos describe a los creyentes que han alcanzado madurez como aquellos "que por el uso tienen los sentidos ejercitados en el discernimiento del bien y del mal" (Heb. 5:14).

Principios para aplicar las Escrituras

En primer lugar, *aplícate la Escritura a ti mismo*. Ya dijimos en el capítulo 5 que la autoridad del predicador se fortalece o debilita en relación directa con el compromiso que los demás perciban en su propia vida de obediencia a la Palabra que predica. Aunque todos nosotros "sostenemos el evangelio con manos contaminadas" (traducido por el autor),[24] como nos recuerda el antiguo presidente del Calvin Theological Seminary en

Míchigan, Cornelius Plantinga, el hombre de Dios debe estar comprometido con la santidad de vida en dependencia del Espíritu Santo. "La elocuencia —dice Richard Dabney— puede deslumbrar y agradar; la santidad de vida convence" (traducido por el autor).[25] Ningún predicador es impecable, pero debe ser evidente para nuestra congregación que no nos colocamos por encima de las Escrituras, sino que nos sometemos con humildad a la voz de Dios que escuchamos a través de Su Palabra. Byron Yawn dice al respecto:

> Sus oyentes se sienten animados cuando perciben el impacto de la verdad sobre la vida de su pastor. Primero tiene que afectarlo a usted. Como un sonido que viaja por un espacio determinado, el sermón es el impacto de la verdad en la vida del predicador que se abre camino por el espacio de una semana. Cuando llega a los oídos y a los corazones de las personas el domingo, es poderoso.[26]

Pero ese compromiso con la santidad no solo impacta su autoridad delante de la congregación, sino también su propio entendimiento de las Escrituras. Pablo exhorta a Timoteo a militar la buena milicia, "manteniendo la fe y buena conciencia, desechando la cual naufragaron en cuanto a la fe algunos" (1 Tim. 1:19). Cuando en el Nuevo Testamento se habla de "la fe" con artículo definido, habitualmente se refiere al contenido de nuestra fe, aquello que creemos. Timoteo debía mantenerse aferrado al contenido de su fe, es decir, a las doctrinas que había creído, pero debía mantener también una limpia conciencia; en otras palabras, debía esforzarse para vivir una vida coherente con las doctrinas que profesaba creer. Fue por desechar la buena conciencia que algunos naufragaron en cuanto a la fe, como había sido el caso de Himeneo y Alejandro, que Pablo menciona en el versículo 20. Si no nos esforzamos por amoldar nuestra vida a las Escrituras, tarde o temprano terminaremos torciendo las Escrituras para que encaje con nuestra vida.

En segundo lugar, *las aplicaciones de tu mensaje deben estar conectadas con el mensaje de tu texto*. David Helm menciona el caso de predicadores que describen de esta forma su tiempo de preparación de las aplicaciones:

> Se sientan en su oficina con los ojos cerrados, con la cabeza hacia atrás, con el rostro dirigido hacia el techo. Se susurran a sí mismos cosas como: "Ahora, sé que Bobby estará allí, tiene trece años y está enfrentando problemas de identidad... ¿Cómo puedo aplicar esto a su corazón? Y Billy-Sue estará allí, bendito sea su corazón, y está luchando contra la depresión...". Esta estrategia altamente contextualizada tiene un lugar, pero no debe tener un papel principal. El predicador puede servir mejor a su gente con sus ojos abiertos y su rostro clavado *en el texto*.[27]

Recuerda que estás aplicando el mensaje de las Escrituras; asegúrate de que las aplicaciones que estás llevando a la congregación concuerden con el contenido y la intención del pasaje. No obstante, es importante resaltar que estamos predicando a gente específica con necesidades específicas; de ahí el siguiente principio.

En tercer lugar, *aplica las Escrituras con un corazón pastoral*. Mientras más cerca esté el pastor de la vida y el corazón de las ovejas a las que ministra, mejor equipado estará para aplicarles eficazmente el mensaje de las Escrituras. Como en muchos otros aspectos del ministerio cristiano, también en esto el apóstol Pablo es un modelo a seguir. Escribiendo a los creyentes en Tesalónica, Pablo les dice:

Tan grande es nuestro afecto por vosotros, que hubiéramos querido entregaros no sólo el evangelio de Dios, sino también nuestras propias vidas; porque habéis llegado a sernos muy queridos. Porque os acordáis, hermanos, de nuestro trabajo y fatiga; cómo trabajando de noche y de día, para no ser gravosos a ninguno de vosotros, os predicamos el evangelio de Dios. Vosotros sois testigos, y Dios también, de cuán santa, justa e irreprensiblemente nos comportamos con vosotros los creyentes; así como también sabéis de qué modo, como el padre a sus hijos, exhortábamos y consolábamos a cada uno de vosotros, y os encargábamos que anduvieseis como es digno de Dios, que os llamó a su reino y gloria (1 Tes. 2:8-12).

Cuando una congregación percibe esa clase de amor de parte de sus pastores, está mejor predispuesta para recibir con un corazón abierto sus instrucciones y exhortaciones.

En cuarto lugar, *procura tener variedad en tus aplicaciones, tanto en el contenido como en la forma.* Como hemos visto ya, debemos evitar volver sobre los mismos temas una y otra vez en nuestras aplicaciones. Pero también debemos ser variados con la forma en la que las introducimos durante el sermón. Algunos predicadores reservan siempre las aplicaciones para el final, pero es más conveniente en ocasiones que vayamos aplicando a medida que avanzamos en la exposición de nuestro mensaje, aun cuando reservemos para el final una apelación poderosa y contundente. "Incluso se podría dar el caso —dice Brian Borgman— de que un sermón comience con alguna reflexión o pregunta escrutadora de aplicación. El consejo aquí es simplemente evitar que el sermón sea predecible, y mantenerlo novedoso".[28]

En quinto lugar, *ora al Señor para que te dé sabiduría a fin de que puedas aplicar Su Palabra de una forma adecuada.* Se requiere de sabiduría y agudeza para aplicar las Escrituras y Dios ha prometido darla a los que la pidan (Sant. 1:5).

En sexto lugar, *ora también para que te libre del temor a los hombres*. Todo predicador debe anhelar poder decir como Pablo: "Porque nuestra exhortación no procedió de error ni de impureza, ni fue por engaño, sino que según fuimos aprobados por Dios para que se nos confiase el evangelio, así hablamos; no como para agradar a los hombres, sino a Dios, que prueba nuestros corazones" (1 Tes. 2:3-4). En su Carta a los gálatas es aún más contundente: "Pues, ¿busco ahora el favor de los hombres, o el de Dios? ¿O trato de agradar a los hombres? Pues si todavía agradara a los hombres, no sería siervo de Cristo" (Gál. 1:10). Quiera el Señor concedernos sabiduría, agudeza y valentía para aplicar fielmente Su Palabra al corazón de aquellos que nos escuchan.

Trabajemos en nuestro sermón expositivo

Hay tres pasajes de las Escrituras que nos ayudan a ver la relevancia de Éxodo 17:1–7 con el que estamos trabajando: el Salmo 95, Hebreos 3 y 1 Corintios 10.

En el Salmo 95, el salmista aplica esta historia que se narra en Éxodo 17:1–7 llamando a los israelitas de su generación a venir delante de Dios con una actitud de adoración y con un corazón sumiso, por el enorme privilegio de haber sido escogidos como "el pueblo de Su prado" y "las ovejas de Su mano"; y para mostrar al mismo tiempo el peligro de reaccionar a la voz de Dios con incredulidad y con dureza de corazón cuando estamos en medio de una prueba.

El autor de la Carta a los hebreos cita el Salmo 95 para hacer una aplicación similar; luego de citar los versículos 7 al 11 del salmo, el autor de la carta advierte a sus lectores: "Mirad, hermanos, que no haya en ninguno de vosotros corazón malo de incredulidad para apartarse del Dios vivo; antes exhortaos los unos a los otros cada día, entre tanto que se dice: Hoy; para que ninguno de vosotros se endurezca por el engaño del pecado" (Heb. 3:12–13).

Pablo también hace alusión a este pasaje, en 1 Corintios 10, no solo para indicar que Cristo es la Roca de la que bebió el pueblo, sino también para advertirnos que no menospreciemos nuestros privilegios, como hicieron los israelitas en el desierto, y que nos cuidemos de la codicia, la idolatría y la murmuración.

Este pasaje puede ser usado:

1. Para mover a los creyentes a la adoración y gratitud a Dios por amarnos de pura gracia y concedernos el enorme privilegio de ser parte de Su pueblo escogido (Salmo 95:1–7).

2. Para producir en los creyentes un mayor aprecio por la persona de nuestro Señor Jesucristo, la Roca que fue golpeada por causa de nuestra salvación (1 Cor. 10:4).

3. Para advertir en contra de la murmuración, la incredulidad y la falta de mansedumbre ante las providencias aflictivas (1 Cor. 10:6-11).

4. Para advertir en contra de la dureza de corazón que rehúsa escuchar la amonestación divina y que precede a la apostasía, es decir, a apartarse completamente del Dios vivo (Heb. 3:12-13).

5. Para llamar a los incrédulos al arrepentimiento y a la fe.

13

Prepara la introducción y la conclusión

"La introducción es al sermón lo que la patada inicial y la carrera son a un juego de fútbol [...]; como los disparos iniciales de una batalla, o como salir de un puerto en viaje al océano. Es el tiempo para que todos se aclimaten con lo que ha de seguir a la situación inicial y orientarse" (Richard L. Mayhue)

Tanto la introducción como la conclusión de un sermón deben ser escritas cuando ya tengamos una idea clara de lo que vamos a predicar. Eso no significa que debemos escribir la introducción cuando el sermón esté completamente redactado, aunque sería lo ideal; pero al menos debemos tener los puntos principales de la estructura antes de aventurarnos a redactar la introducción. La introducción del sermón es muy importante y, por lo tanto, no debemos descuidarla durante nuestra preparación.

Como bien nos dice John Broadus, los hombres tienen una aversión natural hacia lo abrupto y disfrutan de un planteamiento algo gradual. Rara vez un edificio tiene apariencia agradable si carece de un portal o alguna clase de entrada que invite. Una pieza de música elaborada siempre tendrá un preludio de al menos unas pocas notas introductorias.[1]

Una buena introducción no solo introduce, sino que también atrapa

Una buena introducción es aquella que logra al menos tres propósitos: 1) despertar el interés de los oyentes por el asunto que vamos a exponer; 2) presentar el tema; y 3) preparar al auditorio para entenderlo. El profesor de homilética James Braga dice que al empezar el sermón el predicador debe asegurarse de que sus frases introductorias tengan "garfios de hierro" para cautivar en el acto las mentes de sus oyentes.[2] Paul O'Neil, escritor de la revista Life es menos sutil: "Agarre al lector por la garganta durante el primer párrafo, hunda sus dedos en su tráquea en el segundo, ¡y manténgalo entre la espada y la pared hasta la última línea!".[3]

Al colocarnos detrás del púlpito no debemos presuponer que todo el mundo está preparado para recibir la predicación o para ponerle atención. ¡Más bien debemos suponer que algunos no tienen el menor interés en escucharnos! La introducción debe persuadir al auditorio de que lo que sigue a continuación es digno de ser oído.

Algunos principios generales sobre la elaboración de la introducción

En primer lugar, *la introducción debe estar íntimamente relacionada con el tema del sermón, pero al mismo tiempo debe ser distinta*. No debemos anticiparnos a lo que corresponde realmente al cuerpo del sermón. La introducción prepara al auditorio para lo que vamos a tratar, pero no entra a desarrollar el asunto mismo.

En segundo lugar, *generalmente hablando la introducción debe ser breve*. Digo generalmente porque hay casos excepcionales en los que el tema requiere de una introducción más extensa de lo acostumbrado, pero esos casos deberían ser los menos. Por desgracia, ese error es bastante común, sobre todo en predicadores jóvenes. Como dice Broadus: "Por cada sermón que peca por lo abrupto de su introducción hay cien que pecan por lo largo y cansado de su prefacio".[4]

En tercer lugar, *la introducción debe consistir de una sola idea completa.* Debe llevarnos al cuerpo del sermón, no a otra introducción. El principio que estamos aplicando aquí es muy sencillo: no hay para qué hacer un pórtico que nos lleve a otro pórtico.[5] Eso es lo que suele suceder cuando la introducción es larga y compleja; ese tipo de introducción hace que el oyente sienta que lo metieron en un laberinto del que no sabe cómo salir ni a dónde va a parar. Los laberintos son buenos para jugar al escondite, pero no para los sermones. Tan pronto como llamamos la atención de nuestro auditorio y orientamos a la audiencia al tema que vamos a exponer, debemos entrar de inmediato en el cuerpo del sermón. Si seguimos dándole vueltas al asunto alargaremos la introducción más de lo prudente y perderemos el interés de nuestros oyentes.

En cuarto lugar, *la introducción debe ser interesante.* James Braga dice lo siguiente: "Los primeros minutos del sermón son cruciales. Es en estos momentos que el ministro se ganará o perderá la atención de la congregación".[6] Haddon Robinson dice muy acertadamente: "Hay tres tipos de predicadores: aquellos a los que no se les puede escuchar; los que se pueden oír; y los que no puedes dejar de escuchar. Y es en la introducción donde casi siempre la congregación descubre qué clase de orador es el que tiene delante".[7]

En quinto lugar, *la introducción nunca debe ser una apología.* "Puede ser que el sermón de hoy resulte un poco técnico, pero es que...". O lo que es todavía peor: "Yo no pude prepararme adecuadamente en esta semana porque tuve muchos contratiempos". Cuando un predicador comienza su sermón dando excusas, no se está ganando la simpatía de la gente, sino que hará que no le presten atención. Otro error común, similar al anterior, es comenzar el sermón diciendo algo como esto: "Pensando en esta semana qué iba a predicar, se me ocurrió que debía hablarles de…". Eso le dice de entrada a la congregación que el asunto no es tan importante, sino que fue un tema que se le ocurrió al predicador de repente. Un buen predicador no es aquel que tiene que decir algo, sino el que tiene algo que decir; la congregación debe percibir en la introducción que nosotros tenemos algo importante que compartir con ellos.

En sexto lugar, *las introducciones deben ser variadas*. Si comenzamos nuestros sermones de la misma manera domingo tras domingo, nos volveremos predecibles y aburridos. Debemos variar la presentación de nuestras introducciones. Podemos comenzar con el texto mismo que vamos a exponer explicando algo del contexto del pasaje, o aportando algunos detalles históricos o geográficos que no solo arrojen claridad sobre el texto, sino que también lo hagan más vivo e interesante.

Ejemplo #1: si vamos a predicar sobre Mateo 11:20-24, podemos introducir el sermón trayendo a colación alguna información de esos lugares a los que Cristo se dirige en el texto:

> En la margen noroeste del lago de Galilea, hay una hermosa planicie que en los tiempos del Señor era llamada la tierra o llanura de Genesaret. Tiene la forma de una media luna y posee unos 6,5 km de largo, y unos 3 km de ancho en su parte más amplia. Es una tierra muy fértil debido a que hay allí varias fuentes de agua que descienden de las montañas, y por lo mismo es una tierra muy hermosa. Hace cientos de años, en esa planicie se encontraban asentadas tres ciudades: Corazín, Betsaida y Capernaúm, esta última era la más importante de todas. Cerca de ella pasaba el camino principal de Damasco a

Tolemaida, por donde transitaba el tráfico con Egipto. Mateo el evangelista nos dice que en Capernaúm había un puesto de aduanas (comp. Mat. 9:9) y una guarnición de soldados romanos (comp. Mat. 8:9), lo cual revela la importancia de esta ciudad. A unos 4 km al norte de Capernaúm se encontraba Corazín, y más al noroeste Betsaida, el hogar natal de Pedro, Andrés y Felipe. En estas tres ciudades Cristo predicó ampliamente durante Su ministerio, y fue también contra ellas que dirigió una de las amonestaciones más severas que salieron de Sus labios durante Su ministerio.

Ejemplo #2: también podemos comenzar con alguna historia relacionada con nuestro tema. Cuando iba a comenzar a predicar sobre la carta de Pablo a los efesios me topé con una historia de la vida real que era perfecta para introducir la serie.

A principio del siglo xx vivió en Estados Unidos una señora llamada Hetty Green, quien a la hora de su muerte, en el 1916, había acumulado una fortuna de 100 millones de dólares. Eso es mucho dinero hoy en día, pero era muchísimo más en aquel tiempo. Sin embargo, Hetty Green llegó a ser conocida como la mujer más miserable de América. Era tan avara que prefería comer avena fría para no gastar calentando el agua. En cierta ocasión su hijo sufrió una lesión muy severa en una pierna, y fue tanto el tiempo que esta mujer tardó buscando una clínica que lo atendiera gratis que finalmente hubo que amputársela por lo avanzada que estaba ya la infección. He aquí un caso severo de avaricia. Esta mujer tenía enormes recursos a su disposición, pero tomó la decisión de no usarlos. Vivió como una miserable a pesar de ser millonaria y, a la larga, de poco le sirvió todo cuanto tenía. Es de poco provecho tener mucho cuando no se desea usarlo o no se sabe cómo.

Lamentablemente, muchos que profesan la fe de Cristo se parecen a esta mujer, y no por su avaricia, sino por su ignorancia. Estos creyentes se encuentran en peligro de desnutrición espiritual, aunque tienen a su disposición un gran almacén de alimentos y recursos espirituales. Y nada mejor para corregir esta anomalía que estudiar de manera expositiva, versículo por versículo, la carta de Pablo a los Efesios.

Hay muchas y variadas formas de comenzar un sermón. He aquí algunas sugerencias que aporta el libro *El Redescubrimiento de la Predicación Expositiva*, editado por John MacArthur:[8]

1. Estadísticas actuales que señalan un problema contemporáneo sobre el cual se hablará en el mensaje.
2. Ilustraciones históricas que sirven para familiarizar a los oyentes con el tema.
3. Acontecimientos actuales que se relacionan con el mensaje.
4. Historias de la vida real.
5. Ilustraciones biográficas.
6. Citas contundentes.
7. Preguntas retóricas dirigidas a la audiencia.
8. Experiencias personales del predicador.
9. Problemas relacionados con la vida para los cuales se ofrecerán soluciones bíblicas.
10. Confusión contemporánea en cuanto a la enseñanza bíblica que el predicador corregirá y aclarará.
11. Correspondencia personal interesante.

12. Relatos imaginarios.
13. Parábolas de la vida real.
14. Sugerencia de una situación hipotética y preguntas sobre cómo reaccionaría cada uno de nosotros ante esa situación.

La última parte del sermón que debemos elaborar es la conclusión.

Cuando hayas dicho lo que ibas a decir, ¡concluye de una vez!

Como su mismo nombre indica, la conclusión es la parte final del sermón donde se concluye el tema que el predicador ha venido tratando, con el objetivo de producir un impacto duradero en la mente y en el corazón de los oyentes. Como dice James Braga: "la conclusión es el punto culminante de todo el sermón, en el que el constante objetivo del predicador llega a su meta en forma de una poderosa impresión".[9] La conclusión es para concluir y no simplemente para detenernos. "Su único propósito —dice Braga una vez más— es el de enfatizar, reafirmar, establecer o finalizar aquello que ya ha sido declarado en el sermón, con el objeto de hacer patente ante los oyentes el principal objeto del discurso".[10]

Esta parte del sermón es tan importante como lo es un buen aterrizaje para un avión. Si el avión gira y gira en círculos sin poder aterrizar, la gente comenzará a desesperarse y el efecto del mensaje se puede perder. El mensaje que ya fue proclamado demanda un veredicto, una acción. Una conclusión bien preparada no solo dejará bien claro en la mente de los oyentes qué se espera de ellos, sino que los motivará a hacerlo. Una conclusión débil, en cambio, puede debilitar el impacto que pudo haber causado el resto del sermón.

Una buena conclusión posee las siguientes características:

1. Es dinámica y contiene una aplicación.
2. Nunca introduce material nuevo, sino que enfatiza lo que ya ha sido dicho.
3. Es breve y, sobre todas las cosas, ¡debe de concluir una sola vez! Si hay algo frustrante para una congregación es aquel predicador que da la impresión de que está a punto de aterrizar y de repente vuelve a emprender el vuelo hasta encontrar otra pista de aterrizaje donde por fin descender.

La conclusión no siempre toma la misma forma; varía de acuerdo al mensaje, al auditorio e incluso a la personalidad del predicador. Podemos concluir la predicación revisando las afirmaciones más importantes del sermón en torno a la idea central que se quiso comunicar, con una serie de aplicaciones prácticas, con una ilustración que arroje luz sobre el tema o sus aplicaciones, con algunas directrices específicas que indiquen al auditorio qué deben hacer con el mensaje que han escuchado; o con una buena cita que presente la idea del sermón de una forma vívida y memorable. En este asunto, como en todo lo que hemos tratado hasta aquí, la práctica nos hará cada vez más diestros en la aplicación de estos principios a la hora de redactar la conclusión.

Una cosa más. Aunque debemos escribir la conclusión al final, lo ideal es desarrollar el sermón con la conclusión en mente. Si tenemos una idea clara de la aplicación central que queremos dejar en el corazón de nuestros oyentes, podremos dirigir el sermón hacia esa meta desde el principio, y producir así un impacto más profundo en nuestro auditorio. Haddon Robinson señala que "la aplicación o utilidad del sermón comienza en la introducción, no en la conclusión".[11]

Trabajemos en nuestro sermón expositivo

En el pasaje de Éxodo 17:1-7, los israelitas se quejaron contra Dios y presentaron serias acusaciones contra Él en la persona de Su siervo Moisés. Actuaron con incredulidad y con una soberbia ingratitud al colocar a Dios en el banquillo de los acusados, pero Él los preservó llevando sobre Sí el castigo que ellos merecían.

Podemos introducir el sermón mostrando de alguna manera la tendencia generalizada de culpar a Dios cuando las cosas no salen como esperamos. En el caso particular de nuestro sermón, tomaremos una obra de teatro escrita por un pastor protestante llamado Güenter Rutenborn después de la II Guerra Mundial, cuando comenzaron a salir a la luz pública las atrocidades cometidas por el Tercer Reich en los campos de concentración. Como veremos en el capítulo 15, esta historia nos provee de un buen punto de partida para introducir el tema del sermón mientras atrapa la atención de los oyentes por el intenso drama humano que encierra.

En cuanto a la conclusión, la enseñanza de este pasaje se presta para traer algunas aplicaciones prácticas a creyentes e incrédulos. Como dijimos en el capítulo anterior, tanto en el Salmo 95, en 1 Corintios 10 como en Hebreos 3, se hace alusión a este episodio de la historia de Israel para advertir a los creyentes en contra de la dureza del corazón a causa de la incredulidad y la ingratitud. Pero también es un excelente pasaje para exponer el corazón del evangelio, al ver a Cristo como la Roca que fue golpeada por la vara de la justicia divina para que los pecadores culpables podamos ser perdonados.

14

Predica el sermón... de parte de Dios y delante de Dios

"Ahora, pues, todos nosotros estamos aquí en la presencia de Dios, para oír todo lo que Dios te ha mandado" (Hech. 10:33)

"La exégesis exhaustiva y la organización clara son esenciales para un mensaje eficaz. Pero un buen sermón mal predicado no es mejor que un mal sermón bien predicado" (John MacArthur)

"La preparación no es un discurso hasta que se haya pronunciado" (John Broadus)

Nunca entenderé por qué Dios me llamó a predicar Su Palabra y nunca podré agradecer lo suficiente ese regalo. No soy de los que piensa que la predicación es el único trabajo en el que un creyente puede glorificar a Dios. Todo creyente debe vivir para Su gloria y debe trabajar para Su gloria, ya sea que su vocación sea la medicina, la abogacía, la carpintería o cualquier otra actividad. Pero me gozo en el hecho de que Dios no me llamara a ser médico, ni abogado, ni carpintero, sino predicador. No cambiaría mi trabajo por nada en el mundo.

Al mismo tiempo debo decir que la predicación puede llegar a ser una labor abrumadora para un ser humano común y corriente… como todos nosotros. Dedicas varias horas durante la semana a estudiar el pasaje bíblico y preparar el sermón, pero no tienes la menor idea de lo que va a suceder cuando te coloques detrás del púlpito a predicar. Esos segundos finales del último himno congregacional, justo antes de la predicación, son impresionantes. La congregación termina de cantar, te levantas de tu asiento y recorres la distancia que te separa del púlpito con un sentido de expectación y al mismo tiempo de pequeñez. Estás a punto de abrir las Sagradas Escrituras delante de hombres y mujeres comprados con la sangre de Cristo para hablarles en Su Nombre. Cristo los puso en tus manos, como dice Mark Dever, para que en la próxima hora les enseñes y los alientes.[1] Otros estarán allí muertos en sus delitos y pecados, y para ellos serás olor de vida para vida u olor de muerte para muerte. No en vano Spurgeon subía al púlpito diciéndose a sí mismo: "Creo en el Espíritu Santo, creo en el Espíritu Santo". No sé cuántas veces me he dicho lo mismo mientras camino desde mi asiento hacia el estrado.

Es de ese acto tan divino y tan humano del que vamos a hablar en este capítulo: el acto de predicar. Sin la obra del Espíritu actuando a través del predicador, el sermón será completamente ineficaz. Pero eso no elimina la responsabilidad que tiene el predicador de entregar el mensaje de una forma apropiada. No se trata de aprender ciertas técnicas de oratoria, sino de abrazar algunas convicciones en cuanto a lo que en realidad implica predicar. Estas convicciones contribuyen al desarrollo de aquel que tiene el don de exponer la Palabra, de manera que con el paso de los años su aprovechamiento será manifiesto a todos (1 Tim. 4:15).

Predicar con la intención de agradar a Uno solo en el auditorio

Alguien dijo una vez que la piedad consiste en hacer lo correcto, con la vista puesta solo en la aprobación de Dios. Esa es, en resumen, la enseñanza del Señor en Mateo 6:1-18. Al dar limosnas, al orar, al ayunar, hazlo para tu Padre que ve en lo secreto, y Él te recompensará en público. Esa convicción debe dominarnos mientras predicamos la Palabra de Dios. Aunque esa es una labor que realizamos en público, al predicar debemos buscar solo la aprobación de Dios, no la de los hombres.

En el texto al que alude el título de este libro, 2 Corintios 2:17, Pablo describe su ministerio con estas palabras: "Pues no somos como muchos, que medran falsificando la palabra de Dios, sino que con sinceridad, como de parte de Dios, y delante de Dios, hablamos en Cristo". La palabra que se traduce como "falsificar" se usaba para señalar a los buhoneros que usaban todo tipo de astucia para vender su mercancía. Tenían fama de tramposos. Pues así son los falsos maestros —dice Pablo—. Comercian con la Palabra de Dios; tuercen el mensaje, o lo diluyen para hacerlo más atractivo al oído de los hombres. Pero Pablo no pertenecía a ese grupo. Él se veía a sí mismo como un hombre que hablaba "de parte de Dios, y delante de Dios".

Cuando Pablo predicaba el evangelio, su preocupación no era procurar la aprobación de los hombres; lo que lo dominaba era el hecho de estar bajo la mirada escrutadora de Dios. "Delante de Dios en Cristo hablamos", dice más adelante en esta misma carta (2 Cor. 12:19). Hablamos para la edificación de los hermanos, pero lo hacemos delante de Dios. Podemos predicar ante un auditorio de quince personas, o pueden ser quince mil, pero a fin de cuentas solo importa la opinión de Uno de los presentes, Uno que puede ver lo que ningún hombre podrá ver jamás porque Su mirada penetra hasta lo más profundo de nuestros corazones.

Eso es lo que Pablo parece tener en mente al decir que él hablaba "con sinceridad"; este sustantivo se deriva de un vocablo que significa 'examinar algo a la luz del sol'. Pablo era consciente de que todo su ser era como un libro abierto delante de Dios, y esa conciencia lo movía a ser auténtico y genuino. Cuando un hombre predica con esa convicción, eso afecta el mensaje y su disposición al entregarlo. ¿Por qué muchos predicadores evitan condenar el pecado abiertamente o evaden hablar de la ira de Dios o del día del juicio? ¿Por qué muchos púlpitos no proclaman hoy día la centralidad de Dios y Su grandeza, sino que todo parece tener la intención de que todo el mundo se sienta bien? Porque no los domina esta perspectiva apostólica. El hombre que predica "de parte de Dios, y delante de Dios" procurará no hacer otra cosa que transmitir con integridad el mensaje que Él nos ha confiado en Su Palabra.

Por supuesto, de más está decir que no vamos al púlpito con la intención expresa de ofender a nadie. Pablo mismo exhorta a los hermanos de Colosas a que sus palabras sean siempre con gracia, sazonadas con sal. El tacto es una virtud, no una señal de debilidad. Pero todo hombre que predica la Palabra con integridad sabe que tendrá que tocar temas que no son agradables al oído de mucha gente. Si predicamos delante de Dios no vamos a eludir esos temas.

Esta convicción no solo incide en el mensaje, sino que también preserva al predicador de la falta de naturalidad y sencillez. El hombre que predica delante de Dios no sube al púlpito para hacer un espectáculo teatral. Sabe que ante los ojos de Dios es completamente transparente. Dios está viendo los movimientos de su corazón mientras predica. Es por eso que este siervo de Dios se preocupa por tener una limpia conciencia y un corazón puro, porque si pudiera engañar a su auditorio y hacerle creer que es celoso de la gloria de Dios, y que ama la verdad y las almas de los hombres, cuando no es así, estaría en una grave situación, porque él sabe que no puede engañar a Dios.

Una vez más, Pablo debe ser nuestro modelo en esto. En su defensa ante Félix, el gobernador de Cesarea, Pablo pronunció estas palabras:

> Pero esto te confieso, que según el Camino que ellos llaman herejía, así sirvo al Dios de mis padres, creyendo todas las cosas que en la ley y en los profetas están escritas; teniendo esperanza en Dios, la cual ellos también abrigan, de que ha de haber resurrección de los muertos, así de justos como de injustos. Y por esto procuro tener siempre una conciencia sin ofensa ante Dios y ante los hombres (Hech. 24:14-16).

En otras palabras: "Yo sé que todos seremos resucitados y nos presentaremos delante de Dios. Por eso procuro tener una limpia conciencia, ante Dios y ante los hombres". Pablo no le daba importancia al prejuicio que otros tenían sobre él porque a fin de cuentas lo único que importa es la evaluación que Dios dará de nosotros en aquel Tribunal (comp. 1 Cor. 4:1-5). Ese es el argumento de Pablo para exhortar a su hijo en la fe, Timoteo, para que predique fielmente la Palabra de Dios: "Te encarezco delante de Dios y del Señor Jesucristo, que juzgará a los vivos y a los muertos en su manifestación y en su reino, que prediques la palabra; que instes a tiempo y fuera de tiempo; redarguye, reprende, exhorta con toda paciencia y doctrina" (2 Tim. 4:1-2). El comentario de Byron Yawn acerca de este texto resalta la centralidad de la exhortación del apóstol: "Cuando Pablo exhortó a Timoteo no le dijo: 'te encargo en presencia de tu congregación'. Tampoco le dijo: 'Te encargo en presencia de tus profesores de seminario'. No, le ruega y le encarga su misión 'en presencia de

Dios y de Cristo Jesús, que juzgará a los vivos y a los muertos'. Dada la cantidad de veces que mencionamos este pasaje, podríamos pensar que nos tomaríamos el mandato en serio".[2] Lamentablemente, no es así. El temor a los hombres es un enemigo real de todo predicador. Lo sé por experiencia. Pero es un enemigo contra el cual debemos luchar con todas nuestras fuerzas. Y la única arma con la que contamos para ello es temerle más a Dios que a los hombres.

> Los predicadores que temen a los hombres —dice Greg Heil-ser— están más preocupados por lo que piensan las personas de su predicación que por lo que piensa Dios sobre ella. Les inquieta más no estar a la altura de las expectativas humanas por su predicación que defraudar al Espíritu Santo.[3]

El papel de las emociones en el acto de la predicación

Es indudable que las emociones ejercen sobre nosotros una influencia determinante a la hora de comunicarnos con otras personas. Distintas emociones tendrán distintos efectos en nuestra voz, en el vocabulario que usamos, en nuestras acciones físicas. Imagina a un grupo de personas en el estadio de béisbol, a una madre en la funeraria velando el cadáver de su hijo y a un hombre que fue víctima de una terrible injusticia. Son situaciones muy distintas que de seguro tendrán impactos muy distintos en la voz, en el vocabulario y en las acciones físicas de todas las personas involucradas.

Las emociones impactan profundamente en la forma en la que nos comunicamos con otros e impactan a su vez a las personas que nos escuchan. Las manifestaciones emocionales son contagiosas, sobre todo cuando se experimentan en grupo. Robert Dabney dice al respecto: "El Creador ha formado al hombre con esta ley de sentimientos, de manera que ser mero testigo de cualquier emoción humana colorea el alma del espectador con una emoción similar, aunque en un grado menor".[4] Y más adelante añade:

> La emoción de empatía es totalmente irracional, va fuertemente inducida por la mera vista del sentimiento en el otro y, habitualmente, se desvanece cuando ya no está. Como prueba de ello, podemos señalar que nos apenamos cuando vemos a una persona llorando, aunque no sepamos la causa de su tristeza, y si vemos a personas enojadas o peleando, participamos de su excitación a pesar de que no las conozcamos o no tengamos ningún interés en ellas o en su pleito. En resumen, nuestros sentimientos de empatía son provocados no por causas racionales de los sentimientos que percibimos, sino por el mero hecho de percibirlos.[5]

A la luz de esta realidad, cabe preguntarnos: ¿cuál es el lugar legítimo que deben ocupar las emociones en la comunicación oral en general y en la predicación en particular? Podríamos responder esta pregunta con otra pregunta: ¿cómo se supone que debe predicar un hombre cuyo corazón ha sido impregnado con la verdad de Dios, sabiendo que su mensaje tiene repercusiones eternas para las almas inmortales que lo escuchan? O ¿cómo debemos esperar que el auditorio reaccione ante la exposición de este hombre, que no solo está entregándoles un mensaje en el púlpito, sino que está derramando allí todo su corazón, reaccionando apropiadamente él mismo al mensaje que está predicando? Mira lo que dice el pastor y escritor norteamericano del siglo XIX Gardiner Spring sobre este asunto:

Ningún predicador puede mantener la atención de la gente a menos que él sienta el tema; ni tampoco la puede mantener por mucho tiempo a menos que lo sienta profundamente. Si ha de hacer solemnes a otros, él mismo debe ser solemne; debe tener comunión con las verdades que proclama. Debe predicar como si estuviera bajo la mirada de Dios, y como si su propia alma estuviera atada a las almas de aquellos que le escuchan. Debe predicar como si estuviera a la vista de la cruz, escuchando los quejidos del poderoso Sufriente del Calvario; como si el juicio estuviera determinado, y los libros fueran abiertos; como si la sentencia que decide los destinos de los hombres estuviera a punto de dictarse; como si él hubiera estado mirando dentro del pozo de desesperación, así como descorriendo el velo y echando una mirada a la gloria inefable.[6]

El hombre que predica bajo la influencia de estas realidades nunca podrá ponerse frente a un auditorio como un robot insensible. Muy probablemente sus palabras y gestos manifestarán una gama variada de emociones, congruentes con su tema y con la personalidad del predicador. El Señor no dio a todo el mundo la misma personalidad ni la misma constitución emocional y, por lo tanto, no todos tendremos las mismas reacciones y expresiones emocionales. Eso varía de predicador a predicador. Algunos son muy expresivos e intensos por naturaleza; otros son más calmados. Dos predicadores pueden ser capaces de sentir celo, fervor, pasión y, al mismo tiempo, expresar estas emociones de una manera distinta. Pero, como bien señala Spurgeon: "Si el profeta deja su corazón detrás de sí cuando profesa hablar en Nombre de Dios, ¿qué puede esperarse sino que los impíos a su alrededor se convenzan de que no hay nada en su mensaje, y que su comisión es una farsa?".[7]

Debido al papel que juegan las emociones en el acto de predicar, es nuestro deber cultivar, controlar y expresar nuestras emociones de manera apropiada. He aquí algunos consejos prácticos de cómo hacerlo.

En primer lugar, *conócete a ti mismo.* ¿Cómo es tu constitución emocional? ¿Tiendes a ser por naturaleza muy intenso y emotivo? Entonces debes ejercer el dominio propio en tus reacciones emocionales porque pueden traicionarte mientras predicas y llegar a ser excesivas. Si, al contrario, tiendes a ser frío, inexpresivo, indiferente, entonces debes trabajar activamente en la expresión de tus emociones. Los consejos restantes te pueden ser de gran ayuda para esto.

En segundo lugar, *dedícate a la meditación habitual de las Sagradas Escrituras.* En el Salmo 39:3 dice el salmista: "Se enardeció mi corazón dentro de mí; en mi meditación se encendió fuego, y así proferí con mi lengua". Hay algo que se produce en nosotros mientras meditamos, que no solo tiene que ver con nuestra mente, sino también con nuestros afectos. Como bien señala Brian Borgman: "La meditación contemplativa en las grandes verdades bíblicas puede cultivar las emociones para que la verdad llegue a sentirse. Es el poder sentido de la verdad el que impulsa las expresiones emocionales apropiadas en la predicación".[8]

En tercer lugar, *ejercita tu imaginación y tus facultades "empáticas".* El diccionario define *empatía* como 'participación afectiva, y por lo común emotiva, de un sujeto en una realidad ajena'. En otras palabras, es identificarnos con los sentimientos de una persona en una situación particular. Esta directriz guarda una estrecha relación con la anterior. Mientras leemos las narraciones de las Escrituras, debemos hacer un uso santificado de nuestra imaginación. Camina junto a Jairo y trata de sentir lo que él debe de haber sentido cuando se dirigía con el Señor Jesucristo a ver a su hija única, de doce años de edad, que estaba a punto de morir; imagina su ansiedad mientras la multitud oprimía a Jesús y le impedía avanzar con más rapidez, o su desconcierto cuando

Jesús se detuvo a atender a la mujer que tenía flujo de sangre, o su total desesperación cuando le dijeron que su hija había muerto. Dios te dio la facultad de imaginar lo que lees; úsala para Su gloria y para entender mejor las Escrituras, de modo que puedas aplicarla a tu propia vida y enseñarla mejor a otros.

En cuarto lugar, *procura envolverte emocionalmente en tu tema durante el proceso de preparación*. Haz un esfuerzo por comprender las grandes verdades que vas a predicar y sus implicaciones. ¿No fue eso, acaso, lo que ocurrió con el apóstol Pablo en Romanos 11:33-36, después de discurrir extensamente sobre el maravilloso plan de salvación diseñado por Dios para salvar a pecadores culpables sin pasar por alto Su justicia? Su corazón se fue delante de su pluma para expresar una exuberante y ardiente doxología:

> ¡Oh profundidad de las riquezas de la sabiduría y de la ciencia de Dios! ¡Cuán insondables son sus juicios, e inescrutables sus caminos! Porque ¿quién entendió la mente del Señor? ¿O quién fue su consejero? ¿O quién le dio a él primero, para que le fuese recompensado? Porque de él, y por él, y para él, son todas las cosas. A él sea la gloria por los siglos. Amén.

Pide a Dios como el salmista en el Salmo 119:18, que abra tus ojos para ver las maravillas de Su ley. Porque si tu corazón se enciende en el proceso de preparación, es muy probable que lleves algo de ese fuego al púlpito.

En quinto lugar, *evita a toda costa hacer una actuación en el púlpito y sé tú mismo*. El predicador no sube al púlpito para hacer un espectáculo. Todas las emociones que él manifieste allí deben ser genuinas. El predicador teatral tarde o temprano cerrará el oído y el corazón de sus oyentes; y, lo que es aún peor, acarreará sobre sí el desagrado de Dios.

Nuestro foco de atención no deben ser las manifestaciones emocionales en sí mismas, sino el cultivo de aquella relación con Dios y aquel amor por la verdad y por las almas de los hombres, que producen una respuesta emocional en nosotros. Entonces podremos ocuparnos en dar a tales emociones una expresión apropiada en nuestras vidas en general, y en el ministerio de la predicación en particular.

Estas cinco directrices nos muestran la necesidad de ejercitar el dominio propio en todas las áreas de nuestra vida, incluyendo el dominio de nuestras emociones. Debemos predicar con emoción, pero sin emocionalismo. Una cosa es la sana expresión de las emociones y otra muy distinta es ser arrastrado hacia una vorágine incontrolable de reacciones emocionales.

El buen uso de la voz

En comparación con el contenido del mensaje y el carácter del predicador, el buen uso de la voz en la predicación es algo secundario. Tanto el mensaje que debemos proclamar, como el carácter que debemos cultivar como siervos de Dios, son mucho más importantes que aprender a hacer un buen uso de nuestras cuerdas vocales. En *Discursos a mis estudiantes*, Spurgeon dice al respecto:

Nuestra primera regla en cuanto a la voz sería la siguiente: *No pienses demasiado en ella*. Ya que el adquirir la voz más agradable no vale de nada si no se tiene algo que decir y, por muy bien que se module la misma, será como una carreta bien guiada pero sin nada dentro a menos que la utilices para comunicar verdades importantes y oportunas a tu congregación, ¿pero cuál sería su valor si la persona no tiene algo que pronunciar? El hombre con una voz sobremanera excelente, pero desprovisto de una cabeza bien informada y un corazón devoto, será "una voz que clama en el desierto". [...] Tal hombre puede destacar en el coro, pero resulta inútil en el púlpito. La voz de Whitefield, sin el fervor de su corazón, no habría dejado más efectos duraderos en sus oyentes que el violín de Paganini. Ustedes no son cantantes, sino predicadores: sus voces tienen solo una importancia secundaria.[9]

Sin embargo, si bien es cierto que el contenido del mensaje y el carácter del predicador poseen una importancia suprema, en lo que respecta a la mecánica de la predicación, el buen uso de la voz es muy importante. El mismo Spurgeon dirá más adelante: "Por otro lado, no tengas demasiado en poco tu voz, ya que su excelencia pueden contribuir grandemente a que obtengas el resultado que esperas producir. [...] Algunas verdades de extremo valor pueden verse sumamente estropeadas si se expresan en un tono monótono".[10]

Debemos aprender a hacer un buen uso de las diversas dimensiones de nuestras capacidades vocales; eso incluye su extensión, volumen, fuerza, vocalización, velocidad, énfasis, intensidad. A mayor control en cada una de estas áreas, mayor eficacia al proclamar el mensaje de la Palabra de Dios. La meta aquí, como en todos los demás aspectos de la predicación, es la gloria de Dios en la edificación de los oyentes. Escucha lo que Pablo dice acerca de este asunto en el capítulo 14 de su Primera carta a los corintios:

Ciertamente las cosas inanimadas que producen sonidos, como la flauta o la cítara, si no dieren distinción de voces, ¿cómo se sabrá lo que se toca con la flauta o con la cítara? Y si la trompeta diere sonido incierto, ¿quién se preparará para la batalla? Así también vosotros, si por la lengua no diereis palabra bien comprensible, ¿cómo se entenderá lo que decís? Porque hablaréis al aire. Tantas clases de idiomas hay, seguramente, en el mundo, y ninguno de ellos carece de significado. Pero si yo ignoro el valor de las palabras, seré como extranjero para el que habla, y el que habla será como extranjero para mí. Así también vosotros; pues que anheláis dones espirituales, procurad abundar en ellos para edificación de la iglesia (1 Cor. 14:7-12).

Sin importar la postura que tengamos respecto a la permanencia o el cese del don de lenguas, el principio general que el apóstol Pablo plantea aquí es bastante claro: en el uso de nuestros dones debemos procurar la edificación de la iglesia, y la iglesia no será edificada si no se exponen los oyentes a un mensaje claro de la Palabra de Dios (1 Cor. 14:15-17). Dios nos ha dado un instrumento para comunicar Su mensaje: nuestras cuerdas vocales. Si no hacemos un buen uso de ese instrumento, el mensaje no será debidamente comunicado y la iglesia no será edificada. He aquí, entonces, algunas directrices que debemos tomar en cuenta si queremos sacar el máximo provecho de este órgano de comunicación que Dios nos ha provisto para la gloria de Su Nombre y el bien de Su pueblo.

En primer lugar, *evita la falta de naturalidad*. Aunque puedo parecer reiterativo al decir esto de nuevo, nunca lo enfatizaremos demasiado: no subimos al púlpito para hacer un espectáculo. Así como debemos ser genuinos al expresar nuestras emociones, así también debemos ser genuinos en el uso de nuestra voz. Eso no quiere decir que debemos evitar todo tipo de inflexión o tono dramático en la predicación. Algunas personas reaccionan con suspicacia cuando el predicador hace cierto énfasis o alza la voz en un momento dado mientras predica. Pero si es un hombre de integridad, tales énfasis o inflexiones de voz se corresponden de manera natural con el estado emocional de su corazón. No existe un "tono de púlpito" que todo predicador debe asumir. Por esa razón hay tantos estilos distintos de predicación. El Señor no espera que todos Sus siervos se expresen del mismo modo. Pero sí espera de todos ellos que al expresarse sean genuinos, y eso incluye el uso de su voz.

En segundo lugar, *esfuérzate por corregir todo tipo de distracción vocal, si está dentro de tus posibilidades.* Algunos oradores pronuncian la *s* y la *c* como si fuera un silbido, o cambian unas letras por otras. Otros tienden a hablar en tono muy bajo o carrasposo, lo que no solo distrae, sino que hace mucho daño a las cuerdas vocales. Cualquiera que sea el defecto, debemos hacer el esfuerzo por corregirlo, siempre que esté a nuestro alcance. Tenemos un tesoro en vasos de barro —dice Pablo en 2 Corintios 4:7— "para que la excelencia del poder sea de Dios, y no de nosotros". Somos personas ordinarias, con nuestros defectos y debilidades. Y Dios usa personas como nosotros para que quede claro que es Su poder el que actúa, y no el nuestro. Pero todos tenemos la responsabilidad de cultivar nuestros dones y corregir nuestros defectos si podemos hacerlo. "Ocúpate en estas cosas —dice Pablo a Timoteo—; permanece en ellas, para que tu aprovechamiento sea manifiesto a todos" (1 Tim. 4:15).

En tercer lugar, *cultiva un volumen de voz que sea lo suficientemente alto como para ser oído.* De nada sirve transmitir con fidelidad el mensaje de la Palabra de Dios si la mayoría de la gente en nuestro auditorio no nos escucha. "¿Para qué vale un predicador al que la gente no puede oír?", pregunta Spurgeon.[11] De igual manera, debemos tener cuidado de no usar un volumen demasiado alto. Es el corazón el que queremos quebrantar, no el tímpano. Un buen consejo aquí es fijar nuestra atención en la persona que está más lejos en el auditorio. Si él puede oír, entonces todos en el público están escuchando bien. Es probable que en algún punto del sermón tengamos que alzar la voz, pero esa no debe ser la tónica general del sermón. Así como es apropiado decir algo en tono enérgico en un momento dado, el Señor usa también el silbo apacible y delicado para tratar con los hombres.

Podemos "escuchar" esos cambios de tono cuando leemos el Nuevo Testamento. Consideren este pasaje de la carta de Pablo a los gálatas:

> ¡Oh gálatas insensatos! ¿Quién os fascinó para no obedecer a la verdad, a vosotros ante cuyos ojos Jesucristo fue ya presentado claramente entre vosotros como crucificado? Esto solo quiero saber de vosotros: ¿Recibisteis el Espíritu por las obras de la ley, o por el oír con fe? ¿Tan necios sois? ¿Habiendo comenzado por el Espíritu, ahora vais a acabar por la carne? (Gál. 3:1-3).

¿En qué tono habría pronunciado Pablo estas palabras si, en vez de enviarles una carta, hubiera estado allí presente predicando? En cambio, seguramente habrá sido muy distinto al pronunciar las palabras de los versículos 19 al 20 del capítulo 4: "Hijitos míos, por quienes vuelvo a sufrir dolores de parto, hasta que Cristo sea formado en vosotros, quisiera estar con vosotros ahora mismo y cambiar de tono, pues estoy perplejo en cuanto a vosotros".

Un consejo más en este mismo orden de ideas: procura no predicar en alta voz y con mucha intensidad desde el principio del sermón. Como dice Broadus: "Generalmente es muy difícil para el orador bajar el tono de voz con que ha comenzado; [...] al llegar a las partes más apasionadas de su discurso, en las que haya necesidad de levantar la voz, emitirá chillidos y gritos destemplados".[12] Reconozco con tristeza que he cometido ese error más de lo que quisiera. Esto es algo que debe evitarse.

En cuarto lugar, *cultiva una variedad de tonos, velocidad e intensidad*. Es muy difícil sentarse a escuchar a un predicador monótono. J. Grant Howard se queja con razón de que algunos sermones son tan emocionantes "como observar la pintura de la casa mientras se seca".[13] Para evitar este mal debemos cultivar una variedad de tonos en nuestra predicación. "He oído hablar de un predicador —dice Spurgeon— a quien uno de los suyos comparaba con un campanario que solo tenía dos campanas, pues como decía: 'Siempre suena ding, dong, ding, dong...'; a lo que su amigo respondió: 'Tendrías que estar muy agradecido por tener tanta variedad, pues nuestro pastor solo tiene una campana, y siempre suena ding, ding, ding, ding'" (traducido por el autor).[14] Independientemente de tu personalidad, evita a toda costa la monotonía.

Cultiva también la variedad en el ritmo del mensaje. No podemos discurrir por todo el sermón a la misma velocidad. Debemos tener cuidado de no hablar demasiado rápido o demasiado lento. Algunos hablan atropelladamente y no dan a tiempo a que el auditorio sopese las ideas, aparte de que eso afecta las cuerdas vocales porque no se airean bien mientras predicamos. Pero otros hablan con tanta lentitud que desesperan a sus oyentes. Como diría Spurgeon: "Una palabra dicha hoy y otra mañana es un fuego lento solo apropiado para los mártires".[15]

En quinto lugar, *esfuérzate por articular cada palabra*. Si el Rey de los cielos nos ha comisionado para hablar a los hombres en Su Nombre, debemos hacer el esfuerzo de comunicarnos con claridad. Aunque debemos cuidarnos de no ser excesivos en nuestro interés de ser claros hasta el punto de que perdamos la naturalidad al hablar, al mismo tiempo debemos hacer nuestro mejor esfuerzo para que las personas que nos escuchan distingan cada una de nuestras palabras.

Los gestos y las acciones físicas

El gran orador Cicerón hablaba de lo que él llamaba el sermón corporal, todo aquello que comunicamos sin necesidad de pronunciar palabra alguna a través de la expresión de nuestro rostro, la postura del cuerpo y nuestras acciones físicas. Dabney dice del orador que "no sólo su boca habla, sino también sus ojos, su cara, sus dedos. Los oyentes leen sus sentimientos en su cara y sus miembros aun antes de que su voz llegue a sus oídos: son a la vez espectadores y oyentes".[16] He aquí algunas sugerencias para hacer un uso más eficaz del cuerpo durante la predicación.

En primer lugar, debemos poner atención a nuestras expresiones faciales, ya que son como una ventana a través de la cuál mostramos las emociones que estamos experimentando en el alma. ¿Qué debe reflejar el rostro del predicador en el púlpito? Eso depende del contenido de su predicación. Hablar del infierno con una expresión alegre con toda seguridad será contraproducente. Sin embargo, en la generalidad de los casos debemos ir al púlpito con una extraña mezcla de seriedad y gozo. El Dios al que representamos y el mensaje que proclamamos revisten de gran seriedad y sobriedad. Al mismo tiempo somos mensajeros de buenas nuevas, noticias de gran gozo, como dijo el ángel a los pastores en Lucas 2:10. El predicador no es un payaso ni un vendedor de pasta dental; pero tampoco es el ángel de la muerte.

Por otro lado, el rostro del siervo de Dios debe reflejar buena voluntad hacia los hombres. Venimos delante de ellos como pastores, como consejeros, como aquellos que quieren hacerles bien, y eso se debe evidenciar en nuestras expresiones faciales. Subir al púlpito con el ceño fruncido envía un mensaje a los oyentes antes de abrir la boca, que tal vez creará indisposición en el corazón de algunos para prestarnos atención.

En segundo lugar, nunca debemos premeditar ninguna acción física ni forzarla conscientemente en el púlpito. Si vamos a ser genuinos a la hora de predicar, el lenguaje corporal no puede ser premeditado por la sencilla razón de que no sabemos lo que vamos a sentir en el momento en que estemos exponiendo la Palabra de Dios. Es posible que experimentemos algunas cosas en el estudio y en la preparación del mensaje que luego no experimentemos cuando estemos en el púlpito. Nuestras acciones deben reflejar con naturalidad el impacto de la verdad en nosotros mientras predicamos.

En tercer lugar, debemos evitar todo tipo de acción física que pueda causar distracción. Cuidado con las manías, o con las acciones repetitivas: tocar continuamente el micrófono, arreglarse la corbata o las gafas. Todas esas cosas pueden distraer a nuestros oyentes del mensaje que estamos proclamando.

En cuarto lugar, la acción debe ser sugerente, más que imitativa. Si hacemos referencia al episodio en el que Jael le clava a Sísara una estaca en la sien, no tenemos que imitar cada uno de sus movimientos. Eso estaría bien en una obra de teatro, pero en el púlpito puede producir una reacción contraria a la que deseamos.

En quinto lugar, debemos cuidarnos del exceso de acciones físicas, tanto en la frecuencia como en la vehemencia. Pablo les dice a los corintios que si todos en la iglesia hablan al mismo tiempo los incrédulos pensarán que estamos locos (1 Cor. 14:22); y lo mismo puede suceder si el predicador hace un uso excesivo de las acciones físicas. Dice Broadus al respecto: "La vehemencia extrema produce una revulsión de sentimientos en el oyente, una inclinación precisamente a lo contrario de lo que se propone el orador".[17]

Aunque suene paradójico, la mejor manera de trabajar con el uso de la voz y del cuerpo en la predicación es no prestando una atención excesiva a la voz y al cuerpo, sino cultivando el dominio propio, y sobre todo, cultivando la piedad y la devoción. Si tenemos ardor en el corazón y hemos desarrollado la virtud del dominio propio, es muy probable que la voz y los ademanes físicos se correspondan con las emociones genuinas del predicador.

El predicador y sus notas

En uno de los capítulos anteriores hablamos de las ventajas y las desventajas de escribir el sermón palabra por palabra o limitarnos a hacer un bosquejo que incluya cuando menos los puntos principales. De lo que hablaremos ahora es de cómo usar esas notas durante la predicación. No creo que debamos ser dogmáticos en este asunto y querer meter a todos los predicadores en el mismo molde. Algunos van al púlpito con su sermón escrito de principio a fin; otros dejan el manuscrito en casa y suben al púlpito con un bosquejo breve; otros ni siquiera se molestan en escribir el sermón completo. La pregunta que cada predicador debe responder es en qué medida depende de sus notas mientras predica. Un gran predicador de nuestra generación, el pastor Albert N. Martin, dice lo siguiente al respecto:

> El caso NO es cuánta composición escrita se haya hecho en el estudio o cuánto material escrito se traiga al púlpito, sino cuánta dependencia y preocupación se manifiestan con el material escrito en el acto de la predicación. En otras palabras, el asunto es cuánto apego mental y físico existe con el bosquejo. Al fin y al cabo NO estamos tan preocupados con asuntos de papel y material impreso, sino con los asuntos de los ojos y el cerebro.[18]

Dada la naturaleza de la predicación, el manuscrito nunca debe interponerse entre nosotros y los oyentes. Leer un sermón escrito y predicar son dos actividades distintas. El pastor y teólogo norteamericano del siglo xix, Robert L. Dabney, es bien enfático en cuanto a esto:

> Leer un manuscrito a la gente nunca puede, en justicia, calificarse de predicación. [...] ¿Cómo podría aquel cuyos ojos están fijos en el papel que tiene delante, que realiza la tarea mecánica de recitar las palabras escritas, tener las inflexiones, el énfasis, la mirada, los gestos, la flexibilidad, el fuego, o las acciones de la oratoria? Por tanto, la mera lectura debería ser firmemente eliminada del púlpito, excepto en esos raros casos donde el propósito didáctico sobrepasa al retórico, y la precisión verbal es más esencial que la elocuencia.[19]

Hay una tensión en el predicador entre su deseo de ser preciso y la libertad que se requiere para hablar a las personas en vez de recitar lo que ha sido escrito. En mi caso, suelo escribir el sermón casi completo y llevar el manuscrito al púlpito. Sin embargo, mientras predico trato de estar más atento a las personas que al manuscrito. Estoy en total acuerdo con Mark Dever y Greg Gilbert cuando dicen que lo que importa, a fin de cuentas, no es si usas un manuscrito o un bosquejo. "Lo que realmente importa es que te esfuerces por ser cuidadoso y preciso en tu lenguaje y que prediques al mismo tiempo con convicción, pasión y personalidad" (traducido por el autor).[20]

Si puedes predicar con libertad y en dependencia del Espíritu Santo con un manuscrito delante, lleva tus notas al púlpito sin problema de conciencia. Pero si tus notas son una camisa de fuerza que te roba la libertad de entregarte por entero a proclamar como un heraldo el mensaje de las Escrituras y te impiden comunicarte de corazón a corazón con aquellos a quienes Dios te ha enviado a hablar en Su Nombre, tal vez lo mejor que puede pasarte es que las notas se te olviden en casa. La unción de Dios no viene sobre los manuscritos, sino sobre los predicadores.

¿Qué hacer ahora que terminaste de predicar?

Predicar la Palabra de Dios es una labor tan agotadora como preparar el sermón. En el púlpito, el predicador no solo entrega un mensaje, realmente lo entrega todo allí: su cuerpo, su mente, su corazón. Se estima que, en una predicación de media hora, el orador puede llegar a gastar tanta energía física equiparable a ocho horas de labor manual.[21] No tengo ni idea de cómo pudieron hacer ese cálculo, pero por experiencia sé que se siente así. Después de predicar no solo me siento agotado, sino también vulnerable; es una sensación que suele extenderse hasta el día siguiente. Por eso aprecié tanto un consejo que escuché hace años en una conferencia pastoral, dado por un pastor de mucha más experiencia que yo en ese momento: "Nunca renuncien al ministerio los lunes". En ocasiones las cosas se ven en ese día más sombrías de lo que son.

A la luz de esa realidad, permíteme compartir contigo algunos consejos que pueden ser de gran ayuda para cuando termines de predicar. Tres de ellos aparecieron en un artículo escrito por Dave Harvey, fundador de *Am I Called?* (¿He sido llamado?) y pastor en Four Oaks Church en Tallahasse, Florida, publicado en el blog de Coalición por el Evangelio;[22] el cuarto lo he añadido yo.

En primer lugar, *no bajes la guardia*. Recuerda que la predicación es un asalto frontal a las fortalezas del enemigo para arrebatarle los cautivos, por el poder de la Palabra. Como bien señala Harvey: "Satanás tiene una opinión acerca de la predicación del evangelio: debe ser detenida. No seas ingenuo asumiendo que el haber entregado el mensaje te pone fuera de su mira. La preparación del mensaje, con su estudio, meditación y oración, tiene beneficios protectores. Sin embargo después del sermón, normalmente estás cansado y vacío. O sea, eres vulnerable a un ataque aéreo". Por lo tanto, mantente alerta: contra el orgullo, contra el desaliento y contra las tentaciones en general. "Antes, durante, y después de los ataques, huye hacia las buenas nuevas del evangelio. Toma conciencia de que el predicar se trata del poder de la Palabra de Dios, no de tus palabras. [...] Después de predicar, prepárate para el ataque recordando que Dios es más grande que tus errores".

En segundo lugar, *no te escuches a ti mismo*. Si hay un momento en que se nos hace difícil ser objetivos es después de predicar. Esa falta de objetividad es como un cuchillo de doble filo: puede llevarnos a tener un concepto de nuestra predicación más alto que el que debemos tener (Rom. 12:3) o llevarnos a pensar que si no estamos entre los diez peores predicadores de la historia no debemos estar muy lejos de allí. "Acalla tu alma —dice Harvey— confiando los resultados de tu sermón al Señor [...], fijando tus pensamientos en Dios, no en el desempeño de tu trabajo. Si te sientes orgulloso, recuerda que tu mensaje no tiene sentido a menos que Él elija hacerlo poderoso. Si te sientes condenado, recuerda que su Palabra no vuelve vacía (Isa. 55:11). [...] Afortunadamente, tú no puedes frustrar sus planes".

En tercer lugar, *no salgas a pescar cumplidos*. De nuevo escucha a Harvey, porque él lo dice mejor que yo:

> Como predicar incita tanto a la acusación como a la admiración, te sentirás tentado de ir a "pescar cumplidos". Tomarás la iniciativa con preguntas diseñadas para producir una respuesta positiva, como un tipo de refuerzo de la identidad. [...] Hay pocas cosas más huecas que un cumplido solicitado. Excepto quizás cuando estás intentando pescar un cumplido y en lugar de eso agarras una crítica que sacude tu barco. Eso es un útil

recordatorio de que cuando pescas, no siempre sabes lo que puedes enganchar.

El problema más profundo tras las expediciones de pesca, sin embargo, es que están muy centradas en la entrega del mensaje. Queremos saber cómo lo hicimos. Cómo se "sintió", como si eso fuese un barómetro de lo que Dios estaba haciendo en realidad, o lo que hará. Tenemos la necesidad de elevarnos a nosotros mismos con la aprobación y alabanza de otros, en lugar de confiar en Él.[23]

Estas son palabras sabias de alguien que seguramente tuvo que escudriñar su propio corazón muchas veces después de predicar. No obstante, es muy probable que recibas retroalimentación de tu mensaje, aunque no hayas salido de pesca. Si son positivas, enseguida dale gloria a Dios por haberte usado a pesar de tus debilidades, imperfecciones y pecados. Si son negativas, entonces aplica el siguiente consejo que he querido añadir al final.

En cuarto lugar, *acepta las críticas con un espíritu enseñable*. Dice en Proverbios 13:18: "Pobreza y vergüenza tendrá el que menosprecia el consejo; mas el que guarda la corrección recibirá honra". Y en Proverbios 15:32 añade que "el que escucha la corrección tiene entendimiento". Antes que nada, presta oído a lo que tu esposa tenga que decirte en cuanto a tu predicación. Recuerda que ella es tu ayuda idónea y al mismo tiempo una oveja que se nutre de tu ministerio. No conozco a nadie que haya sido más usada por Dios para alentarme como predicador que mi esposa; pero tampoco conozco a nadie que haya sido más usada para hacerme bien a través de críticas constructivas.

Rodéate también de hombres fieles y maduros que te hablen con franqueza acerca de tu predicación; escúchalos y pondera con cuidado sus observaciones. Tengo la bendición de pertenecer a un equipo pastoral donde hacemos esto con regularidad. Cada semana, en nuestra reunión pastoral, el primer punto de la agenda es, invariablemente, hacer una revisión de lo que sucedió en los dos servicios de adoración del domingo anterior, incluyendo la predicación. Tanto las notas de estímulo como las correcciones han sido de gran ayuda para seguir trabajando en el desarrollo de nuestros dones, mientras predicamos las Escrituras "de parte de Dios y delante de Dios".

15

Dios en el banquillo[1]

(Ex. 17:1-7)

Introducción

A finales de la II Guerra Mundial, cuando el pueblo alemán estaba comenzando a conocer lo que había sucedido en los campos de concentración, un pastor protestante llamado Güenter Rutenborn escribió una obra de teatro llamada *La señal de Jonás* para tratar de responder a la pregunta: ¿a quién debemos culpar por todo esto? ¿Quién debe cargar con la culpa de este genocidio? Más de seis millones de judíos fueron exterminados en Belsen, Dakau, Auschwitz, sin contar todas las otras atrocidades que los nazis cometieron en Europa durante la guerra. Y aunque muchos alemanes se sentían consternados con las historias que estaban saliendo a la luz pública, a título personal nadie se sentía culpable.

En la obra de Rutenborn los actores dialogaban con el público para tratar de determinar hasta qué punto cada uno de ellos era responsable de lo que había sucedido; pero todos defendían su inocencia culpando a los demás, sobre todo a los de más arriba. El ama de casa decía: "Yo estaba luchando con el racionamiento de alimentos; yo no tengo la culpa de nada". El soldado decía: "Yo tampoco soy culpable;

solo estaba obedeciendo órdenes". El comandante también se defendía argumentando que solo estaba siguiendo las directrices del partido. Y, por supuesto, el partido estaba siguiendo los mandatos de sus líderes. Cada vez van subiendo más arriba en el escalafón de autoridad.

Finalmente un hombre se pone en pie y declara que la verdadera culpa se encuentra más allá del ejército, más allá del partido e incluso más allá del mismo Hitler. "¡Dios es el culpable! Él es el Único que debe ser juzgado aquí. Y no solo por lo que los nazis hicieron durante el Tercer Reich, sino por todas las miserias y calamidades que vemos en el mundo".

¡Increíble! El hombre decidió vivir de espaldas a Dios, pero, cuando cosecha los frutos de su locura, entonces comienza a proyectar su culpa en otras personas, hasta que tarde o temprano termina culpando al mismo Dios que él ha decidido poner a un lado. De repente los acusados se convierten en acusadores y pretenden sentar a Dios en el banquillo para que sea juzgado.

Eso fue lo que hicieron los israelitas en el desierto, en uno de los episodios más sorprendentes de todo el Antiguo Testamento. Se encuentra en los primeros 7 versículos del capítulo 17 del libro de Éxodo:

> Toda la congregación de los hijos de Israel partió del desierto de Sin por sus jornadas, conforme al mandamiento de Jehová, y acamparon en Refidim; y no había agua para que el pueblo bebiese. Y altercó el pueblo con Moisés, y dijeron: Danos agua para que bebamos. Y Moisés les dijo: ¿Por qué altercáis conmigo? ¿Por qué tentáis a Jehová? Así que el pueblo tuvo allí sed, y murmuró contra Moisés, y dijo: ¿Por qué nos hiciste subir de Egipto para matarnos de sed a nosotros, a nuestros hijos y a nuestros ganados? Entonces clamó Moisés a Jehová, diciendo: ¿Qué haré con este pueblo?

De aquí a un poco me apedrearán. Y Jehová dijo a Moisés: Pasa delante del pueblo, y toma contigo de los ancianos de Israel; y toma también en tu mano tu vara con que golpeaste el río, y ve. He aquí que yo estaré delante de ti allí sobre la peña en Horeb; y golpearás la peña, y saldrán de ella aguas, y beberá el pueblo. Y Moisés lo hizo así en presencia de los ancianos de Israel. Y llamó el nombre de aquel lugar Masah y Meriba, por la rencilla de los hijos de Israel, y porque tentaron a Jehová, diciendo: ¿Está, pues, Jehová entre nosotros, o no? (Ex. 17:1–7).

Esta historia comienza en un momento de crisis.

La prueba

Hacía poco que los israelitas habían sido liberados de la esclavitud en Egipto y habían cruzado milagrosamente el mar Rojo para dirigirse hacia la tierra prometida. El camino más directo para llegar desde Egipto hasta la tierra de Canaán es bordeando toda la franja costera. Pero en vez de llevarlos por esa ruta, Dios decide internarlos en el desierto. En el versículo 1 dice con toda claridad que esa fue la decisión de Dios, no de Moisés. Ellos acamparon en ese lugar donde no había agua "conforme al mandamiento de Jehová". Dios los había llevado allí, y en Deuteronomio 8:2 Moisés nos dice con qué propósito: "para afligirte, para probarte, para saber lo que había en tu corazón, si habías de guardar o no sus mandamientos". Esta dificultad fue cuidadosamente planificada por el Señor para revelar la verdadera condición de sus corazones.

El sufrimiento nunca nos deja como nos encuentra. Algunos se aferran más al Señor en medio del dolor y se vuelven más compasivos con los que sufren; otros caen en el cinismo, se aíslan de los demás y se sumergen en la auto compasión. Eso ocurre incluso con personas que profesan la fe. Durante un tiempo creen que creen, hasta que tienen que enfrentar situaciones angustiosas que desafían su razonamiento lógico. "Si Dios me ama, ¿por qué me está pasando todo esto?". En la parábola del sembrador, en Marcos 4:16–17, el Señor dice que muchas personas al principio reciben con gozo la predicación de la Palabra. Parecen abrazar con fe el mensaje del evangelio hasta que "viene la tribulación o la persecución por causa de la Palabra", y entonces se apartan del Señor "desilusionados".

Algo similar ocurrió con el pueblo de Israel en esta ocasión. Dios los había colocado en una situación muy difícil y peligrosa. En un lugar como el desierto de Sinaí la deshidratación se produce en cuestión de horas. Si no encontraban agua para beber, todos iban iba a morir en muy poco tiempo. ¿Qué debieron hacer los israelitas en medio de esa situación tan angustiosa? ¿Qué era lo que se esperaba de ellos?

Antes de responder esta pregunta, debemos tomar en cuenta que esta no era la primera vez que se encontraban en peligro después de salir de Egipto. Tampoco era la primera vez que se quejaban. En el capítulo 15 se quejaron por falta de agua, y en el capítulo 16 por falta de carne; y en ambas ocasiones Dios les proveyó milagrosamente para sus necesidades. Dios los había cuidado y protegido hasta aquí. En esta nueva situación ellos debieron confiar en el poder y en la bondad de Dios. Si Dios los había librado del ejército de Faraón, si había abierto el mar Rojo para que pasaran en seco y si les había provisto agua y comida en el desierto, ¿por qué no iba a socorrerlos una vez más? Pero en lugar de clamar en oración, el pueblo de Israel volvió a quejarse contra Dios y contra Moisés, y decidieron promover una demanda judicial.

La demanda judicial

Dice en el versículo 2 que el pueblo *altercó* con Moisés. Esta palabra indica algo más fuerte que una simple queja. Era el término que se usaba cuando alguien quería presentar una demanda legal contra otra persona. Los israelitas ya antes se habían quejado contra Dios y contra Moisés, ¡pero ahora pretenden demandarlos por haber quebrado la promesa del pacto que Dios había hecho con ellos! Por esta razón ese lugar llegó a ser conocido como Masah y Meriba, dice en el versículo 7. La palabra *Masah* significa 'poner a prueba'. *Meriba* viene de una raíz hebrea que significa 'entablar una demanda judicial o litigar' (como en Jer. 25:31 o Miq. 6:2).

De esta manera, lo que estamos viendo aquí es mucho más que una turba enojada. En ese momento el pueblo de Israel entabló una demanda judicial contra Dios por haberlos sacado de la tierra de Egipto para matarlos en el desierto. Ellos tentaron a Jehová, dice en el versículo 2. En otras palabras, hicieron una evaluación de la actuación de Dios y llegaron a la conclusión de que les había mentido. Él los había sacado de Egipto haciéndoles promesas falsas para matarlos en el desierto.

Lee una vez más el versículo 7: "Y llamó el nombre de aquel lugar Masah y Meriba, por la rencilla de los hijos de Israel, y porque tentaron a Jehová, diciendo: ¿Está, pues, Jehová entre nosotros, o no?". En otras palabras: "Dios prometió Su presencia en medio nuestro y también prometió llevarnos a una tierra que fluye leche y miel, pero en cambio nos trajo a este desierto para matarnos de sed". Ellos estaban acusando a Dios de haber violado la promesa de Su pacto. "Él nos ha traicionado y nos ha mentido". En vez de asumir la postura sumisa del que espera en la misericordia y en la bondad de Dios, los israelitas demandaron a Moisés que les diera agua (v. 2), al mismo tiempo que negaron la protección de Dios y Su presencia en medio de ellos (vv. 3 y 7).

De haber podido apedrear a Dios ese día, lo habrían hecho. Pero como eso era imposible, estuvieron a punto de ejecutar a Moisés (v. 4). Si todos iban a morir en pocas horas de muerte natural, Moisés debía ser el primero, pero no de sed, sino ejecutado por el pueblo como un traidor. De esta manera, esta crisis en el desierto no solo reveló la incredulidad de sus corazones, sino también su ingratitud y su insolencia. ¿Cómo pudieron olvidar tan pronto todo lo que Dios había hecho a favor de ellos al librarlos de la tiranía de Faraón de una forma tan sorprendente?

Israel pecó gravemente contra Dios ese día. Las acusaciones que estaban haciendo contra Él no solo eran injustas, sino también blasfemas. El problema es que nosotros no somos diferentes en ningún sentido. Esa es la acusación que Pablo presenta contra toda la raza humana, en el capítulo 1 de su Carta a los romanos. Pablo dice en Romanos 1 que la razón por la que todos necesitamos la salvación que el evangelio anuncia es porque todos somos culpables del mismo pecado: incredulidad, ingratitud e insolencia. Dios reveló Su ira contra la raza humana por haber detenido con injusticia la verdad —dice Pablo—. Dios manifestó Su poder de una forma muy evidente a través de las cosas creadas, y le ha dado al ser humano la capacidad de interpretar esa evidencia. Pero en vez de glorificar a Dios y darle gracias, la humanidad se envaneció en sus razonamientos —dice Pablo— "y su necio corazón fue entenebrecido" (Rom. 1:18–21).

Toda la raza humana es culpable de los mismos pecados que el pueblo de Israel en el desierto: incredulidad, ingratitud e insolencia. Y es importante aclarar que cuando hablo de la raza humana me estoy refiriendo a ti y a mí. Hablar de la raza humana puede sonar tan general que es posible que algunos no se sientan aludidos. Pero lo que Pablo dice aquí es que todos somos culpables en la presencia de Dios. En el mundo entero "no hay justo, ni aún uno —dice Pablo en el capítulo 3 de Romanos—; no hay quien entienda. No hay quien busque a Dios. [...] No hay quien haga lo bueno, no hay ni siquiera uno" (Rom. 3:10-12). Y en Romanos 3:23 dice que todos pecamos y estamos destituidos de la gloria de Dios; en otras palabras, todos nos quedamos cortos de darle a Dios la gloria que Él merece; todos respondemos equivocadamente a Su bondad y a Su autoridad.

Él es el Creador de los cielos y de la tierra, y el que sostiene tu vida cada segundo de tu existencia. Todos deberíamos amar y obedecer a Dios con todo nuestro corazón, con toda nuestra alma y con todas nuestras fuerzas. Pero en vez de hacer eso, todo el tiempo pecamos contra Él. El ser humano es incrédulo, ingrato e insolente; es tal la insolencia del hombre incrédulo que se atreve a sentar a Dios en el banquillo de los acusados cuando experimenta las consecuencias de vivir en un mundo caído o cuando las cosas no salen como esperaba.

Y no pienses ni por un segundo que eso no puede sucederle a un cristiano. Cuando Dios nos coloca en situaciones que no parecen tener ni pies ni cabeza, muchas veces olvidamos por completo Su bondad y sabiduría, y nos llenamos de amargura y descontento por las cosas que Él ha decretado para nuestras vidas. Por supuesto, casi nunca decimos que estamos amargados contra Dios; preferimos atacar de frente a las autoridades que Él puso sobre nosotros, como hizo el pueblo con Moisés en el desierto, o culpamos a "las circunstancias". Pero si profundizamos un poco más, veremos que nuestra queja, en definitiva, es contra Dios porque Él es quien gobierna las circuns-tancias de nuestra vida. Somos tan insolentes que si fuera posible le arrebataríamos de Sus manos el guion de nuestras vidas para hacerle algunas "mejoras".

¿Alguna vez has pensado que nuestra falta de contentamiento revela un intento muy sutil de "amonestar" a Dios? Es como decirle en silencio: "Señor, yo pienso que Tú necesitas ayuda para aprender a gobernar el Universo que has creado o, por lo menos, para gobernar mi propia vida porque, honestamente, el plan que trazaste para mí es bastante defectuoso".

Ya expuse antes que el sufrimiento nunca nos deja como nos encuentra. Y en el desierto de Sinaí el pueblo de Israel reveló su peor cara. Por más duro que suene, ese día los israelitas acusaron a Dios de ser un mentiroso y un genocida. Los sacó de Egipto con promesas falsas para matarlos de sed en el desierto. Como dice un comentarista: "¡Su incredulidad era increíble!" (traducido por el autor).[2] Y ¿cómo reaccionó Dios ante tanta insolencia y tanta ingratitud? Esa es la parte más sorprendente de esta historia.

El juicio

Dios los había llevado a Refidim para probarlos, pero ellos decidieron probar a Dios, llevarlo a juicio. Como hemos visto ya, los hijos de Israel entablaron una demanda legal contra Dios. Más adelante, en el libro de Deuteronomio, Moisés hace un recuento de la historia de Israel en el desierto y les dice en el versículo 8 del capítulo 33: "A quien probaste en Masah —refiriéndose a Dios—, con quien contendiste en las aguas de Meriba". Una vez más se usa aquí el término legal que aparece en Éxodo 17:2. Ellos acusaron a Dios de haber violado Su pacto, un crimen que merecía la pena capital. Como no podían matar a Dios, si lo encontraban culpable, matarían a Su representante.

Moisés sabía que el pueblo estaba a punto de apedrearlo, así que clamó a Dios. Y Dios le respondió diciéndole que se colocara delante del pueblo junto a los ancianos de Israel (v. 5). En otras palabras, lo que Dios le estaba diciendo a Moisés era que convocara un tribunal. En aquellos días los ancianos de la nación funcionaban como una especie de jurado para enjuiciar sobre los asuntos que estaban en disputa. Por lo tanto, este litigio entre Dios y el pueblo debía llevarse a cabo con todas las formalidades legales que se requerían en un juicio de esta naturaleza.

Dios le ordenó también que tomara en su mano la vara con la que había golpeado el río Nilo cuando sus aguas se convirtieron en sangre. Dios le había dado esta vara a Moisés en el episodio de la zarza ardiente como una prueba de Su presencia (Ex. 4:1–2). Esta vara era un símbolo del poder y la autoridad de Dios para juzgar. Cuando Moisés golpeó las aguas del Nilo con esta vara, estaba aplicando el juicio de Dios contra los egipcios.

De esta manera, Dios le estaba pidiendo a Moisés que actuara como juez en este caso, emitiendo el veredicto y ejecutando la sentencia. Cuando Moisés se puso delante del pueblo con esa vara en su mano, todos los presentes sabían que alguien estaba a punto de ser castigado por el pecado tan horrible que habían cometido contra Dios. Pero entonces ocurrió lo impensable.

El veredicto

Lee una vez más el versículo 6: "He aquí que yo estaré delante de ti allí sobre la peña en Horeb; y golpearás la peña, y saldrán de ella aguas, y beberá el pueblo. Y Moisés lo hizo así en presencia de los ancianos de Israel". La expresión "yo estaré delante de ti" casi nunca se usa en la Biblia para referirse a Dios porque Él no tiene que comparecer delante de los hombres. Somos nosotros los que tenemos que comparecer delante de Él. Pero en este momento Dios decide colocarse delante de Moisés sobre la roca en el monte Horeb.

Todo el que está familiarizado con el Antiguo Testamento sabe que la Roca es un símbolo que se usa a menudo para referirse a Dios como Aquel que trae salvación a Su pueblo. Dice en Deuteronomio 32:4 que nuestro Dios es la Roca "cuya obra es perfecta". Y en el Salmo 18:2 el salmista se dirige a Dios llamándolo "roca mía y castillo mío [...]; mi escudo, y la fuerza de mi salvación, mi alto refugio". Dios es la Roca de Israel.

¿Qué era, entonces, lo que estaba sucediendo en Éxodo 17:6? Dios estaba accediendo a la demanda de ser llevado a juicio, ¡pero no en el tribunal de ellos, sino en Su propio tribunal! Dios, colocándose delante de Moisés para recibir todo el peso del castigo divino que Su pueblo merece, está a punto de enseñarles cuál es la única manera posible de salvación. Los israelitas merecían morir por su incredulidad y su insolencia, pero Dios decide recibir los azotes de Su propia justicia.

Cuando Moisés golpeó la Roca, salió tanta agua de la peña que todo el pueblo pudo saciar su sed. Dice en el Salmo 78:20 que el torrente de agua era tal que inundó la tierra. Y en el Salmo 105:41 dice que las aguas "corrieron por los sequedales como un río". ¡Impresionante! El pueblo que merecía ser castigado por su pecado recibe a cambio toda el agua que necesitaba para calmar su sed porque Dios decidió recibir el castigo que ellos merecían. Ellos fueron salvados ese día por causa de la herida de Dios, si se puede decir de ese modo.

Ese es el gran mensaje de toda la Biblia: que el Dios de toda gracia recibió en la persona de Su Hijo el golpe que nosotros merecemos por causa de nuestra rebelión. Es por eso que Pablo interpreta este incidente, en el capítulo 10 de su Primera carta a los corintios, diciendo que todos ellos "bebieron la misma bebida espiritual; porque bebían de la roca espiritual que los seguía, y la roca era Cristo" (1 Cor. 10:4). El Señor Jesucristo se colocó sobre la peña en Horeb para recibir el golpe de la vara de Moisés, como preámbulo de ese otro día en que recibiría sobre una cruz el castigo que merecen todos aquellos a los que Él vino a salvar.

Cuando Cristo estaba en la cruz, dice en el Evangelio de Juan que "uno de los soldados le abrió el costado con una lanza, y al instante salió sangre y agua" (Juan 19:34), la sangre que nos limpia de todo pecado y el agua de vida que sacia nuestra sed. Es gracias a Su muerte en la cruz que los creyentes somos saciados con el agua de la salvación.

¿Recuerdas la conversación del Señor Jesucristo con la mujer samaritana, junto al pozo de Jacob, en el capítulo 4 de Juan? "Cualquiera que bebiere de esta agua, volverá a tener sed —dice el Señor—; mas el que bebiere del agua que yo le daré, no tendrá sed jamás; sino que el agua que yo le daré será en él una fuente de agua que salte para vida eterna" (Juan 4:13–14). Cristo es la verdadera Roca del monte Horeb que, al ser golpeado en la cruz con la vara de la justicia divina, salió de Él un torrente de agua que sacia plenamente la sed de todo el que venga y beba por medio de la fe.

Más adelante, en el capítulo 7 del Evangelio de Juan, dice que el Señor Jesucristo se puso en pie en el último día de la fiesta de los Tabernáculos; y alzando la voz en el Templo dijo a todo el pueblo: "Si alguno tiene sed, venga a mí y beba. El que cree en mí, como dice la Escritura, de su interior correrán ríos de agua viva" (Juan 7:37–38). Es por eso que en el capítulo 32 del libro del profeta Isaías, escrito 700 años antes de Cristo, se profetiza la venida de un gran Rey que sería al mismo tiempo una Roca de refugio y un manantial de aguas: "He aquí que para justicia reinará un rey [...]. Y será aquel varón como escondedero contra el viento, y como refugio contra el turbión; como arroyos de aguas en tierra de sequedad, como sombra de gran peñasco en tierra calurosa" (Isa. 32:1–2).

Cristo es esa Roca bendita en la cual podemos refugiarnos y de cuyas aguas podemos beber y saciar nuestra sed para siempre. Los israelitas le habían preguntado a Moisés si Jehová estaba entre ellos o no (v. 7). La respuesta es que Dios estaba allí de una forma que ellos no podían ni imaginar: soportando sobre la roca el castigo que ellos merecían por su pecado y su insolencia. Esa es la gran historia que se revela a través de todas las historias de la Biblia. El ser humano pecó contra Dios y se rebeló contra Su autoridad. Pero en vez de dejarnos en esa terrible condición, el Dios de toda gracia estableció un plan de salvación que hiciera posible el perdón de pecadores culpables sin pasar por alto Su justicia. La Segunda Persona de la Trinidad se hizo Hombre para asumir nuestra culpa en la cruz del Calvario, "para que todo aquel que en Él cree, no se pierda, mas tenga vida eterna" (Juan 3:16).

En la obra de Rutenborn que citamos al principio, el veredicto que la humanidad emite contra Dios es que debe ser condenado "a convertirse en ser humano, un errante en la tierra, privado de sus derechos, sin hogar, hambriento y sediento". Y al final debe morir de tal manera que sea avergonzado y ridiculizado. Ese es el grito de una humanidad rebelde contra el Dios Todopoderoso, Creador de los cielos y de la tierra. Pero lo cierto es que Dios hizo mucho más de lo que esos desafíos blasfemos demandan. Dios se hizo Hombre y no solo para sufrir las injusticias y los atropellos de otros hombres, sino para recibir voluntariamente todo el peso de la ira justa de Dios que nosotros merecemos por nuestros pecados:

"Al que no conoció pecado, por nosotros lo hizo pecado, para que nosotros fuésemos hechos justicia de Dios en él" (2 Cor. 5:21). "Porque también Cristo padeció una sola vez por los pecados, el justo por los injustos, para llevarnos a Dios" (1 Ped. 3:18a).

Conclusión

Quiero dejar dos lecciones en tu mente antes de concluir el mensaje de hoy. La primera es que los creyentes no debemos interpretar el amor de Dios a la luz de nuestras circunstancias. Eso fue lo que hicieron los israelitas en el desierto y terminaron murmurando y blasfemando contra Él. Vayamos al Salmo 95. Este es un salmo curioso porque comienza con un llamamiento a la adoración y termina con una solemne advertencia tomando como punto de partida este mismo incidente en Horeb:

> Venid, aclamemos alegremente a Jehová; cantemos con júbilo a la roca de nuestra salvación. Lleguemos ante su presencia con alabanza; aclamémosle con cánticos. Porque Jehová es Dios grande, y Rey grande sobre todos los dioses. Porque en su mano están las profundidades de la tierra, y las alturas de los montes son suyas. Suyo también el mar, pues él lo hizo; y sus manos formaron la tierra seca. Venid, adoremos y postrémonos; arrodillémonos delante de Jehová nuestro Hacedor. Porque él es nuestro Dios; nosotros el pueblo de su prado, y ovejas de su mano (Sal. 95:1–7a).

Sin embargo, a partir de la mitad del versículo 7 el salmo cambia de tono radicalmente:

> Si oyereis hoy su voz, No endurezcáis vuestro corazón, como en Meriba, como en el día de Masah en el desierto, donde me tentaron vuestros padres, me probaron, y vieron mis obras. Cuarenta años estuve disgustado con la nación, y dije: Pueblo

es que divaga de corazón, y no han conocido mis caminos.
Por tanto, juré en mi furor que no entrarían en mi reposo
(Sal. 95:7b-11).

¿Cómo conectamos la primera parte del salmo con la segunda?
¿Cuál es la enseñanza de este salmo? Una de ellas es que los que
profesamos ser creyentes tenemos solo dos opciones: o adoramos a
Dios con reverencia y gratitud por todas las bendiciones que Él nos
da sin que las merezcamos, incluso en medio de las pruebas, o terminaremos quejándonos y endureciendo nuestros corazones contra
Él. No hay otra opción.

Lo que Dios nos advierte en el Salmo 95 es que esa actitud de
queja y descontento no es otra cosa que incredulidad, y puede que sea
un indicio de un corazón no regenerado. Tanto en 1 Corintios 10 como
en Hebreos 3, los autores del Nuevo Testamento hacen esa misma
aplicación de este episodio de Israel en el desierto: "Cuidado con la
queja y el descontento porque ambos pecados son una afrenta contra
Dios y son muy venenosos para el alma".

Medita en lo que Cristo hizo por ti en la cruz del Calvario; medita en
el hecho de que Él recibió por ti los azotes que tú merecías, y derrama
tu alma en adoración y gratitud por el impactante e incomprensible
amor con el que Dios te amó y te ama. Si tienes a Cristo tienes demasiado; no importa de cuántas cosas de este mundo puedas carecer.
Hace unos días me estaba preparando para ir a la iglesia y me topé
con una nota que mi esposa les había enviado a unos amigos, tomada
de un libro de oraciones de Scotty Smith. Él comienza diciendo que
"la desesperación y la desesperanza fueron saboteadas" por Cristo
en Su resurrección. ¿Escuchaste eso? Cristo saboteó la desesperación
y la desesperanza cuando resucitó de la tumba al tercer día. Smith
continúa diciendo en su oración:

Ayúdame a preocuparme mucho más por los tesoros de dentro que por las presiones de fuera. Si Tu sublime poder se puede mostrar más dramáticamente a través de mi debilidad, me entrego a Tu voluntad. Si Tu incomparable belleza es más claramente revelada a través de mis dificultades, me entrego a Tus caminos. Si Tus propósitos redentores se realizarán más plenamente a través de mi quebrantamiento, me entrego a ti. Con mis manos levantadas, te ofrezco alabanzas por el tesoro del evangelio. Aunque hay momentos en que me parece increíblemente atractivo tirar la toalla, buscar otra historia o simplemente huir, ¿a dónde voy a ir sino a ti? Solo Tú das palabra de vida, gracia suficiente y esperanza de gloria. Que Tu voz sea diez veces más fuerte que los murmullos a mi alrededor y las quejas dentro de mí. Jesús, en las próximas horas, días y semanas, demuestra las maravillas de Tu amor en medio de nosotros. Oro a ti con expectación hambrienta, en Tu poderoso Nombre. Amén (traducido por el autor).[3]

Pero quisiera dirigir también unas palabras a aquellos que están sin Cristo, aquellos que nunca han venido con arrepentimiento y fe reconociendo su culpabilidad y confiando únicamente en Él para el perdón de sus pecados y el don de la vida eterna. Si ese es tu caso, yo te ruego que no te vayas de este lugar sin arreglar tus cuentas con Dios. Algún día tendrás que presentarte delante de Él para ser juzgado, y créeme que nadie saldrá bien parado en ese tribunal. Dice la Escritura que "todas las cosas están desnudas y abiertas a los ojos de Aquel a quien tenemos que dar cuenta" (Heb. 4:13).

La buena noticia es que Dios mismo proveyó un medio de salvación a través de la Persona de Su Hijo. La Biblia dice en Romanos 6:23 que la paga del pecado es la muerte. Lo que tú y yo merecemos por causa de nuestros pecados no es estar en la presencia de Dios disfrutando de Su compañía, sino ser arrojados a una condenación eterna donde nadie podrá disfrutar jamás ni una gota de Su misericordia. Pero Jesús vino al mundo, siendo Dios, para recibir como Hombre el castigo que nosotros merecemos por nuestros pecados. Él es la Roca que fue golpeada en la cruz del Calvario una vez y para siempre, "para que todo aquel que en Él cree, no se pierda, mas tenga vida eterna" (Juan 3:15).

No continúes deshidratando tu alma tratando de saciar tu sed con el agua que este mundo ofrece cuando Cristo te llama por medio del evangelio para saciarla plena y permanentemente bebiendo de esa fuente de agua de vida que brotó del Calvario. Ven a Cristo, y ven ahora, clamando para obtener Su misericordia y Su perdón; y recibirás gratuitamente por gracia el perdón de todos tus pecados y el don de la vida eterna solo por medio de la fe. Que el Señor bendiga en gran manera Su Palabra en esta mañana, y obre en todos nosotros a través de ella por el poder de Su Santo Espíritu.

Epílogo

Leer un libro sobre predicación puede ser muy beneficioso y frustrante a la vez. No conozco a ningún predicador que se sienta satisfecho con su predicación. Creo que era Spurgeon quien decía que no cruzaría la calle para oírse predicar. Por lo tanto, cuando leemos sobre este tema, es muy probable que nuestras debilidades salgan a flote y nos sintamos desalentados. Si experimentaste algo de esto al leer este libro, quisiera recordarte algunas cosas antes de concluir.

En primer lugar, *recuerda que la obra de Dios no depende, en última instancia, de la obra nuestra*. Si bien es cierto que "agradó a Dios salvar a los creyentes por la locura de la predicación" (1 Cor. 1:21), nuestro Dios es lo suficientemente poderoso y sabio como para llevar a cabo Su obra, en el mundo y en la Iglesia, a pesar de nosotros.

En segundo lugar, y complementando lo dicho en el párrafo anterior, *recuerda que la predicación es un don que debe ser cultivado para que nuestro aprovechamiento "sea manifiesto a todos"* (1 Tim. 4:15, énfasis agregado). Si bien no era mi intención desalentar a nadie con el contenido de este libro, tampoco quisiera promover la mediocridad o, lo que es peor, animar a algunos que tal vez no fueron llamados a predicar el evangelio. El don de Dios para exponer en público las Escrituras debe ser evidente a la Iglesia y a otros pastores. Pero aquellos que tienen el don no deben descuidarlo —dice Pablo en 1 Timoteo 4:14—, sino que deben continuar desarrollándolo. Este libro fue escrito para ayudar a los que tienen el don a hacerlo cada vez más eficazmente.

En tercer lugar, *recuerda el evangelio*. Cuando te sientas desalentado por tus limitaciones como expositor, predícate continuamente el mensaje que predicas a otros. Tu identidad primaria no es "predicador", sino "cristiano"; eso quiere decir que tu aceptación delante de Dios no depende de tu desempeño en el púlpito, sino de la obra perfecta de redención que Jesús llevó a cabo con Su vida, muerte y resurrección. Cuando colocas el evangelio en el centro de tu vida, tu mayor anhelo no será llegar a ser un mejor predicador, sino llegar a tener una comunión cada vez más íntima y deleitosa con Aquel que entregó Su vida por ti en la cruz del Calvario. El deseo de predicar mejor no necesariamente te ayudará a ser un mejor cristiano; pero en la medida en que te acercas más a tu Señor y Salvador, eso de seguro contribuirá a que prediques mejor, si Dios te llamó a hacerlo.

En cuarto y último lugar, *recuerda que el poder de Dios se perfecciona en nuestra debilidad*. Si la lectura de este libro te permitió ver algunas áreas débiles como predicador, dale gracias a Dios por ello porque ahora podrás trabajar más intencionalmente en mejorar tu predicación… en total dependencia del Espíritu Santo. Nadie es suficiente para esta tarea, pero la gracia de Dios nos capacita para ser "grato olor de Cristo en los que se salvan, y en los que se pierden", mientras exponemos las Escrituras "de parte de Dios, y delante de Dios".

¡*Soli Deo Gloria*!

Libros recomendados

Como ya he mencionado antes, hay algunos aspectos importantes relacionados con la predicación que no fueron tratados en profundidad en esta obra, sino solo de manera incidental. Por esa razón añadimos esta lista de libros recomendados, todos en español, que pueden ser de gran ayuda para ampliar y complementar el contenido de este libro. He colocado estás en orden de importancia.

Martyn Lloyd-Jones

La predicación y los predicadores, Editorial Peregrino: España, 2003
Si tuviera que recomendar un solo libro de predicación, probablemente sería este. Esta obra monumental debe ser leída y releída por todo aquel que fue llamado al sagrado oficio de predicar las Escrituras. Lloyd-Jones no solo instruye acerca de la predicación, sino que también nos motiva a hacerlo; cuando terminé de leerlo por primera vez, no podía esperar que llegara el domingo para volver al púlpito a exponer la Palabra de Dios.

Brian Borgman

Mi corazón por Tu causa, Publicaciones Aquila: New Jersey, 2008
Brian Borgman hizo un trabajo excelente al sintetizar en esta obra la teología de la predicación del pastor Albert N. Martin. Para aquellos que no conocen al pastor Martin, permítanme compartirles esta anécdota. En cierta ocasión, el teólogo John Murray fue invitado a predicar en una conferencia para pastores y esta fue su respuesta: "Si Al Martin ha de estar allí, pienso en verdad que se le debería pedir a él que tome a su

cargo los tres servicios vespertinos que me propusieron a mí. Él es uno de los predicadores más capacitados y conmovedores que jamás haya escuchado. No he escuchado a nadie que se le iguale". Martin tenía en ese tiempo 35 años de edad. En mi caso puedo decir que, juntamente con Martyn Lloyd-Jones, el pastor Martin ha sido una de las influencias más determinantes en mi vida, no solo como predicador, sino también como creyente.

Albert N. Martin
La predicación en el Espíritu Santo, Publicaciones Aquila: New Jersey, 2012
Tanto esta obra como la siguiente, son exposiciones breves, pero muy aleccionadoras sobre la piedad y el carácter personal del predicador.

Albert N. Martin
Preparados para Predicar, Publicaciones Aquila: New Jersey, 2004

Charles H. Spurgeon
Discursos a mis estudiantes, Editorial Peregrino: España, 2013
Si hay alguien que no necesita presentación en el pueblo evangélico es el predicador inglés del siglo XIX Charles H. Spurgeon. En 1905, apenas 13 años después de su muerte, muchos de sus sermones habían sido traducidos al alemán, sueco, árabe, armenio, búlgaro, chino, francés, italiano, japonés, español, tamil, urdu, ruso, polaco, sirio, entre otros; aparte de los que habían sido preparados en braille para el uso de los ciegos. En estos discursos, dirigidos a los estudiantes de la Escuela Pastoral, Spurgeon se esfuerza por hablar de la predicación de una forma coloquial y familiar, como él mismo admite en su introducción, lo cual dio como resultado un libro altamente instructivo y, al mismo tiempo, muy fácil de leer y asimilar.

John Stott

La predicación: puente entre dos mundos, Libros Desafío: Michigan, 2000
Este libro es un clásico sobre el tema de la predicación. Stott pertenece a la categoría de los grandes expositores de la Palabra del siglo xx. Vale la pena escuchar a un maestro como él hablar del ministerio que fue la pasión de su vida.

John A. Broadus

Tratado sobre la predicación, Casa Bautista de Publicaciones: Texas, 1989
Esta obra, publicada originalmente en inglés en 1870, ha sido uno de los manuales que Dios ha usado para el equipamiento de varias generaciones de predicadores. A pesar del tiempo que nos separa del autor, este clásico de la homilética no ha perdido su vigencia y puede ser de mucha ayuda para todo predicador del siglo xxi.

John Piper

La supremacía de Dios en la predicación, Faro de Gracia: North Carolina, 2008
En este libro Piper plasma su convicción, enraizada en las Escrituras, de que la predicación es adoración. "La predicación —dice Piper— es una exultación pública sobre la verdad que trae. No es desinteresada, fría o neutral. No es una mera explicación. Es manifiesta y contagiosamente apasionada acerca de lo que dice". John Piper es un modelo de este tipo de predicación "exultativa". Este libro no solo nos provee una clara perspectiva de la predicación centrada en Dios, sino que también nos moverá a adorar a Dios mientras predicamos.

Graeme Goldsworthy

Cómo predicar de Cristo usando toda la Biblia, Torrentes de Vida: Australia, 2012

Esta obra será de mucha ayuda para todos aquellos que deseen profundizar en el tema de cómo predicar a Cristo, siendo fieles al significado de cada texto en su contexto. De ella dice el gran predicador australiano ya fallecido John Chapman: "No cabe duda de que esta obra nos ayudará a mostrar cómo cada pasaje de las Escrituras enriquece nuestra comprensión del evangelio".

Byron Yawn
Clavos bien clavados, Portavoz: Michigan, 2012.
Tomando como punto de partida la predicación de John MacArthur, R. C. Sproul y John Piper, Byron Yawn ha hecho un excelente trabajo para mostrarnos cómo predicar con claridad, sencillez y pasión.

Bryan Chapell
Cómo usar ilustraciones para predicar con poder, Editorial Portavoz: Michigan, 2007
Como su título lo indica, este libro se enfoca en un solo aspecto de la predicación: el buen uso de las ilustraciones, y ¡con cuánta maestría lo hace! Bryan Chapell es un gran predicador que entiende muy bien la esencia de la predicación y que sabe cómo enseñarla a otros.

David Helm
La predicación expositiva, 9Marks: Washington, D. C., 2014
Esta obra es un tratado conciso de predicación expositiva que puede ser muy útil, tanto para el que está comenzando a predicar como para el que lleva muchos años haciéndolo. De una forma sencilla, aunque no superficial, David Helm nos muestra en qué consiste la verdadera predicación, a la vez que nos provee consejos prácticos sobre cómo hacerlo.

Edmund P. Clowney

El misterio revelado, Poiema Publicaciones: Colombia, 2014

Aunque este libro no trata directamente acerca de la predicación, lo he incluido aquí por la importancia vital de su contenido. Tal como vimos en el capítulo 7, el gran tema de las Escrituras es Cristo, y Este crucificado. Edmund Clowney es un maestro que necesitamos escuchar para saber cómo predicar a Cristo desde el Antiguo Testamento sin hacer "un aterrizaje forzoso en el Calvario".

Colin Marshal y Tony Payne

El enrejado y la vid, Torrentes de Vida: Australia, 2011

Este libro tampoco trata directamente sobre el tema de la predicación. Sin embargo, lo he incluido en esta lista por ser una herramienta muy útil para recordarnos que, si bien la predicación expositiva es de suma importancia para la salud espiritual de la Iglesia, ella no elimina la necesidad de otros aspectos del ministerio, como el discipulado personal, por ejemplo.

Citas bibliográficas

Prólogo

1 Gardiner Spring, *The Power of the Pulpit* (Carlisle, PA: Banner of Truth, 1986), 35.

Capítulo 1

1 Byron Forrest Yawn, *Clavos bien clavados* (Grand Rapids, MI: Editorial Portavoz, 2012), 47.

2 John Stott, *La predicación* (Grand Rapids, MI: Libros Desafío, 2000), 87.

3 Página en línea. Acceso en febrero de 2016. http://evangelio. wordpress.com/2010/01/21/%C2%BFque-es-el-pragmatismo-%C2%BFpor-que-es-malo/.

4 Jonathan Leeman, *Reverberation* (Chicago, IL: Moody Publishers, 2011), 19.

5 Jeffrey D. Arthurs, *Predicando con variedad* (Grand Rapids, MI: Editorial Portavoz, 2009), 22.

6 Mark Dever y Greg Gilbert, *Preach* (Nashville, TN: B&H Publishing Group, 2012), 28.

7 Stott, *La predicación*, 87.

8 Graeme Goldsworthy, *Cómo predicar de Cristo usando toda la Biblia* (Kiama, Australia: Torrentes de Vida, 2012), 61.

9 Dever y Gilbert, *Preach*, 21.

10 Leeman, *Reverberation*, 19.

Capítulo 2

1 La palabra que se traduce como "inspirada" en 2 Timoteo 3:16 significa literalmente 'exhalada por Dios' o 'espirada por Dios'.

2 Peter Adam, *Speaking God's Words* (Vancouver, Canada: Regent College Publishing, 2004), 27.

3 Ibíd., 28.

4 John Stott, *La predicación* (Grand Rapids, MI: Libros Desafío, 2000), 96.

5 Ibíd., 98.

Capítulo 3

1 Mike Abendroth, *Jesus Christ* (Leominster, UK: Day One Publications, 2008), 24-25.

2 Ibíd., 25.

3 Martyn Lloyd-Jones, *La predicación y los predicadores* (Moral de Calatrava, España: Editorial Peregrino, 2003), 22.

4 Comp. Hebreos 12:18-21.

5 R. Albert Mohler, Jr., *Proclame la Verdad* (Grand Rapids, MI: Editorial Portavoz, 2010), 43.

6 Sobre la construcción gramatical de esta pregunta en el original, León Morris señala lo siguiente en *The Epistle to the Romans* (Grand Rapids, MI: Wm. B. Eerdmans Publishing, 1988), 389-390: El οὗ genitivo es la construcción normal después de ἀκούω de personas, que significa 'quién', no 'de quien' (que, como señala Cranfield, sería muy inusual en griego).

7 John Stott, *El mensaje de Romanos* (Buenos Aires, Argentina: Ediciones Certeza Unida, 2007), 331.

8 R. Bruce Bickel, *Light and Heat* (Morgan, PA: Soli Deo Gloria, 1999), 10-11.

9 John Stott, *La predicación* (Grand Rapids, MI: Libros Desafío, 2000), 103.

10 Ibíd.

11 Isaac Watts, "Cuán solemne y dulce es aquel lugar", en *El himnario bautista de la gracia* (Alamance, NC: Publicaciones Faro de Gracia, 2000), himno n.° 83.

12 Mark Dever y Greg Gilbert, *Preach* (Nashville, TN: B&H Publishing Group, 2012), 33.

Capítulo 4

1 John Stott, *Imágenes del predicador en el Nuevo Testamento* (Grand Rapids, MI: Nueva Creación, 1996), 12-13.

2 Ibíd., 17.

3 Ibíd., 33.

4 Ibíd., 34.

5 Mike Abendroth, *Jesus Christ* (Leominster, UK: Day One Publications, 2008), 28.

6 Mark Dever y Greg Gilbert, *Preach* (Nashville, TN: B&H Publishing Group, 2012), 36-37.

7 Greg R. Scharf, *Let the Earth Hear His Voice* (Phillipsburg, NJ: P&R Publishing, 2015), pos. 294 de 6966.

8 Stephen F. Olford con David L. Olford, *Guía de predicación expositiva* (Nashville, TN: B&H Publishing Group, 2005), 70.

9 Sinclair B. Ferguson, "Exegesis", en *The Preacher and Preaching* editado por Samuel T. Logan, Jr. (Phillipsburg, NJ: P&R Publishing, 1986), 192.

10 Gary Millar y Phil Campbell, *Saving Eutychus* (Kingsford, Australia: Matthias Media, 2013), 29-30.

11 John Stott, *La predicación* (Grand Rapids, MI: Libros Desafío, 2000), 120.

12 Ibíd.

Capítulo 5

1 Haddon W. Robinson, *La predicación bíblica* (Miami, FL: Logoi, Inc., 2000), 18.

2 Henry C. Fish, *Power in the Pulpit* (Edinburgh, Scotland: Andrew Elliot, 1862). Traducido por Salvador Gomez: "Poder del púlpito" (Santo Domingo, República Dominicana: manuscrito inédito, 2013), 14.

3 Esta ilustración fue inspirada en parte por Jonathan Leeman en *The Church and the Surprising Offense of God's Love* (Wheaton, IL: Crossway Books, 2010), 15.

4 R. Bruce Bickel, *Light and Heat* (Morgan, PA: Soli Deo Gloria, 1999), 12.

5 Ibíd., 32.

6 Don Kistler, "Preaching With Authority", en *Feed My Sheep* (Morgan, PA: Soli Deo Gloria, 2002), 219.

7 Alex Montoya, *Predicando con pasión* (Grand Rapids, MI: Editorial Portavoz, 2003), 81.

8 Comp. 1 Timoteo 4:12; Tito 2:6-7.

9 Edward (Ted) Donnelly, *Peter* (Carlisle, PA: Banner of Truth, 1998), 78.

10 John Stott, *Imágenes del predicador en el Nuevo Testamento* (Grand Rapids, MI: Nueva Creación, 1996), 22-23.

11 Ibíd.

12 Martyn Lloyd-Jones, *La predicación y los predicadores* (Moral de Calatrava, España: Editorial Peregrino, 2003), 110.

13 Montoya, *Predicando...*, 9.

14 Byron Forrest Yawn, *Clavos bien clavados* (Grand Rapids, MI: Editorial Portavoz, 2012), 104.

15 Ibíd., 105.

16 Steven J. Lawson, *La predicación que Dios bendice* (Eugene, OR: Harvest House Publishers, 2013), 93.

17 Lloyd-Jones, *La predicación...*, 111.

18 Ibíd., 99

19 Daniel M. Doriani, *Putting the Truth to Work* (Phillipsburg, NJ: P&R Publishing, 2001), 97.

20 Richard Baxter, *El pastor renovado* (Carlisle, PA: Banner of Truth, 2009), 130-131.

21 Brian Borgman, *Mi corazón por Tu causa* (North Bergen, NJ: Publicaciones Aquila, 2008), 289.

22 Lloyd-Jones, *La predicación...*, 104.

23 Montoya, *Predicando...*, 68.

24 Yawn, *Clavos...*, 36.

25 Ibíd.

26 Ibíd., 37.

27 Ibíd., 40.

28 Ibíd.

29 Ibíd., 41.

30 Charles H. Spurgeon, *Autobiography* (Carlisle, PA: Banner of Truth, 1962), 87.

Capítulo 6

1 Albert N. Martin, *Preparados para predicar* (North Bergen, NJ: Publicaciones Aquila, 2004), 100.

2 Ibíd., 100-101.

3   Wilber T. Dayton, citado por John MacArthur, *El redescubrimiento de la predicación expositiva* (Nashville, TN: Editorial Caribe, 1996), 129.

4   Ibíd., 336-337.

5   Byron Forrest Yawn, *Clavos bien clavados* (Grand Rapids, MI: Editorial Portavoz, 2012), 82.

6   Ibíd., 91.

7   Albert N. Martin, *La predicación en el Espíritu Santo* (North Bergen, NJ: Publicaciones Aquila, 2012), 40.

8   John Piper, *The Supremacy of God in Preaching* (Grand Rapids, MI: Baker Books, 1988), 38.

9   Timothy Keller, *Preaching* (New York, NY: Viking, 2015), pos. 2368 de 4183.

10 Martin, *La predicación...*, 45-46.

11 Martyn Lloyd-Jones, *La predicación y los predicadores* (Moral de Calatrava, España: Editorial Peregrino, 2003), 173.

12 Ibíd., 47.

13 William P. Farley, *Hidden in the Gospel* (Phillipsburg, NJ: P&R Publishing, 2014), 8.

14 Piper, *The Supremacy...*, 39.

15 Ibíd., 37.

16 Ibíd., 37-38.

Capítulo 7

1   Edmund P. Clowney, "Preaching Christ From All the Scriptures", en *The Preacher and Preaching* editado por Samuel T. Logan, Jr. (Phillipsburg, NJ: P&R Publishing, 1986), 164.

2   Ibíd.

3   Sidney Greidanus, *Preaching Christ from the Old Testament* (Grand Rapids, MI: Wm. B. Eerdmans Publishing, 1999), 10.

4   Graeme Goldsworthy, *Cómo predicar de Cristo usando toda la Biblia* (Kiama, Australia: Torrentes de Vida, 2012), 42.

5   Charles H. Spurgeon, *Ganador de hombres* (Carlisle, PA: Banner of Trust, 1985), 88.

6   Greidanus, *Preaching...*, 2.

7   Sinclair B. Ferguson, "Predicando a Cristo desde el Antiguo Testamento", en *El predicador y su relación con la palabra* por Peter Adam, John Woodhouse, Peter F. Jensen y Sinclair B. Ferguson (Barcelona, España: Publicaciones Andamio, 2009), 78.

8   Tremper Logan, citado por Timothy Keller, *Preaching* (New York, NY: Viking, 2015), pos. 1036 de 4183.

9   Ibíd.

10 Goldsworthy, *Cómo predicar...*, 176.

11 Ferguson, "Predicando...", 79.

12 Gary Millar y Phil Campbell, *Saving Eutychus* (Kingsford, Australia: Matthias Media, 2013), 79.

13 Graeme Goldsworthy, *Estrategia divina* (Barcelona, España: Publicaciones Andamio, 2003), 41.

14 David Helm, *La predicación expositiva* (Washington, D. C.: 9Marks, 2014), 79.

15 Ferguson, "Predicando...", 82.

16 Ibíd., 84.

17 Helm, *La predicación...*, 81.

18 Daniel M. Doriani, *Putting the Truth to Work* (Phillipsburg, NJ: P&R Publishing, 2001), 280.

19 Timothy Keller, *La Cruz del Rey* (Barcelona, España: Publicaciones Andamio, 2013), 67.

20 Timothy Keller, *Preaching* (New York, NY: Viking, 2015), pos. 608 de 4183.

21 Ibíd.

22 Ibíd.

23 Ibíd., pos. 630 de 4183.

24 Ibíd.

25 Ibíd.

26 Ibíd.

27 Ibíd., pos. 650 de 4183.

28 Ibíd.

29 Ibíd.

30 Ibíd.

31 Ibíd.

32 Ferguson, "Predicando...", 94.

Capítulo 8

1 Haddon W. Robinson, *La predicación bíblica* (Miami, FL: Logoi, Inc., 2000), 52.

2 Ibíd., 52-53.

3 Ibíd., 54.

4 Irvin A. Busenitz, "Mensajes expositivos temáticos, teológicos, históricos y biográficos", en *El redescubrimiento de la predicación expositiva: c*ómo balancear la ciencia y el arte de la exposición bíblica por John MacArthur, Jr., y la facultad del Master's Seminary (Nashville, TN: Editorial Caribe, 1996), 285.

5 Martyn Lloyd-Jones, *God's Way of Reconciliation* (Grand Rapids, MI: Baker Books, 1972), 59.

6 Charles H. Spurgeon, *Discursos a mis estudiantes* (Moral de Calatrava, España: Editorial Peregrino, 2013), 145.

7 Mark Dever y Greg Gilbert, *Preach* (Nashville, TN: B&H Publishing Group, 2012), 65.

8 Gary Millar y Phil Campbell, *Saving Eutychus* (Kingsford, Australia: Matthias Media, 2013), 40.

9 Ibíd.

10 James D. Crane, *El sermón eficaz* (El Paso, TX: Casa Bautista de Publicaciones, 1968), 82.

11 Busenitz, "Mensajes...", 287.

Capítulo 9

1 Byron Forrest Yawn, *Clavos bien clavados* (Grand Rapids, MI, Editorial Portavoz, 2012), 47.

2 Henry C. Fish, *Power in the Pulpit* (Edinburgh, Scotland: Andrew Elliot, 1862). Traducido por Salvador Gomez: "Poder del púlpito" (Santo Domingo, República Dominicana: manuscrito inédito, 2013), 22.

3 Ken Gire, *Moments With the Savior* (Grand Rapids, MI: Zondervan, 1998), 46.

4 Yawn, *Clavos...*, 108-109.

5 Doctrina que sostenía que el Estado es superior a la Iglesia aun en temas eclesiásticos. Su nombre se deriva de Thomas Erastus, un teólogo suizo seguidor de Zwingli, quien sostenía que el estado debía castigar todas las ofensas, incluidas las eclesiásticas. El erastianismo surge de las defensas de la supremacía secular por parte de Richard Hooker durante la Asamblea de Westminster.

6 Dale Ralph Davis, *The Word Became Fresh* (Fearn, Scotland: Christian Focus Publications, 2007), 6.

7 Robert L. Plummer, *Preguntas y respuestas sobre cómo interpretar la Biblia* (Grand Rapids, MI: Editorial Portavoz, 2013), 94.

8 Ibíd.

9 Véase también Stephen F. Olford con David L. Olford, *Guía de predicación expositiva* (Nashville, TN, B&H Publishing Group, 2005), 120, 122.

10 Ramesh Richard, *La predicación expositiva* (Grand Rapids, MI: Baker Books, 1995), 54-61.

11 Yawn, *Clavos...*, 93.

12 Ibíd.

13 Ibíd., 64.

14 Ibíd., 50.

15 Ibíd., 94.

16 David Helm, *La predicación expositiva* (Washington, D. C.: 9Marks, 2014), 71.

17 Ibíd., 128.

Capítulo 10

1 John Stott, *La predicación* (Grand Rapids, MI: Libros Desafío, 2000), 223.

2 Ibíd.

3 John A. Broadus, *Tratado sobre la predicación* (El Paso, TX: Casa Bautista de Publicaciones, 1989), 163.

4 Stott, *La predicación*, 222-223.

5 Charles H. Spurgeon, *Discursos a mis estudiantes* (Moral de Calatrava, España: Editorial Peregrino, 2013), 145.

6 O. Palmer Robertson, *Preaching Made Practical* (Grand Rapids, MI: Evangelical Press, 2015), 121.

7 Martyn Lloyd-Jones, *La predicación y los predicadores* (Moral de Calatrava, España: Editorial Peregrino, 2003), 86-87.

8 Robertson, *Preaching...*, 121.

Capítulo 11

1 Gary Millar y Phil Campbell, *Saving Eutychus* (Kingsford, Australia: Matthias Media, 2013), 64.
2 Ibíd.
3 Robert L. Dabney, *Sacred Rhetoric* (Edinburgh, Scotland: Banner of Truth, 1979), 113.
4 Millar y Campbell, *Saving Eutychus*, 63.
5 Bryan Chapell, *Christ-Centered Preaching* (Grand Rapids, MI: Baker Academics, 2005), 47.
6 Ibíd., 48.
7 Byron Forrest Yawn, *Clavos bien clavados* (Grand Rapids, MI: Editorial Portavoz, 2012), 57.
8 C. S. Lewis, *God in the Dock* (Grand Rapids, MI: Wm. B. Eerdmans Publishing, 1970), 267.
9 J. C. Ryle, *The Upper Room* (Carlisle, PA: Banner of Truth, 1983), 39.
10 Henry C. Fish, *Power in the Pulpit* (Edinburgh, Scotland: Andrew Elliot, 1862). Traducido por Salvador Gomez: "Poder del púlpito" (Santo Domingo, República Dominicana: manuscrito inédito, 2013), 10.
11 Ryle, *The Upper...*, 43.
12 John Stott, *La predicación* (Grand Rapids, MI: Libros Desafío, 2000), 226.
13 Fish, "Poder...", 13.
14 John A. Broadus, *Tratado sobre la predicación* (El Paso, TX: Casa Bautista de Publicaciones, 1989), 230.
15 Ibíd., 231.
16 James Braga, *Cómo preparar mensajes bíblicos* (Grand Rapids, MI: Editorial Portavoz, 1986), 176.

17　Bryan Chapell, *Cómo usar ilustraciones para predicar con poder* (Grand Rapids, MI: Editorial Portavoz, 2007), 15.

18　Sam Storms, *One Thing* (Fearn, Scotland: Christian Focus Publications, 2004), 124-127.

19　Ibíd., 127.

Capítulo 12

1　Brian Borgman, *Mi corazón por Tu causa* (North Bergen, NJ: Publicaciones Aquila, 2008), 220-221.

2　Ibíd., 221.

3　Daniel M. Doriani, *Putting the Truth to Work* (Phillipsburg, NJ: P&R Publishing, 2001), 42.

4　Ibíd.

5　Ibíd., 42-43.

6　Ibíd.

7　Ibíd., 43-44.

8　Véase Mateo 12:3,5; 19:4; 21:16,42; 22:31.

9　Doriani, *Putting the Truth…*, 19.

10　Ibíd., 20.

11　Ibíd.

12　Ibíd., 22.

13　Ibíd.

14　Ibíd.

15　Graeme Goldsworthy, *Cómo predicar de Cristo usando toda la Biblia* (Kiama, Australia: Torrentes de Vida, 2012), 95.

16　Doriani, *Putting the Truth…*, 13.

17　Ibíd., 14.

18　Ibíd., 280.

19　Ibíd., 17.

20　Goldsworthy, *Cómo predicar…*, 96.

21 Bryan Chapell, *Holiness by Grace* (Wheaton, IL: Crossway, 2001), 57.

22 Ibíd.

23 Doriani, *Putting the Truth...*, 98.

24 Ibíd., 69.

25 Ibíd., 68.

26 Byron Forrest Yawn, *Clavos bien clavados* (Grand Rapids, MI: Editorial Portavoz, 2012), 41.

27 David Helm, *La predicación expositiva* (Washington, D. C.: 9Marks, 2014), 124-125.

28 Borgman, *Mi corazón...*, 226.

Capítulo 13

1 John A. Broadus, *Tratado sobre la predicación* (El Paso, TX: Casa Bautista de Publicaciones, 1989), 166.

2 James Braga, *Cómo preparar mensajes bíblicos* (Grand Rapids, MI: Editorial Portavoz, 1986), 120.

3 Haddon W. Robinson, *La predicación bíblica* (Miami, FL: Logoi, Inc., 2000), 163.

4 Broadus, *Tratado...*, 171.

5 Ibíd., 170.

6 Braga, *Cómo preparar...*, 122.

7 Robinson, *La predicación...*, 169.

8 John MacArthur, Jr., y la facultad del Master's Seminary, *El redescubrimiento de la predicación expositiva: c*ómo balancear la ciencia y el arte de la exposición bíblica (Nashville, TN: Editorial Caribe, 1996), 274.

9 Braga, *Cómo preparar...*, 282.

10 Ibíd., 282-283.

11 Robinson, *La predicación...*, 166.

Capítulo 14

1   Mark Dever y Greg Gilbert, *Preach* (Nashville, TN: B&H Publishing Group, 2012), 119.

2   Byron Forrest Yawn, *Clavos bien clavados* (Grand Rapids, MI: Editorial Portavoz, 2012), 35.

3   Ibíd.

4   Brian Borgman, *Mi corazón por Tu causa* (North Bergen, NJ: Publicaciones Aquila, 2008), 286.

5   Ibíd., 286-287.

6   Ibíd., 288.

7   Ibíd., 289.

8   Ibíd., 292.

9   Charles H. Spurgeon, *Discursos a mis estudiantes* (Moral de Calatrava, España: Editorial Peregrino, 2013), 187.

10 Ibíd., 187-188.

11 Ibíd., 195.

12 John A. Broadus, *Tratado sobre la predicación* (El Paso, TX: Casa Bautista de Publicaciones, 1989), 278-279.

13 Jeffrey D. Arthurs, *Predicando con variedad* (Grand Rapids, MI: Editorial Portavoz, 2009), 18.

14 Charles H. Spurgeon, *An All-Around Ministry: Addresses to Ministers and Students* (Apollo, PA: Ichthus Publications, 2014), 228.

15 Spurgeon, *Discursos...*, 195.

16 Broadus, *Tratado...*, 283.

17 Ibíd.

18 Borgman, *Mi corazón...*, 313.

19 Ibíd.

20 Dever y Gilbert, *Preach*, 123.

21 R. C. Sproul, "The Whole Man", en *The Preacher and Preaching* editado por Samuel T. Logan, Jr. (Phillipsburg, NJ: P&R Publishing, 1986), 106.

22 Página en línea. Acceso el 9 de marzo de 2016. http://www. thegospelcoalition.org/coalicion/article/3-cosas-que-no-hay-que-hacer-despues-de-predicar.

23 Ibíd.

Capítulo 15

1 Este título fue tomado del conocido libro de C. S. Lewis *God in the Dock* [Dios en el banquillo] aunque el contenido de este sermón guarda muy poca relación con el contenido de dicha obra.

2 Phillip Graham Ryken, *Exodus* (Wheaton, IL: Crossway, 2005), 450.

3 Scotty Smith, *Everyday Prayers* (Grand Rapids, MI: Baker Books, 2011), 206.

Bibliografía

Abendroth, Mike. *Jesus Christ: The Prince of preachers*. Leominster, UK: Day One Publications, 2008.

Adam, Peter. *Speaking God's Words: A Practical Theology of Preaching*. Vancouver, Canada: Regent College Publishing, 2004.

Arthurs, Jeffrey D. *Predicando con variedad*. Grand Rapids, MI: Editorial Portavoz, 2009.

Alexander, James Waddel. *Thoughts on preaching: being contributions to homiletics*. Carlisle, PA: The Banner of Truth Trust, 1988.

Baxter, Richard. *El pastor renovado*. Carlisle, PA: The Banner of Truth Trust, 2009.

Bickel, R. Bruce. *Light and Heat: The Puritan View of the Pulpit*. Morgan, PA: Soli Deo Gloria, 1999.

Borgman, Brian. *Mi corazón por Tu causa*. North Bergen, NJ: Publicaciones Aquila, 2008.

Braga, James. *Cómo preparar mensajes bíblicos*. Grand Rapids, MI: Editorial Portavoz, 1986.

Bridges, Charles. *The Christian Ministry: With An Inquiry Into the Causes of Its Inefficiency*. Carlisle, PA: The Banner of Truth Trust, 1983.

Broadus, John A. *Tratado sobre la predicación*. El Paso, TX: Casa Bautista de Publicaciones, 1989.

Busenitz, Irvin A. "Mensajes expositivos temáticos, teológicos, históricos y biográficos". En *El redescubrimiento de la predicación expositiva: cómo balancear la ciencia y el arte de la exposición bíblica* por John MacArthur, Jr., y la facultad del Master's Seminary, 285-304. Nashville, TN: Editorial Caribe, 1996.

Carrick, John. *The Imperative of Preaching: A Theology of Sacred Rhetoric.* Carlisle, PA: The Banner of Truth Trust, 2002.

Carson, Donald A. *La cruz y el ministerio Cristiano: una exposición de pasajes de 1 Corintios.* Barcelona, España: Publicaciones Andamio, 1983.

Chapell, Bryan. *Christ-Centered Preaching: Redeeming the Expository Sermon.* Segunda edición. Grand Rapids, MI: Baker Academics, 2005.

_____. *Cómo usar ilustraciones para predicar con poder.* Grand Rapids, MI: Editorial Portavoz, 2007.

_____. *Holiness by Grace: Delighting in the Joy That Is Our Strength.* Wheaton, IL: Crossway, 2001.

Clowney, Edmund P. *El misterio revelado: descubriendo a Cristo en el Antiguo Testamento.* Medellín, Colombia: Poiema Publicaciones, 2014.

_____. "Preaching Christ From All the Scriptures". En *The Preacher and Preaching,* editado por Samuel T. Logan, Jr., 163-191. Phillipsburg, NJ: P&R Publishing Company, 1986.

_____. *¡Predica! La centralidad de Cristo en la predicación.* Guadalupe, Costa Rica: Editorial CLIR, 2011.

Crane, James D. *El sermón eficaz.* El Paso, TX: Casa Bautista de Publicaciones, 1968.

Dabney, Robert L. *Sacred Rhetoric: A Course of Lectures on Preaching.* Edinburgh, Scotland: The Banner of Truth Trust, 1979.

Davis, Dale Ralph. *The Word Became Fresh: How to Preach from Old Testament Narrative Texts.* Fearn, Scotland: Christian Focus Publications, 2007.

DeYoung, Kevin. *Taking God At His Word: Why the Bible is Knowable, Necessary, and Enough, and What That Means for You and Me.* Wheaton, IL: Crossway, 2014.

Dever, Mark. *Una Iglesia saludable: nueve características.* Wheaton, IL: Crossway, 2004.

_____ y Greg Gilbert. *Preach: Theology Meets Practice*. Nashville, TN: B&H Publishing Group, 2012.

_____, J. Ligon Duncan III, R. Albert Mohler Jr. y C. J. Mahaney. *Preaching the Cross*. Wheaton, IL: Crossway, 2007.

Donnelly, Edward (Ted). *Peter: Eyewitness of His Majesty*. Carlisle, PA: The Banner of Truth Trust, 1998.

Doriani, Daniel M. *Putting the Truth to Work: The Theory and Practice of Biblical Application*. Phillipsburg, NJ: P&R Publishing Company, 2001.

Ellsworth, Wilbur. *The Power of Speaking God's Word: How to Preach Memorable Sermons*. Fearn, Scotland: Christian Focus Publications, 2000.

Farley, William P. *Hidden in the Gospel: Truths You Forget to Tell Yourself Every Day*. Phillipsburg, NJ: P&R Publishing Company, 2014.

Ferguson, Sinclair B. "Exegesis". En *The Preacher and Preaching,* editado por Samuel T. Logan, Jr., 192-211. Phillipsburg, NJ: P&R Publishing Company, 1986.

_____. "Predicando a Cristo desde el Antiguo Testamento". En *El predicador y su relación con la palabra* por Peter Adam, John Woodhouse, Peter F. Jensen y Sinclair B. Ferguson, 76-96. Barcelona, España: Publicaciones Andamio, 2009.

Fish, Henry C. *Power in the Pulpit*. Edinburgh, Scotland: Andrew Elliot, 1862. Traducido por Salvador Gomez. "Poder del púlpito". Manuscrito inédito: Santo Domingo, República Dominicana, 2013.

Gire, Ken. *Moments With the Savior: A Devotional Life of Christ*. Grand Rapids, MI: Zondervan, 1998.

Goldsworthy, Graeme. *Cómo predicar de Cristo usando toda la Biblia: cómo aplicar la teología bíblica en la predicación expositiva*. Kiama, Australia: Torrentes de Vida, 2012.

_____. *Estrategia divina: Una teología bíblica de la salvación*. Volumen 10 de la serie Colección Cristianismo Contemporáneo. Barcelona, España: Publicaciones Andamio, 2003.

Greidanus, Sidney. *Preaching Christ from the Old Testament: A Contemporary Hermeneutical Method.* Grand Rapids, MI: Wm. B. Eerdmans Publishing Co., 1999.

Helm, David. *La predicación expositiva: cómo proclamar la Palabra de Dios hoy.* Washington, D. C.: 9Marks, 2014.

Hughes, Jack. *Expository Preaching with Word Pictures: With Illustrations from the Sermons of Thomas Watson.* Fearn, Scotland: Christian Focus Publications, 2001.

Keller, Timothy. *La Cruz del Rey: la historia del mundo en la vida de Jesús.* Barcelona, España: Publicaciones Andamio, 2013.

_____. *Preaching: Communicating Faith in an Age of Skepticism.* Edición digital de Kindle. New York, NY: Viking, 2015.

Kistler, Don. "Preaching With Authority". En *Feed My Sheep: A Passionate Plea for Preaching*, compilado por Don Kistler, 117-122. Morgan, PA: Soli Deo Gloria, 2002.

Lawson, Steven J. *La predicación que Dios bendice.* Edición especial por Grace Community Church en Sun Valley, CA: Harvest House Publishers, 2013.

Leeman, Jonathan. *The Church and the Surprising Offense of God's Love: Reintroducing the Doctrines of Church Membership and Discipline.* Wheaton, IL: Crossway Books, 2010.

_____. *Reverberation: How God's Word Brings Light, Freedom, and Action to His People.* Chicago, IL: Moody Publishers, 2011.

Lewis, C. S. *God in the Dock.* Grand Rapids, MI: Wm. B. Eerdmans Publishing Co., 1970.

Lloyd-Jones, Martyn. *God's Way of Reconciliation: Studies in Ephesians 2.* Grand Rapids, MI: Baker Books, 1972.

_____. *La predicación y los predicadores.* Moral de Calatrava, España: Editorial Peregrino, 2003.

_____. *Los puritanos: sus orígenes y sucesores*. Carlisle, PA: The Banner of Truth Trust, 2013.

MacArthur, John, Jr., y la facultad del Master's Seminary. *El redescubrimiento de la predicación expositiva: cómo balancear la ciencia y el arte de la exposición bíblica*. Nashville, TN: Editorial Caribe, 1996.

Marcel, Pierre-Charles. *The Relevance of Preaching*. Seoul, Korea: Westminster Publishing House, 2000.

Martin, Albert N. *La predicación en el Espíritu Santo*. North Bergen, NJ: Publicaciones Aquila, 2012.

_____. *Preparados para predicar*. North Bergen, NJ: Publicaciones Aquila, 2004.

Mawhinney, Bruce. *Predicando con frescura*. Grand Rapids, MI: Editorial Portavoz, 1998.

Millar, Gary y Phil Campbell. *Saving Eutychus: How to preach God's word and keep people awake*. Kingsford, Australia: Matthias Media, 2013.

Mohler, R. Albert, Jr. *Proclame la Verdad: predique en un mundo postmoderno*. Grand Rapids, MI: Editorial Portavoz, 2010.

Montoya, Alex. *Predicando con pasión*. Grand Rapids, MI: Editorial Portavoz, 2003.

Morris, Leon. *The Epistle to the Romans*. Parte de la serie The Pillar New Testament Commentary editado por D. A. Carson. Grand Rapids, MI: Wm. B. Eerdmans Publishing Co., 1988.

Motyer, Alec. *Preaching? Simple Teaching on Simply Preaching*. Fearn, Scotland: Christian Focus Publications, 2013.

Murray, David. *How Sermons Work*. Edición digital de Kindle. Faverdale North, England: EP Books, 2012.

Olford, Stephen F. con David L. Olford. *Guía de predicación expositiva*. Nashville, TN: B&H Publishing Group, 2005.

Piper, John. *The Supremacy of God in Preaching*. Grand Rapids, MI: Baker Books, 1988.

Plummer, Robert L. *Preguntas y respuestas sobre cómo interpretar la Biblia*. Grand Rapids, MI: Editorial Portavoz, 2013.

Richard, Ramesh. *La predicación expositiva: siete pasos para la predicación bíblica*. Grand Rapids, MI: Baker Books, 1995.

Robertson, O. Palmer. *Preaching Made Practical*. Grand Rapids, MI: Evangelical Press, 2015.

Robinson, Haddon W. *La predicación bíblica*. Miami, FL: Logoi, Inc., 2000.

Rhodes, Jonty. *Covenants Made Simple: Understanding God's Unfolding Promises to His People*. Phillipsburg, NJ: P&R Publishing Company, 2013.

Ryken, Philip Graham. *Exodus: Saved for God's Glory*. Parte de la serie Preaching the Word editado por R. Kent Hughes. Wheaton, IL: Crossway, 2005.

Ryle, J. C. *The Upper Room: Being a Few Truths for the Times*. Carlisle, PA: The Banner of Truth Trust, 1983.

Scharf, Greg R. *Let the Earth Hear His Voice: Strategies for Overcoming Bottlenecks in Preaching God's Word*. Edición digital de Kindle. Phillipsburg, NJ: P&R Publishing Company, 2015.

Shaddix, James. *The Passion-Driven Sermon: Changing the Way Pastors Preach and Congregations Listen*. Nashville, TN: B&H Publishing Group, 2003.

Smith, Scotty. *Everyday Prayers: 365 Days to a Gospel-Centered Faith*. Grand Rapids, MI: Baker Books, 2011.

Spring, Gardiner. *The Power of the Pulpit: Addresses to Ministers of the Gospel and Those Who Hear Them*. Carlisle, PA: The Banner of Truth Trust, 1986.

Sproul, R. C. "The Whole Man". En *The Preacher and Preaching*, editado por Samuel T. Logan, Jr., 105-126. Phillipsburg, NJ: P&R

Publishing Company, 1986.

Spurgeon, Charles H. *An All-Around Ministry: Addresses to Ministers and Students*. Apollo, PA: Ichthus Publications, 2014.

_____. *Autobiography: Volume 1: The Early Years*. Carlisle, PA: The Banner of Truth Trust, 1962.

_____. *Discursos a mis estudiantes*. Moral de Calatrava, España: Editorial Peregrino, 2013.

_____. *Ganador de hombres*. Carlisle, PA: The Banner of Truth Trust, 1985.

Storms, Sam. *One Thing: Developing a Passion for the Beauty of God*. Fearn, Scotland: Christian Focus Publications, 2004.

Stott, John. *El mensaje de Romanos*. Buenos Aires, Argentina: Ediciones Certeza Unida, 2007.

_____. *Imágenes del predicador en el Nuevo Testamento*. Grand Rapids, MI: Nueva Creación, 1996.

_____. *La predicación: puente entre dos mundos*. Grand Rapids, MI: Libros Desafío, 2000.

Watts, Isaac. "Cuán solemne y dulce es aquel lugar". En *El himnario bautista de la gracia*. Alamance, NC: Publicaciones Faro de Gracia, 2000.

Wright, Christopher J. H. *Conociendo a Jesús a través del Antiguo Testamento*. Barcelona, España: Publicaciones Andamio, 1996.

Yawn, Byron Forrest. *Clavos bien clavados*. Grand Rapids, MI: Editorial Portavoz, 2012.

COALICIÓN POR EL EVANGELIO es una hermandad de iglesias y pastores comprometidos con promover el evangelio y las doctrinas de la gracia en el mundo hispanohablante, enfocar nuestra fe en la persona de Jesucristo, y reformar nuestras prácticas conforme a las Escrituras. Logramos estos propósitos a través de diversas iniciativas, incluyendo eventos y publicaciones. La mayor parte de nuestro contenido es publicado en www.coalicionporelevangelio.org, pero a la vez nos unimos a los esfuerzos de casas editoriales para producir y colaborar en una línea de libros que representen estos ideales. Cuando un libro lleva el logo de Coalición, usted puede confiar en que fue escrito, editado y publicado con el firme propósito de exaltar la verdad de Dios y el evangelio de Jesucristo.

TGC | COALICIÓN